ヴィクトール・E・フランクル

死と愛 新版

ロゴセラピー入門

霜山徳爾訳

みすず書房

ÄRZTLICHE SEELSORGE

by

Viktor E. Frankl

First published by Verlag: Franz Deuticke, Wien, 1946

死せるティリー*に

* 訳注　フランクルの夫人の名。一九四五年、解放後ほどなく、ベルゲン＝ベルゼン強制収容所において死す。

目次

新版にあたって――凡例

本書は霜山徳爾訳で一九五七年四月に小社から刊行した、フランクル『死と愛――実存分析入門』の新版である。「訳者あとがき」にあるように、原著第6版（Viktor E. Frankl, *Ärztliche Seelsorge*, 6. Aufl., Franz Deuticke, Wien, 1952）を底本としている。

新版刊行にあたり、以下の改変をおこなった。

一、書名の副題を「実存分析入門」から「ロゴセラピー入門」にした。

一、本文中、「ロゴテラピー→ロゴセラピー」「フロイド→フロイト」「精神分裂病→統合失調症」のように、一部の用語・固有名・表現は、現在のロゴセラピー研究や心理学・精神医学の述語として通用しているものに書き改めた。

一、ドイツ語はじめ欧文だけで記されている箇所には、適宜訳語を加えた。

一、用字法の一部も現代の読者に読みやすいように書き改め、表記の統一も可能なかぎりはかった。

一、現在からみて不適切な表現にも手を加えたが、刊行時の状況から、一部はそのままとした。

一、巻末には、本書のポイントおよび本書誕生の経緯をしるした、河原理子さんによる解説を付した。

（編集部）

第一章　心理療法からロゴセラピーへ

フロイトとアドラーの名をあげずして誰が心理療法について語るのを許されるであろうか。心理療法が問題とされるとき、誰が精神分析と個人心理学から出発せず、それと常に連関をもたないですますことができるであろうか。両者は心理療法の領域における独自のすぐれた体系を示してはいないだろうか。フロイトやアドラーの業績は心理療法の歴史から取り去られることはできないのであり、それは最もよい意味で歴史的であるということがいえよう。——しかしそれはまた、すでに歴史に属し、時の流れと共に古くなりつつあるという意味でも歴史的だといえるのである。しかし、たとえ精神分析あるいは個人心理学の諸原則を克服することが問題とされようと、それでもまずそれらの学説を探究の基盤とすることが必要なのである。シュテーケルはかつて、彼とフロイトとの関係について、その事態をきわめて美しく次のように言いあらわしている。すなわち、巨人の肩の上に立っている小人は巨人自身よりもっと遠くを見ることができるのである、と。

以下、従来の心理療法の限界を超えようとする試論がなされるのであるが、それにはまずこの限界を確定することが必要なのである。われわれが限界をふみこえることが必要であるかどうか、またそれが可能であるかどうか、という問題に向かうまえに、心理療法がかかる限界を実際にもっているということをまず確認しなければならない。

フロイトは精神分析の本質的な業績をツウィーダー湖の陸地化に比較している。つまり、本来今まではすべて水であったところから豊かな土壌が得られたように、精神分析によって、「エス」の存するところが「自我」になるはずなのであった。すなわち意識が無意識に代わるはずであり、「抑圧」が解消されて無意識化されていたものが意識化されねばならない。したがって、精神分析では無意識化の過程《プロセス》としての抑圧行為の結果を逆行させることが重要なのである。われわれは常に精神分析の内部において、抑圧の概念に中心的な意義が帰せられるのを見る。しかもそれは無意識的エスによる意識的な自我の制限という意味においてである。したがって、精神分析は神経症的な症候の中に、意識としての自我の弱体化を見るのであり、その結果、分析的治療は抑圧された体験内容を無意識から奪って意識に帰し、自我の強力化に成功するように努めるのである。

精神分析における抑圧の概念に類似して、個人心理学においては「妥協」の概念が主役を演じている。妥協において神経症者は自らを現実から除外しようとする。したがって、この場合はあるものを無意識化しようという試みがなされるのではなくて、自ら自身を責任なきものにしようという試みがなされるのである。神経症の症候は、いわば患者から責任をとりあげて、自分に引き受けることになる。それは個人心理学の見地から見れば、（妥協として）共同体《ゲマインシャフト》に対する患者の自己正当化の試みであり、あるいは（いわゆる疾患合理化として）自己自身に対する正当化の試みである。したがって、個人心理学的治療は神経症的人間を彼の症候に対して責任をもたせ、症候を個人的な責任圏に引き入れ、自我圏を責任性の増加によって拡大しようという意図をもっている。

したがって、神経症は精神分析にとっては結局意識性たる自我の狭小化であり、個人心理学にとっては責任性たる自我の狭小化を示すのである。両方の理論とも学的視野のかたよった制限という過ちを犯している。すなわち一方はもっぱら人間の意識性へ、他方はもっぱら人間の責任性へと制限している。しかし、人間存在の根源的基盤へとまったくとらわれない省察の目を向けるならば、まさに意識性と責任性こそ実存の二つの根本的事実をなすものであることが明らかになる。この根本的事実を人間学的な基本形式で述べれば、人間存在は意識性存在と責任性存在を意味する、といえよう。精神分析も個人心理学もかくして人間存在の各々一面のみを、すなわち、人間の実存の各々一つの契機のみを見ているのである。しかし、両方の契機が集まったときにはじめて人間の真の姿が明らかになるのではないだろうか。精神分析ないし個人心理学はその人間学的な出発点において各々一つの根本的態度をとっているが、しかしその対立はむしろここでは互いに補充しあうものであることが明らかである。そしてこのような理論的な分析に基づけば、心理療法の領域内における二つの代表的な学説は、精神史的な偶然から生じたものではなくて、体系的な必然性をもって生まれたものであることが判るのである。

精神分析および個人心理学は、その一方性において人間存在の各々一面を明らかにしているが、しかし意識性と責任性がいかに緊密に相互に従属しあっているかは、人間の言葉において、たとえばドイツ語ばかりでなくフランス語においても英語においても、「意識」(Bewußtsein)と「良心」(Gewissen)(すなわち責任にきわめて近い概念)とに対して類似した表現(共通の語幹をもった)が用いられているという事実の中に証明されている。かくして、すでに言語の一体性は存在の一体性を暗示しているのである。

意識性と責任性とが人間存在の全体性にまで結合されるということは存在論的に理解されうる。この目的のためにわれわれは、あらゆる存在(Sein)は本質的に何らかの形で他在(Anders-sein)であるということから出発しよう。すなわち、われわれが何であれ、或る存在者を他の多くの存在者の中からとり出すときには、それが何らかの意味で他と区別しうるものであるということによってのみ可能である。一つの存在が他の存在者に関係づけられることによってはじめて、両者が完全に構成されるのである。各々他在としての存在者間の関係は或る意味では存在者に先行している。存在は他在であり、関係としての他在である。すなわち、本来ただ関係なので「ある」(ist)。われわれはしたがってまた次のようにも言いあらわすことができる。「あらゆる存在は関係存在(Bezogen-sein)である。」

ところで、他在ということは共存における他在ならびに継起における他在でありうる。そして意識というものは少なくとも主体と客体との共存を前提とする。すなわち空間次元における他在を前提とするのである。これに対して責任性は異なる諸状態の継起、現在の存在と将来の存在の分離、を前提とする。すなわち時間次元における他在を前提とするのである。つまり責任の担い手としての意志が一つの状態を他の状態へ変えようと努めるという意味での変化（Anders-werden）が問題なのである。意識（意識性存在）（Bewußt-sein）と責任（責任性存在）（Verantwortlich-sein）という対概念の存在論的連関性は、したがって、他在としての存在が共存と継起という二つの可能な次元にまず分かれることの中に基づいている。そして以上のように示された存在論的な事実に基づく人間学的な観点の二つの可能性の中で、各々一つだけが精神分析と個人心理学によって把えられたのである。

しかしその人間学的観点、すなわち人間の本質像そのものに関して精神分析と個人心理学の対立が見出されるばかりでなく、またその精神病理学的観点においても、すなわち心理的に病んでいる人間についてなされる人間像に関しても、両者は互いに補足的であることが示される。精神分析は結局その汎性欲主義においてただ心的障碍の性的内容のみを認めるのであるが、もとより性欲はリビドの意味においてきわめて広義に解されている。この概念は拡大され、またそれどころかあまりに極端に拡張されて、結局最後にはまったく一般的に心的エネルギーを意味するようになっている。しかしこのような一般化は無意味である。それと類似したことをわれわれは哲学思想史において唯我論（Solipsismus）の中に見る。唯我論においても一つの概念、心的な自我の概念が拡大され、ついにはすべてが「心的」であるとされ、そしてそのときにはこの概念はすでにその意味を失っていることを忘れているのである。なぜならば、もはや心的なものと物理的なものとの間には何の対立も存しないからである。同様に、すべては仮象であり、現象であり、表象であるという唯我論の主張は無意味である。なぜならば真理、現実および事物が存しないならば、それらに対立する概念も根拠のないものになる。

なってしまうからである。

精神分析が心的現実を一方的に性欲に限定したのに対して、すなわち質的観点における限定、つまり心的努力の内容に関する制限を犯したのに対して、個人心理学はその精神病理学的側面で形式的観点における制限を行なうという誤りをしている。なぜならば個人心理学は神経症的な症候の中に、たとえば妥協とか疾患正当化とかのごとき、目的に対する単なる手段のみを常に認めるという点で、心的努力の真実性という性格に異論を提出しているからである。たしかに個人心理学は内容的に性欲以外の何ものも認めないという精神分析の誤りには陥っていない。個人心理学は権力意志、妥当欲、あるいは共同体感情のごとき他の諸内容が存することを認めている。しかし可能な諸内容を一層豊かにもっているにもかかわらず、一般の心理現象、且つ特に神経症的現象の直接の表現性格が疑問視されている点で現象的な心的現実が蔽い隠されているのである。（この誤りを精神分析は避けている。精神分析はたしかに疾病利得とも呼ばれる「二次性の疾病動機」を知ってはいたが、しかしそればかりでなく、神経症的な症候が一次的に、すなわち神経症的な目的への手段としての使用、「誤用」、のなお前に、心的努力の真の直接の表現を示しているということを決して忘れてはいないのである。）

したがって、再びわれわれは、いかに精神分析と個人心理学とがその一方的な立場において互いに必然的に充足しあうかをみるのである。どちらも現実の各々一面をみているのであり、そしてその限りでは正しいのであるが、しかし両者の契機が一緒になってはじめて心的事象の完全な姿が生じる。なぜならば、われわれの見解によれば現実の事態は――精神分析に反して――性的な心的要求以外に他の内容も存し、神経症的な徴候に至りうるのであり、且つ——個人心理学に反して——神経症的な徴候は目的に対する手段であるばかりでなく、また（少なくとも一次的には）きわめて多様な心的要求の直接の表現を示しているからである。

ところで、このことは精神病理学的な思考様式が文化心理学的な諸対象に拡大され、あるいは応用されることになるような場合にはきわめて重要であるように思われる。たとえば、抑圧された性的内容が或る芸術的な創造やあるいは宗教的な体験の基盤になっているというごとき、精神分析の側からしばしば提出される主張は正しくない。また同様に多くの個人心理学者が、かかる体験や想像はいわば何の真実なるもの、何の本源的なるものを示さないで、むしろ常に、世界からの逃避であれ、あるいは生活からの退避であれ、あるいは同様な他の何らかの否定的な傾向であれ、目的に対する手段を示すにすぎないと考えるのも正しくない。かような見解は人間像を歪曲し、人間の単なるカリカチュアを人間学の対象とするのに適していた。したがって、すでにM・シェーラーは正当にも或る手厳しい註釈において、個人心理学は本来或るまったく決まった人間のタイプ、すなわち努力家のタイプについてのみ言えることを指摘した。おそらくそれは厳しすぎる批判であろうが、ただ個人心理学は、われわれの見解によれば、それが至るところに妥当欲を見出しているにもかかわらず、次のことを見落としているように思えるのである。すなわち、道徳的な妥当へ向かっての努力というべきものも存し、且つ少なからざる人間が単なる覇気以上のより激しいものに駆られうること、つまりいわば地上的な名誉ではまったく満たされず、何らかの形で自らを永遠化することを深く追い求める努力に駆られうるということである。深層心理学という表現が用いられているが、しかし心理療法の内部においても人間の実存をその全き層的構造において、すなわちその深層においてのみならず、またその高みにおいても見るべきときではないか、とわれわれは自らに問わざるをえない。すなわち身体的な段階へと意識的な把握の手を伸ばしていくばかりでなく、心的な段階を超えて、精神的なものの領域を根本的に自らにひき入れることが問題ではないであろうか。

従来の心理療法は人間の精神的現実性をあまりにわずかにしかわれわれに示さなかった。たとえば、精神分析と個人心理学との間のより明瞭な対立、すなわち前者は心的現実を因果性のカテゴリーの下に観るのに対し、後者の視野には目的性のカテゴリーが支配していることは周知の通りであるが、この場合、目的性は何らかの形でより高いカテゴリーを示し、この意味では個人心理学は精神分析に対し心理療法のより高い発展、その歴史における一つの進歩、を意味することは否定しえない。この進展はしかし、われわれの意見によれば、なお一層高い段階が補充されうるという意味でまだ先が開かれているのである。前述の二つのカテゴリーで可能なカテゴリー的な観点の領域がすでに尽きてしまっているのか、それとも必然 müssen（因果性からの）と意欲 wollen（心的目的性に従っての）とにさらに当為（sollen）という新しいカテゴリーが加わるべきなのかをわれわれは自らに問わねばならないのである。あるいは換言するならば"causae"の胎たる過去と"fines"の国たる未来とに対して、本質的に無時間的な、超歴史的な価値の世界が付け加わるべきではないかという問題なのである。

かかる考察は一見すると生活の実際から遠いように思われるかもしれない。しかしそうではない。

特に医師、少なくとも心理療法の実際家にとってはそうではない。彼は結局何らかの形で患者から最も可能な限りのものをひき出そうとするのではないだろうか。可能な限りというのは患者の秘密に関してではなくて人間的な価値についてである。この場合忘れることのできないのは、おそらくあらゆる心理療法の最上の格律となしうるであろうゲーテの次の言葉である。「われわれが人間を彼らがあるがままに受け取るならば、それはよい扱い方ではない。われわれが彼らを、彼らがそうあるべきであったかのように取り扱うならば、われわれは彼らをその行くべき方向へと導くのである。」

人間学的な観点や精神病理学的なカテゴリーにおいてばかりでなく、さらにまた心理療法上の究極目的に関しても、精神分析と個人心理学は異なった態度をとっているのが認められる。この場合においても純粋な対立というわけではなくてむしろ一種の段階を認めうるのである。しかもわれわれの意見によれば、まだ発展しうる段階なのである。すなわち精神分析の基盤に意識的あるいは無意識的に、また明言されることは稀であるにしても、しかし常に内在的に含まれている世界観的な目的設定を考察してみよう。精神分析は神経症の人間を結局何に至らせようとするのであろうか。精神分析が唱える目的は一方では無意識の諸要求と、他方では現実の諸要請との間に妥協をさせる点に存する。それは個人に、外界に適応するために、しばしば――「現実原則」に応じて――耐えがたいいわゆる衝動放棄を要求する現実と和解することをその衝動性に求めるのである。それに対して個人心理学の目的はより広範囲のものである。単なる適応ということを超えて、それは患者に勇気をもって現実を形成することを要求する。すなわち、それはエスの側からの必然に自我の側からの意欲を対置させるのである。しかしわれわれはこの目的の系列がまだ完全ではなく、もっと広い次元に進むことが許されるのであり、必要ですらあるのではないかと自らに問わなければならない。換言すれば、われわれが身体的心理的精神的な全き「人間」の真の現実像に達しようと思い、且つわれわれを信頼し、信頼しつつ苦悩している患者をこの彼の本来の現実に導こうとするならば、適応と形成のカテゴリーの他に第三のカテゴリーが付け加えられねばならないのではないか、という問題である。ところで、この最後のカテゴリーはわれわれによれば充足（Erfüllung）のカテゴリーであるように思われる。すなわち一人の人間の外面的生活の形成と内面的な充足との間には本質的な相違が存するのである。生活の形成がいわば外延的な大きさであるならば、人生の充足はいわばベクトル的な大きさである。すなわちそれは個々の人間の人格の前に置かれ、与えられ、課せられた価値可能性に向けられているのであり、この可能性の実現化が人生においては重要なのである。この相違を一つの例で明らかにするために、われわれは一人の青年を仮定しよう。彼は貧しい境遇に育ったが、その環境の困窮に「適応」することで満足する代わりに、環境に彼の意志を押しつけて、より高い職業を得るための勉学をしうるように彼の生活を「形成」していったとしよう。さらに彼はその適性と嗜好にしたがって医師になったとしよう。そして経済的にめぐまれた魅力的な地位の提供を受けるチャンスに恵まれ、かくして彼は彼の生活を支配し、外面的に豊かな存在を形成しえたとする。しかしこの人間の天賦と真の志向はこの地位と何の関係もない医学の或る特殊領域にあったとしよう。——すると、恵まれた外的な生活形成にもかかわらず内的な充足がこの生活には与えられていないわけである。かくも豊かに、外見は幸福で、素晴らしい設備の家や高価な自動車、贅沢な日常の中にあっても、この人間は、もし彼が時おり深い物思いに沈むならば、自らの人生が何らかの意味で誤ったのを認めざるをえないであろう。そして外的な富や生活の安楽さを放棄して彼の本来の使命に忠実であった他の人間の姿に対して、あのヘッベルの「私である人間が私でありえた人間に悲しげに会釈する」という言葉を告白せざるをえないであろう。反対にわれわれは、このわれわれの想像した人間が輝かしい外面的な経歴と生活の多くの富とを放棄して、彼の天賦と嗜好に従った狭い専門領域にひきこもり、彼が、そしておそらく彼だけが最もよくなしうる業績の中に彼の人生の意義と彼の内面的な「充足」を見出すことも考えうるのである。この意味では、その実際的な環境に根を下している或る「小さな」地方医学者たちは、大都会で成功した多くの彼の同僚よりもわれわれには「偉大」に思われる。また同様に、科学の辺陬《へんすう》の地位にいる或る理論家たちは、「世の真只中に」立って死に対する戦いを行なっていると称する多くの実際家よりも一層高所にいるのかもしれない。なぜならば、彼らが未知なるものと取り組んで戦いを行なっている科学の戦線において、理論家たちはたしかに戦線のごく小さな一部を受け持っているのかもしれないが、しかし彼はそこで彼だけができる唯一のことをしており、その独自性において他の人と代わることができないかもしれないからである。彼は彼の位置を見出したのであり、それを果たし、同時に彼自身を——充足したのである。

かくしてわれわれはいわばまったく演繹的に、心理療法の学的領域における空位とでも呼ばれうるごときものに達したのではないだろうか。すなわち、満たされることを待っている空位があることの証明を提出しえたのではないだろうか。われわれはいわばエディプス・コンプレックスと劣等感の彼岸において働くような——あるいはもっと一般的にいえば、あらゆる衝動の力学の彼岸で働くような、心理療法上の或る操作による従来の心理療法の補充の必要性を示したのではないだろうか。したがってこの衝動の力学の背後に、神経症的な人間の心理的苦悩の背後に、彼の精神的な苦闘を見てやる或る心理療法が欠けているのである。すなわち「精神的なものから」の或る心理療法が問題になる。

身体的な症候の背後に心理的な原因を見ることができたとき、すなわちその心理的発生の機制を発見しえたとき、心理療法の生誕の鐘が打たれたのであるが、今やさらに最後の一歩をすすめて、心因的なものの背後に、神経症の衝動の力学を超えて人間をその精神的な困難において観察し、且つそこから助けることが重要になってきたのである。その場合われわれは、医師が患者に対して問題性を担った治療態度をもつことを、決して見逃しているわけではない。すなわちその問題性というのは、その場合に必要となった価値づける態度から生じるものなのである。つまり要求された「精神的なものからの心理療法」の領域に一歩踏み込んだ瞬間に、医師の全精神的態度、彼の具体的な世界観的な地位が表面化してくるのである。それはそれまでは単なる医学的行為の中にただ覆われて含まれていたものである。しかもあらゆる医学的行為の基礎に初めから暗黙の中に置かれている健康価値の肯定という形においてであるが、しかし治療学の究極の規矩《きく》としてのこの価値の承認はあらゆる問題性から離れている。なぜならば、医師は常に健康上の重要事を守るように彼に命じる社会の委託を受けていたからである。

これに対してわれわれによって要求された心理療法の拡大、すなわち患者の心理的処置の中へ精神的なものをひき入れること、は困難と危険とを内に含んでいる。医師の個人的な世界観を彼の患者に与えてしまう危険についてわれわれはなお論じなければならない。かような世界観を付与することがまったく避けられうるかという問題と同時に、われわれによって要求された心理療法の補充ということの根本的な可能性の問題が答えられねばならないであろう。この問題が存し続ける限り「精神的なものからの心理療法」という要請は単なる未解決の問題であろう。この心理療法自身は、その理論的な必然性の演繹を超えて、その可能性を示し、精神的なものを（心理的なものばかりでなく）医師の処置の中にひき入れることの原則的な正当性を証明しえたときにはじめて存するのである。われわれは「単なる」心理療法を批判したのであるが、その枠の中で境界を超えないようにするためには、われわれは心理療法の内部における価値づけることの可能性を示さなければならない。しかしわれわれがこの企てに取りかかる前に、――それは本書の最終章にとっておかれるが――またわれわれはあらゆる医学的行為において価値づけ（健康価値）の実際存することを示したのであるから、次に価値づけることの必要性を取り扱いたいと思う。しかもそれはその理論上の必要性ではなくて――それについてはすでに述べられている――、その実際的な必要性についてである。

事実、経験はわれわれが前に演繹的に得ようとしたものを確認してくれる。すなわち精神的なものからの心理療法が欠けていることを示してくれるのである。実際に心理療法の臨床家は毎日毎時、日常のその臨床において、そして診療時間の具体的な各状況において、世界観的な諸問題と対決せしめられている。その諸問題に対しては、今までの「単なる」心理療法の側から臨床家に武器として手渡されたすべてのものは役に立たないのである。

どの心理療法の臨床家も、心理療法の実施の過程中にいかにしばしば人生の意義についての問題が露わになるかを知っている。人生の意義に関する一人の患者の懐疑や世界観的な絶望が、心理学的にこれこれの形で発展していったということをわれわれが知るということは、それだけでは大して役に立たない。また、われわれが劣等感をその精神的苦悩の根源として患者に証明してやることができたとしても、また、われわれが患者のペシミスティックな人生観を何らかのあるコンプレックスに「帰する」ことができると思い、それを彼に信じさせたとしても——現実にはわれわれは彼に何ら本質的なことを語っているのではない。またわれわれはそれによって彼の問題の中核にふれたわけでもない。その点では心理療法をせずに身体的な処置や処方箋を書く医師と何ら変わるところはない。たしかにすべての臨床家がそうであるわけではないにしても、或る臨床家が患者の思春期の世界苦を、もっとバターつきのパンを摂って身体がよくなり体重が増加すれば、そんな「無用な」悩みはなくなりますよ、という忠告で帳消しにすることで満足し、患者も満足することも考えられるかもしれない。また他の医師は有無をいわさず砒素療法を試みるかもしれない。さらに他の医師は当惑して「或るものが作られると考えられんがために」(ut aliquid fieri videatur) なにかを処方することだけに限定するかもしれない。いかに多くの鎮静剤が、治療的に何かが起こるかもしれないというので、無駄に流されたことであろうか。そしてそれに対して古い格言「精神でいやせ、薬でなく」(medica mente, non medicamentis）はいかに賢い言葉であろうか。

ここで問題なのは――患者の精神的苦悩や世界観的な苦闘に面しての――かかる一連の医師の処置は、いわば患者に見当はずれの答えをしているものであり、しかもそれは或る場合にはしばしば医学的科学性の「姿の下に」行なわれるということなのである。

ここで必要なことは、われわれが患者と問答し、討論するために、適切な手段を、すなわち精神的な武器をとり上げることを学ぶことなのである。われわれが必要とするものは、あるいはむしろ神経症の人間が要求してよいものは、彼が世界観的な考察においてもつであろうあらゆるものの内在批評なのである。われわれは彼の論議に対して反対論議をもってする然るべき誠実な戦いを敢えてしなければならない。そして生物学的な領域やあるいはまた社会学的な、それからその根拠をとってくるような、ちょっと耳に快くひびく異質的な論証をすることを避けるべきなのである。明瞭に世界観的な性質の問いに対して、想定される病的な背景を指摘しても、あるいは哲学的な悩みが病的な結果をもったのだと主張しても、われわれはそれに打ち克つことはできない。それを為すことは内在批評を避けることなのであり、その問いが発せられた精神的平面を見棄てることなのであり、精神的態度のための戦いを精神的武器で敢えて打ち克とうとしないことなのである。一種の世界観的な対等さからして、われわれは同じ武器を打ち合わせねばならない。したがって認識批判的な正確さをもった医師は、精神的に苦しんでいる人間の絶望に対して、たとえば単純に砒素療法をすることを拒否するのである。彼はむしろ精神的なものに定位された心理療法という手段でもって、患者に精神的なものへの拠りどころを与え、精神的な碇泊《ていはく》を可能にしようと試みるであろう。

このことは、われわれがいわゆる典型的に神経症的な世界観を扱わなければならないときに特にあてはまる。なぜならば、患者がその世界観において正しいならば――そのとき心理療法的な方法でそれを克服しようとするならば、われわれは彼に不正なことを為すであろう。なぜならば、一人の神経症者の世界観は決してそれだからといって「神経症的」として拒けられるべきではないからである。次に、もし患者がその世界観において正しくないならば、彼の世界観の訂正には根本的に他の方法が、すなわちどちらにしても心理療法的ではない方法が必要となる。したがってわれわれは以上のことを次のようにまとめることができる。すなわち、もし患者が正しければ心理療法は不必要であり――なぜならば正しい世界観をわれわれは訂正する必要がないから――、またもし患者が正しくなければ心理療法は不可能である――なぜならば不正な世界観をわれわれは心理療法によって訂正することはできないから。かくして、あらゆる精神的なものに対して従来の心理療法は不充分であることが明らかになる。また従来の心理療法は単に不充分であるばかりでなく、また精神的なものへの権限ももっていないのである。それは既述のごとく、心的現実の全体性に対して不充分であることが明らかなばかりでなく、さらに精神的な現実の自立性に対しても権限を有しない。この権限のないことは世界観の心理療法の試みにおいてはじめて明らかになるのではなく、むしろすでに――かかる心理療法によって想定された――いわゆる「世界観の精神病理学」において明らかになるのである。事実、かかる世界観の精神病理学というのは存しないし、また存しえない。なぜならば精神的な創造それ自身は心理学的に換算しえないからである。すなわち精神的なものと心理的なものとは通約しえない面をもつからである。或る世界観的形象の内容は、決してそれをつくった人の心理的根源の鋳型から導き出されえない。或る一定の世界観をつくり出した人間が心理的な観点から見れば病的であったという事実から、精神的形象としての彼の世界観が誤っているということをわれわれは決して推測しえないのは当然である。臨床的にも、一人の神経症者のペシミズムあるいは懐疑論、または宿命論がいかに生じたかということをわれわれが知ったとしても、それはわずかしか役に立たなかったし、患者を少しも扶《たす》けなかったのである。たとえ患者がいかにそのペシミズムなどを不必要にもっているかをわれわれが彼に意識させたとしても、われわれはなお彼の世界観がそれ自身不可能であり、論理的に無理であるかを彼に示さねばならないのである。われわれはその世界観を論破しなければならない。——そのときはじめて、われわれは彼の「イデオロギー」の「心理的発生」を取り扱い、それを彼の個人的な生活史から理解しようとすることにとりかかれるのである。したがって「世界観の精神病理学」ないし心理療法というものは存しないのであって、せいぜい存しうるものは世界を観る者、すなわちその心の中で世界観がつくられる具体的な人間の精神病理学ないし心理療法である。しかし、かかる精神病理学が或る世界観の正、不正の判断を下す資格は初めからないのである。決して精神病理学は或る一つの哲学に関して正、不正を陳述することはできない。ただその陳述は或る一人の哲学者の性格について妥当するだけなのである。それに適合する健康‐疾患というカテゴリーは常にただ人間にのみ応用しうるのであって、決してその業績には応用しえない。したがって、一人の人間に関する精神病理学的な叙述は、ある世界観の正、不正に関する哲学的検証にとって代わることも決してできなければ、それですますことも決してできないのである。或る世界観の担い手の心理的健康ないし疾患は、この世界観の精神的正しさあるいは不正を立証もできなければ反対もできない。たとえ進行麻痺の患者が主張するのであっても、2×2＝4なのである。計算の誤りがあればそれをわれわれは験算によって示すことができるのであって、精神医学的操作によってではない。われわれは進行麻痺が存すること から計算の誤りを推測するのではなく、反対に計算の誤りが証明されてから進行麻痺を推測するのである。したがって精神的な内容の判断にとっては、いかにそれが心理的に生じたかとか、それが心理的に病的なプロセスの産物であるかどうか、などということは原則的には重要ではない。

この問題において結局重要なのは心理主義の問題である。すなわち、心理主義とは一つの行為の心理的生起からその精神的な内容の妥当性を推論しようと試みる似而非《エセ》科学的な操作のことである。それは初めから失敗することが判っている試みである。なぜならば客観的に精神的な創造物はかかる異質的な把握から脱《のが》れるからである。あらゆる精神的なものの自己法則性は決して否定されてはならない。たとえば、神の概念は強力な自然力に対する原始人の不安から生まれたという事実（それが事実であるかどうかも判らないのだが）から神的なものが存在するかしないかを論争することは、認識論的に許されないし且つ哲学的なディレッタンティズムに過ぎない。あるいは一人の芸術家がある病的な心理状態において一つの作品を創造したという事情からこの創造の芸術的価値、非価値を推論しようとすることも同様である。たとえ時おり、本来は真の精神的業績あるいは文化的現象がいわば二次的にその本質とは遠い動機や関心に役立たされるとしても、すなわち個人的あるいは社会的に濫用されるとしても——単にそういう事実があったとしても、当該の精神的形象の価値それ自身は少しも問題にならないのである。芸術的な創造や宗教的な体験を個人的神経症的なあるいは文化的デカダンスの目的に用いうるという、起こりうることに直面して、その内的な妥当性やその本来の価値を見すごしてしまうということは、いわば子供を風呂の水と一緒に流してしまうことを意味するのである。そういう判断をする人は、コウノトリを見て驚いて「私はコウノトリなどいないと思っていた」という人に似ている。なぜならばコウノトリの姿はいわば二次的に有名なお伽噺に使われているので、そんな鳥は実際にはいないのだと彼は思っていたのである。

以上のことを述べたからといって、精神的な創造が、心理学的に、また生物学的に、且つさらに社会学的に制約されているということは、もとより言うまでもない。しかしそれは「制約されている」という意味においてであって、心理学的、生物学的、社会学的に「ひき起こされている」という意味においてではない。ヴェルダーは、精神的な形象や文化的現象のすべてのこの制約性はまさに個々の偏りや行き過ぎが生じる「誤りの根源」を示しているのであるが、しかし精神的な業績の本質的な内容を説明するものではないことを正当にも指摘している。（すべてのかかる「説明」の試みは一人間の表現領域と一つのことの表出領域とを混同している。）そして個人的な世界像の形成に関して、すでにシェーラーは、或る人間の性格学的相違、彼の全個性はそれがただ彼の世界像の選択に影響するという限りでのみ彼の世界像へ作用するということを示した。したがってシェーラーは、この制約するモメントを「選択的」（elektiv）と呼び「体質的」（konstitutiv）とは呼ばなかった。それはその人間が、なぜ世界を観る彼のこの個人的な様式をもっているか、を了解させるにすぎない。しかしそれは、たとえ一方的な面があるにせよ、この個々の観点において多様な世界の中から何が示されているかを決して「説明する」ことはできない。あらゆる視野の特殊性、あらゆる世界像の一面性は、実に本質と価値の世界の客観性と絶対性とを前提としているのである。天文学的な観察の誤りや制約性が存するることは（周知の天文学者の「個人的時差」においてあらわれるごとき）――かかる主観性を超えて――たとえばシリウス星が実際に存することを何びとにも疑わせないのである。そして大気の層を光線が通過することによって星の観察がどのくらい妨げられるかということは、天文学の本質的な、いわば一義的な問題ではなくて、枝葉の問題の一つであり、単なる技術的問題に過ぎないといえよう。同様に或る人間が有する具体的な世界観をその人間の個人的な心理学的（あるいは精神病理学的）構造から批判することは不適切であり且つ実り豊かなことではない。むしろその内的な真理性に関してその即事的な批判のみが適切なのである。

しかしまた、或る世界観類型と或る性格類型との間に何らかの近しい関係が存するかのような印象をも捨てかねないのも事実である。たしかにまた一方では或る世界観と、他方では病的な性格との間に何らかの意味での一種の対応が存する。おそらく全体性としての人間の本質が構成される生物学的、心理学的、論理学的各領域、ないし身体的、心理的、精神的各領域を通ずる対応のごときものが在るのであろう。この全体性は、人間の段階的存在構造をピラミッドにたとえるならばいわばその各階を通じるような、すなわち人間存在のあらゆる層を通じる統一的な軸が存在することによって成立するのであろう。全体性におけるこの統一を、われわれはしかし決してその全き姿において把えることはできない。それはむしろ永遠の課題であり、層と層との一致の証明は常に新たに研究されねばならないであろう。そしてどんな場合でもそれを軽々しく信じて、「健康」であるから「真実」であり、反対に「病的」であるから「偽」であるなどとしてはならないのである。

したがって、われわれは少なくとも発見的な見地から、従来通り、心理療法それ自身はあらゆる世界観的問題に権限を有しないという立場をとらねばならないであろう。なぜならば、すでに「健康」および「疾患」（病的）のカテゴリーをもつ心理療法は真理内容の問題や精神的創作の妥当性の問題に対して役に立たないからである。単なる心理療法がこの点に関して一つの判断を下すならば、それはその瞬間に心理主義の誤りに陥る。かくして、もしわれわれが従来の心理療法の心理主義的な逸脱を克服し、排除しようとするならば、そのとき、従来の心理療法を或る新しい操作によって補充することが重要になるのである。ちょうど哲学史の内部において心理主義が論理主義によって排除され、批判的に克服されたのと同様に、心理療法内部における心理主義も、われわれが――論理主義に相応じて――ロゴセラピー（Logotherapie）と呼びたいものによって克服されねばならない。われわれが「精神的なものからの心理療法」に課した使命は、かかるロゴセラピーに与えられるであろう。その使命というのは、すなわち狭義の心理療法を補充し、われわれが最初理論的に演繹し、ついで臨床的に立証したあの空位を充たすことである。不適切な批判や異質的な議論に心理主義的な意味で逸脱することなく、世界観問題の内在的な討論に向かい、心理的に悩む人間の精神的苦難の即事的な討論をなすのは、ロゴセラピーにしてはじめて方法的に資格があるのである。

　ロゴセラピーはしたがって心理療法にとって代わりうるものでもないし、代わるべきでもないのであって、それは心理療法を補充しうるものであり、補充すべきなのである。（しかもただ一定のケースにおいてのみである。）ロゴセラピーが欲することは事実的にはとっくに且つしばしば、意識されること少なく、多くは無意識的に行なわれている。しかし権利問題（quaestio iuris）としてロゴセラピーがいかなる点にまで行なわれるかという問題の解決にわれわれは努めなければならない。これを明らかにするために、方法的なものに向けられた研究において、発見的な見地からロゴセラピー的な成分を心理療法《サイコセラピー》的な成分から一応分離しなければならない。しかしその場合われわれは、両方の成分が心理療法の臨床においてはまったく医師の行為全体の中で連関しあい融けあっていることを決して忘れてはいないのである。結局、心理療法《サイコセラピー》ないしロゴセラピーの対象は、すなわち人間における心理的なものと精神的なものとはただ発見的な見地から相互に分離されうるのであって、全体的な人間の実存の実際的な一体性においては互いに解きがたく結びあっている。

　その場合、しかし根本的には、依然として精神的なものが心理的なものから区別されるべきなのである。そして心理主義の誤りは勝手に一つの平面を他のそれと混同する点にある。そしてその場合、精神的なものの独自な法則性は無視され、その無視は当然、「質的転換」が行なわれる結果になる。それを心理療法的な行為の領域において避けること、および心理療法内における心理主義を最終的に克服すること、これがわれわれによって要求されたロゴセラピーの意図であり、本来の関心事なのである。

本章を終わるにあたって、われわれは心理主義を、心理主義自身に対する武器として向け、心理主義をそれ自身の武器で攻撃してみようと思う。そのときはいわば槍を逆にして、或る意味における心理主義を心理主義自身に適用することが必要なのである。すなわち心理主義の心理的発生を調べ、その底に横たわる動機を見ようというのである。したがって何がその隠された根本態度であり、何がそのひそやかな傾向であるかと問うならば、われわれは次のように答えるであろう。すなわちそれは価値を貶める傾向である。つまり心理的行動過程（それは心理主義によってよく評価されている）の精神的内容の価値を貶めようとする傾向である。この傾向からして心理主義は常に精神的なものの仮面を剥ごうとし、無理やりに暴露しようとし、常に本質的ではない神経症的な、あるいは文化病理学的な動機をさがすのである。宗教的、芸術的、また学問的領域における妥当性の問題を、心理主義は内容的領域から、精神分析的な意味でのコンプレックスであれ、また個人心理学的意味における劣等感であれ、行動の領域へ逃避することによって避けてしまう。かくして心理主義は結局、豊かな認識的な所与と精神的な課題からの逃避であり、したがって人間の現実性と可能性からの逃避なのである。

それは至るところに仮面以外の何ものも見ない。そしてその仮面の背後に神経症的な動機のみを認める。すべてのものは彼に真実でないもの、本来的でないものに思われるのである。芸術は「結局」生活あるいは愛からの逃避に「他ならない」し、宗教は自然の暴力に対する原始人の恐怖に「他ならない」とそれは信じさせようとする。精神的な創造一般もこの見方からすればリビドの「単なる」昇華であり、ないしは単に劣等感の補償、あるいは自己維持傾向の手段なのである。偉大な精神的創造者たちも、その場合には、神経症者あるいは精神病質人格者としてかたづけられてしまう。すなわち、かかる「暴露する」心理主義によるこのような「仮面を剝ぐこと」の後に、人は安心して、たとえばゲーテも「本来は」一人の神経症者に「過ぎなかった」と告白しうるのである。この思考様式は何ら本来的なものを見ず、何ものも認めない。或るものが或る場合に仮面であり、あるいは目的に対する手段であったからといって、それが常に仮面だけであり目的に対する手段だけであるだろうか。直接的なもの、真実なるもの、本源的なものは存しえないのであろうか。――個人心理学は勇気を説くが、しかしそれは謙虚さを忘れているかのように思われる。すなわち世界における精神的創造に対する謙虚さであり、その本質と価値が、心理学的な平面にそれほど簡単には心理主義的に投影されえないところの精神的なものに対する謙虚さである。そして謙虚さは、もしそれが真実であるならば、少なくとも勇気と同じように内的な強さのしるしなのである。

結局「仮面を剝ぐ」心理療法にとって問題であるのは判断ではなくて、判決なのである。しかし、もしわれわれがかかる心理療法に自分自身の姿をみるようにさせるならば、それらが世界観的および学的領域における価値の諸問題を回避していることが明らかになる。たとえば或るとき、一人の精神分析学者は、ある小さなサークルにおける学問的討論に際して、或る臨床心理学者の非精神分析的な見解を、その心理学者の「コンプレックス」としてかたづけることによってうち負かそうとした。また非精神分析的な方法によって治癒した多くのケースを指摘されたときに、彼はこの心理治療的な効果をそれらの患者の「症候」と評価したのであった。このような勝手な様式で、それはあらゆる実際的な討論や学問的な論難を脱《のが》れることができるのである。心理主義はかくして価値をおとしめる傾向の手段として理解される。そしてそれに支配された研究方向は、一つの事象の本質を認識しようと努めることをやめてしまう。しかし心理主義は、われわれの見解によれば、一層広汎な思潮の部分現象であるように思われる。すなわち十九世紀から二十世紀にかけて、人間像は人間の多くの制約性とこの制約に対する人間の無力とが強調されることによって、甚だしく分裂したものになったのである。すなわち生物学的なもの、心理学的なもの、社会学的なものに人間がどんなに縛られているかが示されているのである。すべてのこれらの制約性に対する自由であるところの人間の本来の自由、自然に対する精神の自由——それがはじめて人間の本質を形成するのであるが——は見過ごされてしまった。かくして心理主義と共に、生物学主義（Biologismus）、社会学主義（Soziologismus）が存するのである。それらはすべて同様に断片的な人間像を樹立している。したがって、精神史的にかかる自然主義的な見地に対する反動が起こり、人間存在の基本的な事実、すなわち自然的な制約の所与に対する人間の自由性の顧慮が再び叫ばれたのも、少しも不思議ではない。また意識性存在という人間の根本的事実は、少なくとも心理主義によって否定されなかったにせよ、他方では等閑視されていた責任性存在という根本的事実が再び学的視野の中心に押しやられたのも、少しも不思議ではない。すなわち、実存哲学は人間の実存を独自の存在形式として明らかにするのに大きな役割を果たしたのである。かくしてヤスパースは人間の存在を「決断する存在」と呼び、単に「ある」ものではなくて、「それがあるところのもの」を決断するものであるとした。必ずしも明言されないでも、つとに自然に了解されていた事態がここに明らかにされてはじめて、人間の行動一般の倫理的判断が可能になる。なぜならば、人間が自然的な所与に対抗し、それに対して「自ら態度を決する」とき、すなわち人間が生物学的なもの（たとえば民族）、社会学的なもの（たとえば階級）、心理学的なもの（たとえば性格学的類型）の制約につながれ盲従することをやめるとき、そのとき同時にはじめて彼の道徳的な判断可能性が始まるのである。日常的に使われる功績とか罪とか責任とかいう概念は、上述の制約をただ運命的な所与として受けとる代わりに、その中に運命と人生との形成の課題を見て、或る態度をそれに対してとるという本来的に人間的な能力を承認することに他ならない。たとえば或る一つの民族に属するということは、それだけではもとより功績でも罪でもない。罪はたとえば一つの国民の特別の賦質が促進されなかったり、国民的な文化価値がないがしろにされるときはじめて始まる。他方また功績も、たとえばその民族の或る性格学的な弱点がその民族に属するものによって意識的な自己教育の中に克服されることの中に存するのである。

しかし、いかに多くの人間がその民族の性格的な弱点を彼らの人格の性格的な弱点の遁辞《とんじ》に用いる誤りを犯していることだろうか。若い時分のデューマの逸話に次のようなものがある。或る高位の貴婦人が或る日デューマに言った。「あなたの父上がお身持がお悪かったのにはさぞかしお腹立ちでしょうね。」するとデューマ青年は答えた。「いいえ、妃殿下、父はお手本としては役に立たなくても、遁辞として私の役に立ちます。」しかしもちろん、息子が彼の父を警告するお手本として役立たせたならば正しかったであろう。またいかに多くの人々が、その国民的な性格上の長所を、各々が教養をつむことによってそれを個人的な功績とすることなく、ただ自慢するという誤りに陥っていることであろうか。各人がそれに対して責任を有しないものに関しては功績も罪も存しないのである。この解釈は結局、古代ギリシアの哲学者以来の西欧的思考の基礎であって、特にキリスト教の登場以来はっきりとしていることである。異教的な思考と明確且つ意識的に対立して、この観点によれば、人間は自由に決断し、責任をもって行動しうるときにはじめて倫理的批判を受けることができるのであって、彼が不可能であったことに関しては道徳的な責任はないとされるのである。

われわれは最初にロゴセラピーの必要性を理論的に演繹し、ついで「精神的なものからの心理療法」の必要性を臨床的に示そうと試みた。前者の場合には狭義の心理療法は完全なものではないことを示し、後者の場合にはそれがあらゆる精神的なものに対して権限を有せず、心理主義に陥ることを示した。以下においては意識的な「精神的なものからの心理療法」としてのロゴセラピーの臨床的な可能性を証明し、そして――最終章において――その理論的な可能性を証明することが問題なのである。すなわちすでに触れた問題、「医師の世界観的な影響が根本的に避けられうるか」という問題に答えなければならない。次章で扱う「精神的なものからの心理療法」の技術的遂行性の問題にとっては、すでに今まで述べたことから重要なことが示されている。なぜならば人間の実存の本質的根拠への顧慮が、すなわち人間の実存の基盤としての責任性存在への顧慮が必要であることが繰り返し示されたからである。かくしてわれわれは、ロゴセラピーを手がかりとして心理療法が実存分析へと、すなわち責任性存在への人間性存在の分析へと転換を行なわなければならないことを理解するのである。

第二章　精神分析から実存分析へ

第一節　一般的実存分析

心理療法はその精神分析としての細かい技法においては心理的なものの意識化に努める。それに対してロゴセラピーは精神的なものの意識化に努力する。そして実存分析としてのその細かな技法においてそれは特に責任性を――人間の実存の本質的根拠として――人間に意識させることに努めるのである。かくしてそれは必然的に、いわば人間の実存の増強になる。なぜならば人間存在が、既述のごとく、意識性存在と責任性存在であるならば、実存分析はまったく本来的に本質的な責任の意識化へと向けられるからである。したがってロゴセラピーが「精神的なものからの」心理療法であるならば、実存分析は「責任性意識の精神からの」心理療法なのである。

一　人生の意味

責任というのは常に或る義務に対する責任ということである。しかし人間の義務はただ或る「意味」から、すなわち或る人間の人生の具体的な意味から理解される。したがって、人間の生きる意味への問いがこの章の初めにおかれ、且つ常にその中心問題であらねばならない。事実この問いは精神的に苦闘している者としての心を病む人間が、最もしばしば医師に向かって迫ってくる問題の一つなのである。医師がこの問題を話題にするのではなくて、患者がその精神的な苦悩においてこの問いで医師を悩ませるのである。

人生の意味に関する問いは、たとえそれが述べられなくても、あるいは不明瞭にしか言われなくても、本来的に人間的な問いという特色をもっている。したがって人生の意味を問題にするということは、それ自身では決して人間における病的なるものあるいはかたよったものの表現ではない。それはむしろ人間存在の本来の表現そのものであり、まさに人間における最も人間的なものの表現なのである。なぜならば、たしかにわれわれは、たとえば蜜蜂や蟻のような人間の国家組織にも似た、また或る意味では人間の社会を凌駕すらしているような高度の社会的組織をもった生物を考えることはできるが、しかし或る生物が彼自身の存在の意味に関する問いを提出し、そしてこの彼自身の存在を問題視するということをわれわれは決して想像することはできないからである。言語能力や概念的思考あるいは直立歩行よりも、その存在の意味を問うというこの契機こそ、人間と動物との本質的な相違の規準として一層重要なのである。

この意味問題は、その甚だしく極端な場合においては一人の人間を圧倒してしまうこともありうる。特に青年期においてはしばしばそれが見られるのであって、人間存在の本質的な問題性が精神的に成熟しつつある、苦悩する若い人間にあらわれてくる。かつて或る自然科学の教師が、授業の際に、有機体の生命は、したがって人間のそれも、結局は一つの酸化過程、すなわち燃焼過程に「他ならない」と得意になって説明したところが、突然一人の生徒が立ち上がって激しく彼に質問したという。「いったいそれでは人生はどんな意味をもっているのでしょうか?」この青年は、人間がわれわれの前の机上に立ち最後まで燃えていく蠟燭《ろうそく》とは違う存在様式において実存しているということを正しくも理解していたのであった。蠟燭の存在（ハイデッガーのいわゆる事物的存在（Vorhanden-sein））は燃焼過程として理解されるかもしれない。しかし人間自身は本質的に別な存在形式をもっているのである。人間存在は何よりも本質的に歴史的存在である。そして――動物的存在と反対に――常に或る歴史的空間の中に置かれているのであり（L・ビンスワンガーのいわゆる「構造化」空間）、その座標系から人間は逃れることはできない。そしてこの関係の体系は常に、たとえ明白でなくても、おそらく或る表現できない意味によって規定されているのである。したがって、蟻の群における営みを目的追求的と呼ぶことはできるであろうが、しかしそれにもかかわらず意味に満ちているということはできない。意味のカテゴリーの欠如と共にまた「歴史的」と呼びうるものも欠けるのである。蟻の

「国家」は何らの「歴史」もないのである。

エルヴィン・シュトラウスは（彼の著書『事象と体験』において）人間の生の現実から（したがって神経症者のそれから）すなわちシュトラウスが「生成現実性」（Werdewirklichkeit）と呼ぶものから歴史的な時間因子が欠くことができないものであることを示した。人間が（特に神経症において）この生成現実性を「変型する」ときにおいてもそうなのである。この変型の一つの形式を示すものは、シュトラウスが「現在的」（präsentisch）存在と呼ぶ本来の人間存在様式の欠如の試みである。「現在的」存在とはシュトラウスによれば、あらゆる未来指向性を放棄することができると思っている人生への態度のことである。すなわちそれは過去にも基づかず、将来をも指さず、むしろ歴史なき純粋な現在に関係しようとする態度である。それは一種の美的趣味への神経症的な逃避のうちにみられる。たとえば、或る神経症者が芸術的な逸楽や過度の自然耽溺のうちへ逃避することである。その場合、その人間は或る意味で自己を忘れているのであり、この瞬間に彼の存在の個人的歴史的意味性から生じるあらゆる義務の彼岸に生きている限りでは、義務を忘れているといえる。かくして多くの神経症者は好んで「生存の戦いから離れて」「孤独な島の上で」生活し、一日中ひなたに寝ていたいと思うのである。これは動物にはふさわしいかもしれない。しかしかかる人間はその自己忘却性において、長期間、すなわち存在のあらゆる「ディオニュソス的」瞬間以上にかかる生活が人間的であり、人間にふさわしく且つ人間そのものに耐えうると思い違いしている。「正常な」（平均的ならびに倫理的規準の意味における）人間はただある時間だけ、且つしかもただ或る程度まで現在的な態度をとることが許されるし、且つできるのである。彼は意識的に一時だけ厳しい生活に背を向けて、故意になした自己忘却性、すなわち彼の「祝祭」の陶酔のうちに、わずかの間、あまりにも重い本質的な責任の重圧から逃れようとする。少なくとも西欧の人間は本来、彼が創造的に実現化すべき諸価値の命令のもとに常にいる。もとより自分自身の活動に陶酔し麻痺するということもありうるのである。この種の人間をシェーラーはその「ブルジョア」に関する論文のうちで述べているが、かかる人間のタイプは価値実現の手段のために最終目的（価値自身）を忘れるのである。一週間中、緊張して働き、そして日曜日には――彼の意識に浮かび上がってくる彼らの生活の空虚さ、荒涼さ、内容のなさ、に直面して――憂鬱になるか、あるいは精神的な意味における一種の真空を埋めるために何らかの陶酔状態に逃避する人々がこの種のタイプに属する（日曜日神経症）。

人生の意味に関する問いは青年期に典型的にくりひろげられるばかりでなく、時おりまたいわば運命から、たとえば或る根底から心を揺り動かす体験によって生じる。成熟期における人生の意味への問いが本来は何ら病態的なものでないのと同様に、人生の内容を求めて闘っている人間のあらゆる心理的な苦悩、あらゆる精神的な戦いも何ら病理的なものではない。したがって、心理療法がロゴセラピーないしその形式としての実存分析に拡大される場合には、臨床的な意味で病的とは本来みなされえない心理的に苦悩する人間を取り扱うということがいかに忘れられてはならないことであろうか。しかし事実臨床的な症候が、たとえば精神病質人格に基づいて存する場合にも、場合によってはロゴセラピーによって患者に堅固な精神的な拠りどころを与えることができる。かかる拠りどころは健康な正常人にはそれほど必要でなくても、心理的に不安定なものには彼の不安定性を補償するためにきわめて必要なのである。いかなる場合にも一人の人間の精神的問題性は「症候」としてかたづけられてはならない。いかなる場合にもそれは（オズヴァルト・シュヴァルツが「症候」のアンチテーゼとして用いた言葉を使うならば）「業績」なのであり、或る場合には患者のすでに為した業績であり、或る場合にはわれわれが彼を救《たす》けて為させなければならない業績である。とくにこのことは内因的な諸理由から（精神病質人格者のごとき）心的性質の不安定な均衡状態の中にあるのではなく、まったく外因的な理由からその心的均衡を失った人々についてあてはまる。かかる人々に属するのは、たとえば彼がそれまでの生涯を献げて世話をしてきた熱愛する近親者を失った後に不安定になって、自分の今後の人生がまだ意味をもつかどうか疑問になった人間のごときである。かかる瞬間にその存在の意味性に対する信仰が動揺しはじめた人間はみじめである。彼はそのとき道徳的な余力なくして立っているのであり、人生を無条件に肯定する世界観を支えうる精神的な力が――たとえ明瞭に意識されたり表現されなくても――かかる人間には欠けているのであり、その生涯の困難な時期に運命の打撃を「受けとめて」、運命の「力」を自分の力で補償することができない。かくして一種の道徳的な解体、すなわち運命の暴力に対する道徳的な力の断念が生じてくる。

どれほどの重要な意義が人生を肯定する世界観的な態度に帰することができるか、またいかに深くそれが生物学的なものにまで影響するかは、長寿の蓋然的な理由に関する大規模な統計的調査において、それらの人々が揃って「快活な」、したがって人生を肯定する人生観をもっていたことからも言えるかもしれない。心理学的な領域においても世界観的な態度はきわめて中心的な意義をもっているので、それはいかなる場合にも人間を「貫き通っている」のであり、したがって、たとえばその人生否定的な根本態度を隠そうと努める鬱病者においても、それは決して残りなくは「隠匿」されえない。隠された人生の倦怠は、それに対する精神医学的な診察の或る方法によって直ちに発見されうる。すなわち、もし或る鬱病者が自殺の企図を隠しているという疑いがあるならば、次のような検査法が適切である。まずわれわれが患者に自殺の考えがあるかどうか尋ねる。ないしは彼が以前に述べた自殺企図をまだもっているかどうかと尋ねる。この問いを彼はどちらにしても否定するであろう。そうするとわれわれはさらに、真に自殺の意図がないか、あるいは単に隠しているかの鑑別診断ができる次の問いをなす。すなわち――たとえいかにその問いが残酷に聞こえようとも――「なぜ」あなたは自殺の意図を（もはや）もたないのか、と聞くのである。すると自殺の意図のない、あるいはすでにそれから離れた鬱病者は即座に、たとえば自分は身内の人間を考慮しなければならないとか、働かなければならない、等と答えるであろう。それに対して自殺の意図を隠している鬱病者は、この問いを聞くとすぐ或る典型的な当惑の状態に陥る。すなわち彼は（仮装の）人生肯定に対する詰問によって当惑するのである。かかる患者はその場合きわめて特徴のあるやり方で話題をはずし、且つしばしば退院への露骨な願望を突然述べるのを常とする。このようにその人間は、人生肯定ないしは生存を続けることに対する詰問から身を守ることができないことが明らかになる。もし真に人生肯定が彼の思考のうちにすでに存するならば、彼は当然自殺企図にもはやまったく支配されないであろうし、そのとき彼は隠すべき何ものももっていないであろう。

人生の意味に関する問いはきわめて多様な意味をもちうる。したがって以下の叙述に先立って、われわれはあらゆる客観的な事象の意味、たとえばこの世全体の「目的」の意味を取り扱ったり、われわれがぶつかる運命そのものの意味を扱ったりするような問いはあらかじめ一応除外しておくこととしたい。なぜならば、これらの問題すべてに対する問いは本来、信仰の世界に留保されているものだからである。したがって、摂理を信ずる宗教的な人間にとっては、この点に関しては一般に何の問題性も存しないであろう。それ以外の人間にとっては上述の問題はまず認識批判的に検証されねばならないであろう。われわれは、世界全体の意味を問うことが許されるかどうか、すなわちこの問い自身が有意味であるかどうかを検証しなければならないであろう。すなわち、本来われわれは常に或る部分事象の意味のみを尋ねうるのであって、世界事象の「目的」を問うことはできないのである。目的のカテゴリーは目的がそれを「有している」ものの外部に存する限りにおいて超越的である。したがって、われわれはせいぜい世界全体の意味をいわゆる限界概念の形で捉えうるに過ぎないであろう。かくしてこの意味をおそらく超意味と呼びうるであろう。すなわち全体の意味は捉ええず、且つ捉えうるもの以上であるということがそれで意味されているのである。それゆえにこの概念はカントの理性の公準と類比している。すなわち、それは思考必然性と、しかも同時に思考不能性とを示しているのであり、信仰のみが超えることのできる二律背反なのである。

すでにパスカルは、枝は決して樹全体の意味を捉えることはできないと言った。また最近の生物学的な環境論は、あらゆる生物がその種族的な環境に閉じこめられて、それを破ることができないことを示した。たとえ人間がこの点において例外的な地位を占め、世界公開的（weltoffen）であり、環境以上のものをもち、「世界を有している」としても、この彼の「世界」の彼岸に何らの「超世界」も存しないと誰が言えるであろうか。むしろこの世における人間の恒常性は仮りのものに過ぎず、動物に対してただ自然の世界でより高く立っているに過ぎないと考えても差し支えないのではなかろうか。すなわち、人間の世界内存在（ハイデッガー）については結局動物の環境と同じことが言えるのではないだろうか。すなわち、動物が彼の環境から抜け出てそれ以上の人間の世界を決して理解することができないのとまったく同様に、人間も、たとえ信仰の予感においてであれ、あるいは捉え難い啓示においてであれ、超世界を明瞭に捉えることはできないであろう。飼いならされた動物は、人間が彼らを働かせる目的を知らない。人間はいかなる「最終目的」を彼の生命がもち、いかなる「超意味」を世界全体がもっているかをどうして知ることができようか。ニコライ・ハルトマンは人間の自由と責任は彼に隠されている高次の目的性と矛盾すると主張しているが、この見解は不適切であるように思われる。ハルトマン自身も、人間の自由は「依存性にもかかわらざる自由」であり、その限りでは精神的自由は自然法則性より上にあり、低次の存在層に「依拠」しているにもかかわらず、「自律的」な、より高い「存在層」のうちに存することを認めているのである。われわれの見解によれば、人間の自由の世界とそれを覆う高次の世界との間には類比した関係が存するように思われる。その結果、人間は摂理ともいうべきものが彼を導くにもかかわらず自由意志をもっているのであろう。同様に飼いならされた動物も、その動物的本能を彼の目的に利用する人間に仕えているにもかかわらず、その本能にしたがって生きているのである。

われわれが動物の「環境」（フォン・ユクスキュル）と人間のそれとの間の関係に類比していると考えた人間の世界と超世界との関係を、シュライヒは最も明らかに且つ美しく次のように表現した。「神は可能性のオルガンの前に座り、世界を作曲した。われわれ憐れな人間はただ人間の声（vox humana）のみを聞きとるのである。だがそれすらすでに美しい。全体はいかに素晴しいものであるだろうか。」

超意味への信仰が——たとえ限界概念としてであれ、あるいは宗教的に摂理として理解されてであれ——著しい心理療法的、精神衛生的意義をもっていることは自ずと明らかである。それは創造的であり内的な強さを増すのである。かかる信仰にとっては、結局何ものも意味のないものは存しない。何ものも彼にとっては「無益」なこととは思われず、「いかなる行為も書きしるされずにはいない」（ヴィルトガンス）。この観点からみれば、世界には倫理的な意味における精神的なエネルギーの不滅の法則とでもいうべきものが存するのである。すなわちそれによれば偉大なる思想は、たとえそれが知られずに終わり、「墓の中にもっていかれても」、決して滅亡することはありえない。人間の内的生活史はその生涯においてたとえ悲劇的であれ、また何ら知られず、且つ何ら劇的なところがないにしても、決して「むだに」過ぎているのではないのである。一人の人間が生きた「ロマン」はかつて書かれたいかなるロマンよりも比較にならないほど偉大で創造的な業績なのである。われわれ各々は一つの人生の内容やその充実さがいわばどこかに保存されており、ヘーゲル的な二重の意味で「止揚」されていることを何らかの形で知っている。かくして時間は、また人生の過去は、その意味と価値を少しも変ずることはできない。過去の状態というものもまたなお一種の存在であり、おそらく最も確実な存在であろう。そして生命におけるあらゆる働きは、この観点においては、可能的なものが現実のうちに入ってくるものと考えられるのである。過去はたとえ過ぎ去ったとはいえ、あらゆる時間の介入から離れて永遠に確実であるとも言えるであろう。

以上、われわれは世界全体の意味に関する問題を取り扱ったが、元に戻って、患者によって提出される彼らの個人的な人生の意味に関する問いを取り扱うことにする。まず多くの患者がこの問題を論ずる場合によく述べる或る言い回しを取り扱ってみたいと思う。その言い回しは仮借なく倫理的ニヒリズムに通じざるをえない次のような単純な主張である。すなわち、人生のすべての意味は本来ただ快楽なのである、という主張である。この主張は、あらゆる人間的な行為が結局は幸福への努力によって支配され、あらゆる心理的な行為は単に快感原則によって規定されているという見せかけの事実に論拠を置いているのである。全精神生活における快感原則の支配的な地位を説くこの理論は、周知のごとく、また精神分析によっても主張されている。精神分析のいわゆる現実原則は快感原則に対して決して真に対立するものではなくて、快感原則の単なる拡大であり、それに奉仕するものなのである。ところで、われわれの見解によれば快感原則は心理学的な人工物なのである。現実においては快感は一般的にはわれわれの諸欲求の目的ではなくて、その充足の結果なのである。この事実はすでにカントが指摘しているところである。またいわゆる快楽主義の倫理学に関して、シェーラーは、倫理的な行為のまえに快感が目的として漂っているのではなくて、むしろ倫理的な行為が快感をいわば背にしょってくるのであると述べた。たしかに、特殊な状態や事情においては快感が事実、意志行為の目的である場合も存するであろう。しかしそれは倫理的な点では初めから善い行為ではなく、パリサイ的な行為なのである。かかる特殊な点を考慮の他においても、快感原則の理論はあらゆる心的活動性の本質的に指向的な性質を無視している。一般に人間は快感を欲するのではなくて、彼が欲することをなすのである。人間の意欲の諸対象はそれぞれ多様であるのに、快感は倫理的に価値に富む行為においても、また倫理的に価値に反する行為においても、常に同様なものであろう。そのことから快感原則を承認することは道徳的な点では人間の可能な目的設定の平均化を来たすことが判る。なぜならば、この観点においては人がたとえ何をしようとまったく同じことになるのである。すなわち、貧しい人々に物を分かち与えることは美食の享楽に金銭を使うのと同様に不快感の除去のためだということになってしまうのである。このような態度は人間におけるあらゆる真に道徳的な感動の価値を貶しめてしまう。しかし現実には、たとえば同情の念を起こすという道徳性は、不快感の除去と称する消極的な意味をもつ行為より以前に存する。なぜならば、或る人間に同情をひき起こす同じ事実に対して他の人はサディズム的に人の不幸を喜び、そこに積極的な快感を感じることも考えられうるからである。また、もし実際にわれわれがたとえば一冊の良書を、それを読んでいる間に生じる快感のためにのみ読むならば、われわれは少なくとも良書に対してよりも、良い果物パイに金を使った方が遥かに合理的だといえよう。現実においては生命における快、不快は直接にはそれほど重要ではない。劇場における観客にとっては、彼が喜劇を見ているか、あるいは悲劇を見ているかということは本質的なことではなく、重要なのは演ぜられるものの内容なのである。そして舞台で演ぜられる或る悲劇的な出来事を見るときに観客の心に生じる或る不快感が、劇場に行くことの本来の目的であるとは誰も主張しないであろう。なぜならば、もしそうならばすべての観客は仮装したマゾヒストとみなされなければならないからである。

もしわれわれが実際に単なる快感の中にすべての人生の意味を見ようとするならば、人生は結局無意味なものとならざるをえないであろう。なぜならば快感とはいったい何であろうか。それは一つの状態である。そして唯物論者は――快楽主義は通常唯物論と並存しているが――快感は脳細胞における何らかの過程に他ならないとさえ言うであろう。そしてかかる過程に到達するために人間は生き、体験し、悩み、行為しなければならないのだろうか。死刑の宣告を受けた者がその執行の数時間前に最後の食事を選ぶことができたと想像してみよう。彼はそのときに、死の直前に美味の享楽に耽ることがいったい意味があるだろうかと問いうるであろう。有機体が二時間後には屍体となるというときに、その直前に急いで快感と呼ばれる脳細胞中の過程を素早く味わった後に屍体になるのと、味わわないで屍体になるとでは、どこが違っているだろうか。死に面してはどの人間のいかなる快感も同様に無意味であろう。そして絶望的な人生観は、当然のことながら、まだ生きているうちに人生の意味を疑うようにさせるのである。自殺未遂のために入院させられた或る患者は、次のような体験を語った。彼は計画した自殺の目的のために或る都市から離れた場所に行こうとしたが、ちょうど、電車がなくなってしまった。そこでタクシーで行こうと決心した。「だが」と彼は述べた、「タクシーで行くと数マルクかかるからもったいないと思ったのです。しかし次の瞬間思わず苦笑してしまいました。死ぬ直前に数マルク倹約しようと思ったのですからね。」この患者の認識をわれわれは一般化して考えることができるであろう。

体験の不足から、人間は「この世の楽しみ」のみの上に生きていると考えている人々には、あるロシアの実験心理学者の統計を示してやるとよい。すなわちそれは、正常の人間が毎日平均的には快感よりも比較にならぬほど多く不快感を体験することを示しているのである。快感（Lust）原則というものが実際の人生観においてばかりでなく理論においてもいかに不充分なものであるかは、次の日常の体験からも明らかである。すなわちわれわれが或る人間に、なぜ彼がわれわれにとって有意義に思える或ることをしないのかと訊ねたときに、彼はその「理由」として次のように言ったとする。「私にはする気（Lust）がないので……。」するとわれわれはこの答えを不充分だと感じるのである。事実その答えはもともと答えになっていない。或る行為の意味を認めるにせよ、認めないにせよ、その論証に、する気がある、ない Lust, Unlust（快、不快）ということは役に立たないことは明らかなのである。フロイトが、彼の「快感原則の彼岸」において唱えたもの、すなわち有機的なものから無機的なものの静寂へ戻ろうとする一般的傾向、というものがたとえ事実であったとしても、道徳的公準としての快感原則の支持し難いことには一向変わりがない。フロイトはこの主張によってあらゆる快感への欲求と、彼が死への衝動と呼ぶものとの親近性を証明できると思ったのである。ところでわれわれの見解によれば、かかる心理学的生物学的根本傾向を説くならば、それはそれどころか、さらにあらゆる存在領域における緊張を解除しようと作用する普遍的な均衡原則にまでおそらく還元しうるであろう。物理学においては最後の宇宙の終末状態としてのエントロピーの学説においてやや似たようなことがいわれている。心理的にそれに対応するものとしては、涅槃をあげることができるであろう。あらゆる不快感から解放されることによるすべての心理的緊張の解除は、その場合、大宇宙的なエントロピーに対する小宇宙的な等価物であり、涅槃は「内面から見られた」エントロピーであるとみなされうるであろう。一方、均衡原則自身は、あらゆる存在を個別的存在、他在、として維持しようと努める「個体化原則」という対立者を示している。すでにかかる対立者が存在するということからして、普遍的原則や或る宇宙的傾向が発見されたからといって倫理的な点では何ら差支えないということが判るのである。なぜならば客観的な事象は主体的には（道徳的主体に対しては）いかなる場合にも拘束的ではないからである。われわれがすべてのこれらの原則や傾向といわば一致しなければならないと誰が言うのであろうか。それどころか倫理的問題は、われわれがかかる傾向を――たとえわれわれがそれを自己の心理的事象のどこに発見しようと――なお撓《たわ》めることができるかどうかという問題ではじめて始まるのである。さらに、われわれの本来の道徳的使命は、かかる内的および外的暴力の支配に逆らうところにまさに存すると考えることができるのではないだろうか。

おそらくわれわれすべては、われわれの受けた一方的な自然主義的教育に基づいて、いわゆる厳密な自然科学的研究の成果、すなわち物理学的世界像の内容に対してあまりに大きな過度の尊敬をもっているのであろう。しかし、地球がいつかは終末になるとしても、われわれは次の多くの世代の努力が無意味になるとして、それを実際に恐れているだろうか。理屈を抜きにした単純で直截なわれわれの「内的経験」は、たとえば美しい日没の光景を眺めての自然の喜びが太陽系の天文学的な終末の観念よりは「より現実的」であることを教えてはいないだろうか。またわれわれの人間存在が責任性存在であることは自明なことであるという何かが、直接にわれわれの自己経験に与えられてはいないだろうか。「最も確かなもの（Das Gewisseste）は……良心（Das Gewissen）である」と誰かが述べている。そしてたとえば喜びという体験の生理学的「本質」が、たとえこれこれの物理学的な過程《プロセス》であるという主張がどんなに説得的であっても、きわめて高い芸術を味わい、清純な愛の幸福を体験する人間は、彼の人生が意味に満ちていることを確信しているのである。

しかし喜びはそれ自身が意味をもっているときにのみ、人生を意味に満ちたものにしうるのである。だが喜びのより狭義の意味は喜びの中には存しえないのであって、実際にはその意味は喜びの外部にある。なぜならば喜びは常に或る対象を指向するからである。すでにシェーラーは、彼が非指向的感情、「状態的」感情とした快感とは反対に、喜びが指向的な感情であることを示した。シェーラーはこの相違がすでに日常の語法にあらわれているという事実を指摘している。すなわち快は或るものに「よる」（wegen）ものであるが、喜びは或るものに「ついて」（über）〔über には或るものを「超えて」という意味がある――訳註〕である。われわれはまたエルヴィン・シュトラウスが述べた「現在的」生活様式という概念を想起する。この体験様式において人間は対象の領域――価値の領域もこれであるが――に達することなく、快の状態性の中に（たとえば陶酔の中に）停滞しているのである。価値の感情に充ちた指向がはじめて人間に真の「喜び」をもたらす。今やわれわれはなぜ喜びが決して自己目的ではありえないかを理解する。すなわち喜び自身は、喜びとして指向されえないのである。喜びは価値認識的な行為の実行においてのみ、すなわち価値把握の指向的な行為の実行においてのみ存する。幸福への戸は自ずと外側に向かって開く、とキルケゴールはこのことを美しく述べている。この戸を無理に押し開こうとする者にはこの戸は閉じられる。無理やりに幸福になろうと努める者は、すでにそのことによって幸福への道を自ら閉ざすのである。かくして人生における「究極なもの」とかいわれたりする幸福へのあらゆる努力は、結局、すでにそれ自身において不可能なものであることが判る。

価値の世界は客観的な対象の超越的な世界である。なぜならば価値はそれを指向する行為に対して必然的に超越的であるからである。認識行為の対象がその行為の外部にあるのと同様に、価値は自らへと向けられる価値認識的な行為を超えている。現象学は指向的行為における対象の超越的な性格が内容的に常にすでに同時に与えられていることを示した。私が輝いているランプを見るとき、私にはランプと共に、私が目を閉じようと背を向けようとランプがそこにあるということが与えられているのである。或る現実的な対象を認識する場合には、私かあるいは誰かがその対象を事実的に認識するかどうかということと無関係に、私がその現実性を承認しているということがすでに含まれている。同じことが価値認識の対象についてもいえる。私が或る価値を把握したとき、この価値が絶対的な価値として、すなわち私がそれに向かおうと向かうまいとに関係なく、それ自身において存するということが内在的に把握されているのである。

このことはもし必要なら次の例によって明らかになるであろう。ここに一人の男がいて、彼の愛人の美的な魅力が、彼が性的に興奮している限り、彼に「与えられて」おり、一方彼の性的興奮がおさまると共に、すべてのその美的価値が減っていくことに気がついたとしよう。彼はそのことから、美的価値は実際には少しも存在せず、官能による感覚性の眩惑に過ぎず、何らの絶対的且つ客観的なものを示さず、むしろ相対的に彼の衝動性のそれぞれの状態に基づいている、と推論したとする。しかしこの推理は誤っている。たしかに或る主観的な状態は或る価値を認めるための条件であり、主体の或る態度が価値把握に必要な媒介でありうることは確かである。が、このことは絶対的な価値の客観性を排除するのではなくて、それを前提とするのである。美的および倫理的価値は、認識の対象と同様に、その把握のためには適合した行為を要求する。しかしこの行為において、同時にこれらの価値を指向する行為に対するこれらの価値の超越性が把握され、また同時にその絶対性および客観性が把握されるのである。われわれの価値像は、われわれの世界像と同様に、常に世界のいわば一片あるいは一断面をわれわれに見させるに過ぎず、われわれは視野に拘束されている、という既述の事実もそのことを少しも変えはしない。おそらく一般にあらゆる当為は人間に、彼が「ここで今」なす「べき」具体性においてあたえられているのであろう。そして絶対的な客観的な価値は具体的な義務になり、日々の要請と個人的な使命の中にあらわれてくるのである。この使命の背後に立つ価値は、おそらく使命を通じてのみ指向されうる。あらゆる具体的な当為がそこに帰せられるような全体性は、具体的なものの視野に縛られている人間には決して可視的にならないといえるかもしれない。

どの人間の人格も或る唯一のものを示し、そして人間の生活の個々のどの場面も或る一回的なものを示している。この唯一性と一回性に一人の人間のそれぞれの具体的使命が連関しているのである。それぞれの人間はそれぞれの瞬間にただ一つの使命をもちうる。しかしこの唯一性こそこの使命の絶対性を形成するのである。価値の世界はたしかに全部ではなくて或る視野から見られるものではある。しかしそれぞれの立場には唯一の正しい視野が相応じている。したがって、視野という相対性にも「かかわらず」、というのではなくて、まさに視野という相対性の「ゆえに」、一つの絶対的な正しさが存するのである。

われわれは以上のように、われわれの患者によってしばしば表明される根本的な価値への懐疑論に対して必要な反証を展開させ、同時に倫理的ニヒリズムに対してその鋒先をくじくことを試みた。ところが、さらに価値の世界の豊かさを充分に可視的にすることがしばしばまた必要なのである。また一つの価値群の現実化に際して停滞したならば、他の価値群へ（価値実現の可能性がそこにおいて存する場合には）転換するほどに人間が充分に「弾力的」であることが或る場合には要求される。人生はこの点に関して人間に著しい弾力性を要求するのであり、人間に与えられるチャンスへの弾力ある適応を求めるのである。

われわれの患者の一人が、自分の働きは何の高い価値ももっていないから、自分の人生は何の意味もないと主張することをしばしば経験する。われわれは彼に、人間がどんな職業生活をしており、何をしているかは結局どうでもよいことで、本質的なことはむしろいかに彼が働いているかということであり、また彼に与えられた役を実際によく果たしているかどうかである、ということを何よりもまず指摘してやらねばならない。したがって、その活動半径がどのくらい大きいかということが重要なのではなくて、人間がその使命圏をどれほど満たしているかということが重要なのである。職業と家庭が与える具体的な使命を実際に果たしている一人の単純な人間は、その「ささやかな」生活にもかかわらず、数百万の人々の運命をペンの一走りで決定できても、その決定において良心なき「偉大な」政治家よりも偉大であり高貴なのである。そしてまた先入見なく直截に判断するものは、かかる「ささやかな」生活が、たとえば、多くの患者の生命をあずかりながらも手術に際してその責任を充分に意識しない外科医の生活よりも、一層高いものであると評価するであろう。

創造ないし活動の中に実現化される「創造価値」と呼ばれるべき価値の他に、さらに体験の中に実現化されるような「体験価値」が存する。世界の受容に際して、たとえば自然や芸術の美への帰依においてそれは実現化される。それが人生に与えうる豊かな意味は過小評価されてはならない。人間の実存における一定の瞬間の現実的な意味が、活動によってでなくて単なる体験の中に充たされうることを疑うものは、試みに次のことを考えてみるとよい。一人の音楽を愛する人間がコンサートホールに座り、彼の愛する交響楽の最も印象的な調子が耳にまさにひびきわたり、その結果、彼は最も純粋な美に接したときに体験されるあの畏怖にも似た感にうたれていたと想像しよう。かかる瞬間にこの人間に、いったい彼の人生は意味をもっているかと問うならば、彼はかかる恍惚とした瞬間を体験するだけでもすでに生きるに価すると答えるであろう。なぜならば、たとえ一瞬間が問題であったとしても——すでに一瞬の大きさにおいて一生涯の大きさが計られうるからである。ちょうど山脈の高さが谷のところの高さでいわれるのではなくて、もっぱら最高峰の高さにおいて計られるように、人生においてもその意味性に関しては最高点が決定的なのであり、そしてわずかの一瞬が後から考えれば全生涯に意味を与えるということもありうるのである。高山に登り、アルプスの夕焼けを体験し、背筋が寒くなるほどの自然のきわめて美しい素晴らしさに打たれた人間に、——かかる体験の後に彼の人生がまったく無意味になりうるかどうか聞いてみるとよい。

しかしわれわれの見解によれば、可能な価値の第三のカテゴリーがさらに存するのである。なぜならば人生は、たとえ創造的に実り豊かでもなく、また体験において豊かでなくても、根本的にはまだなお有意味でありうるからである。すなわち、人間が彼の生命の制限に対していかなる態度をとるかということの中に実現化されるような第三の重要な価値群が存するのである。その可能性の狭隘化に対して人間がいかなる態度をとるかというまさにそのことの中に、新しい独自な価値の領域が開かれるのであり、それは確実に最高の価値にすら属する。かくして、一見したところ現実に創造価値ならびに体験価値にきわめて貧しい存在ですらも、なお価値を実現するべき最後の、しかも偉大な機会をもっているのである。この価値をわれわれは態度価値と呼びたいと思う。なぜならば人間が変えることのできない運命に対していかなる態度をとるか、ということがこの場合問題であるからである。したがって、かかる価値を実現化する可能性は、一人の人間が運命に対して、それを受け取るよりほか仕方がないような場面において生ずる。すなわち、いかに彼がそれに耐え、いかに彼がそれをいわば彼の十字架として自ら担うか、ということが問題なのである。たとえば苦悩の中における勇気、没落や失敗においてもなお示す品位、等のごときである。われわれが態度価値を可能な価値のカテゴリーの領域の中へひきいれると、人間の実存は本来決して現実に無意味になりえないことが明らかになる。すなわち、人生はその意味を「極限まで」保持しているのである。したがって、人間が息をしている限り、また彼が意識をもっている限り、人間は価値に対して、少なくとも態度価値に対して、責任を担っている。人間は意識存在をもっている限り、責任性存在をもっているのである。価値を実現化するという彼の義務は、人間をその存在の最後の瞬間まで離さない。価値実現の完成がたとえどんなに制限されようとも、態度価値を実現化することは可能でありつづける。かくして、人間存在は意識性存在と責任性存在である、というわれわれの出発点である命題の道徳的な妥当も明らかになる。

時々刻々と人生においては、あるいはこの価値群、あるいはかの価値群へと向かう機会が交替してくる。ある場合には人生はわれわれに創造価値を実現化することを求め、他の場合には体験価値のカテゴリーに向かうことを求める。あるときにはわれわれは世界をわれわれの行為によっていわばより豊かにせねばならず、他の場合にはわれわれの体験によって自らをより豊かにしなければならない。われわれに対する時間の要求はある場合には行為によって満たされ、他のときには体験可能性へ献身することによって満たされうるであろう。したがって、喜びに対しても人間はいわば「義務づけられて」ありうるのである。この意味では当然味わうべき自然の素晴らしい美しさに接してこれを無視するものは、その瞬間何らかの形でいわば「義務を忘れている」とも言えるであろう。

上述の三つの価値のカテゴリーの可能性がほとんど劇的な順序で実現化された、一人の患者の最後の生活史を素描してみよう。それは手術不能な重篤な脊髄腫瘍のために入院している一人の青年であったが、職業的な活動をすることはすでに長い間不可能であった。すなわち麻痺現象が彼の活動能力を阻んでいた。したがって、彼は創造価値を実現化する機会にもはや恵まれていなかった。しかしなおこの状態においても体験価値の世界が彼に開かれていた。すなわち、彼は他の患者たちと精神的に優れた会話を交し、（同時に彼らに勇気と慰めを与え、）多くの良書を読み、また特にラジオでよい音楽をきくことに専心した。しかしついに彼は或る日、もはやレシーバーをかけるに耐えられなくなり、また次第に増加する彼の手の麻痺によって本をもつことができなくなった。ところがいまや、彼はその生活に第二の転換をなした。すなわち、彼は以前からすでに創造価値から体験価値へ退かねばならなかったのであるが、さらに態度価値に向かうことを強いられたのである。（しかしあるいは、彼が他の患者に対して忠告者であり模範であったから、われわれは彼の行動を異なって解釈することができるであろう。なぜならば彼は勇敢に彼の苦悩に耐えたからである。）死の前日に――彼はそれを予見したのであるが――、彼は当直の医師が彼に適時にモルヒネの注射をすることを委託されているのを知った。さて、この患者はそのとき何をしたであろうか。この医師が午後の回診にきたときに患者は注射をすでに夕方してくれるように頼んだ――医師が彼のために夜起こされなくてもよいためであった。死に臨んだ患者から、彼の存在の最後の瞬間まで意味をもって充たす機会を、すなわち、態度価値の実現の機会を奪う権利をわれわれがもっているかどうか、という問題があろう。人間の死はそれが死である限り本来まったく彼の生命に属しているのであり、この生命を一つの意味ある全体性にまではじめて完成するのである。しかしいわゆる安楽死の問題がここにある。著しい死の苦しみを薬物で緩和することは安楽死とは違うのであって何ら論議の対象にはならない。安楽死の問題とはそれ以上に、いわゆる生きるに価しない生命の抹殺を法律的に公認しようとするさまざまな試みのことである。これに対してまず次のことが反駁されねばならない。すなわち、医師は人間の生命の価値あるいは非価値を審くために呼ばれているのではないということである。彼は単にできるだけ扶《たす》け、必要なときに苦痛を緩和し、癒せる者は癒し、癒せなければできるだけ看護することを人間の社会から委ねられている。もし患者やその近親者が、医師がこの委託を真面目に守ることを信じていないならば、医師に対する信頼はまったく存しないであろう。

この原則的な態度は、不治の身体的疾患のみならず不治の精神病の場合でも何の例外をも許さない。なぜならば不治といわれている精神病が、実際にいつまでも不治とみなされなければならないとは誰が予言できよう。特に不治といわれている精神病の診断は或る主観的なものであって、患者の存在、非存在に関する判断が下されるほど客観的に確かなものでないことを忘れてはならない。われわれの知っている一例では、一人の男がまる五年間も昏迷様《よう》の状態でベッドに横たわり、脚の筋肉がついには萎縮してしまったほどであった。また彼は人工栄養を受けねばならなかった。精神科病院を見学にくる医師たちにかかる例をみせたときに、典型的にしばしば受ける質問は、こういう人間をむしろ処置してしまった方がよりよいのではないだろうかという質問である。ところが、未来はこの問いに対して最善の答えを与えたのであった。すなわち或る日この患者は食事を普通に摂ることを求め、ベッドから出ようとしたのであった。彼は歩行訓練を行ない、最後には萎縮した脚の筋肉は彼を再び支えうるようになった。数週間後に彼は退院した。そして直ちに或る高等学校で彼が罹患するまえにした旅行についての講演をしたのである。その後彼は親しい精神医学者のサークルで疾患時の体験報告をなした――彼をよく取り扱わず、彼が後にすべてのそのことを理性的な言葉で表現できるとは決して思っていなかった若干の看護人にとってはきわめて遺憾なことであったが。

しかし、次のような反対をする人も考えられるであろう。すなわち精神病の患者は彼自身に関することを認めることができない、と。われわれ医師はいわば彼の病める意志の代わりに彼を死に至らせるべきである。なぜならばもし精神錯乱に妨げられて、彼が自ら自身の欠陥を認めることができないのでないならば、彼は自ら生命を断つだろうと考えられるからである、と。しかしわれわれはまったく別な立場に立つものである。医師は患者の生命意志と生命権の意味においてそれに奉仕しつつ行動すべきなのであって、彼からこの意志と権利とを奪うべきではないのである。この点に関して一人の若い医師の例は教訓に富んでいる。彼は黒色肉腫に罹患していたのだが、正しい診断をすでに自ら下していたのであった。彼の同僚は彼にそうではないと説き伏せようとし、また――彼の尿を他の患者のそれと取り代えて――尿の反応が陰性であるといって彼を偽ろうとしたが、むだであった。彼は夜間にそっと検査室に入り、そこで自分で検査したのであった。病気が進行するにつれて人々は彼が自殺を試みるのを恐れた。しかし、この病める医師は何をしただろうか。彼は次第に自分の元来なした正しい診断を疑い始めたのであった。すでに肝臓に転移がきたときに、彼はそれを危険ではない肝臓疾患であると診断し始めたのであった。このように彼は——まさに最後の瞬間に燃え上がった生命の意志から——無意識に自ら自身をあざむいたのである。しかし、この生命の意志をわれわれは尊重しなければならないのである。そして何らかのイデオロギーのために一人の人間から彼の生命を奪ってはならない。

また、次のような別な反対もしばしばひき合いに出される。すなわち不治の精神病者は、また特に生来的な精神障碍者は、人間の社会の経済的な負担であり、非生産的で社会に無用であるといわれる。これに対していかに答えるべきであろうか。現実には或る施設で手押車をどうやらひいている知的障碍者は、それでも、ただ毎日を過ごしている老人よりも「より生産的」なのである。しかしこの老人たちをその非生産性のゆえに殺すことは、その他の点では社会に対する有用性の規準を固持する人々も忌避するであろう。なぜならば、近親の愛に取り囲まれている人間は他の者によってとって代わられることのできないこの愛の対象なのであり、その点で彼の人生は（たとえまったく受動的ではあれ）一つの意味をもっていることを何人も認めざるをえないからである。またすべての人が知っていることではないが、知的障碍のある子供ほどその無力性のゆえに両親から特に愛され、優しく取りまかれているのが普通である。

救いうるときには救うという医師の無条件の義務は、われわれの見解によれば、生命を自ら棄てようとした重体の患者に接する場合にも決して医師から離れない。この状況において医師は、自殺者を彼が自ら選んだ運命に委ねるべきであるかどうか、また行為に移された自殺者の意志に逆らうべきか、それともそれを尊重すべきか、などの問題と対決させられる。この場合、自殺を試みた者に治療的に関与しようとする医師は、運命に自由にその道を行かせる代わりに、自ら運命を演じようとする者だという人がいるかもしれない。しかしそれに対して次のように答えよう。もし人生に倦んだ当該の人間を死に至らせることが「運命」あるいは摂理の中に存しているならば、医師の処置を手遅れにするような手段や方法を見出していたであろう。しかしなお生命のある者が運命によってまだ間にあううちに医師の手に委ねられたならば、直ちにこの医師は医師として行動せねばならず、且ついかなる場合にも、個人的、世界観的判断によって、あるいはそれどころか恣意的に、存在、非存在を決定する裁き手を演じてはいけないのである。

以上、われわれは自殺の問題を外部に立つものとしての医師の立場から取り扱ったが、次にこの問題をいわば内部から、すなわち生きることに倦んだ人間の側から理解してみよう。そして同時に、その動機が内的に正当であるかを検証してみよう。

時おり、いわゆる清算自殺のことが問題になる。それは人間が単にその生涯を清算しようということに基づいて自殺を決行するということである。快楽の清算としての清算自殺はいかなる場合にも否定的な評価を受けねばならないことは、すでに「生命の意味としての快感」の問題を扱ったときに述べられている。ここでは、もはやこれ以上生き続けるに価いしないという生命の価値の清算がやはり否定されるべきかどうかという問題を取り扱ってみよう。われわれは人間が生命の清算を充分な客観性をもって行ないうるかどうか疑わしいことだと考える。特にこのことは、或る状況がもはや逃れ道がなく自殺だけが唯一の逃れ道であるという主張にあてはまるのである。たとえこの主張が強い確信に基づくとはいえ、この確信には或る主観的なものがつきまとっている。何びともこの確信が客観的でもあり、正しいとは知りえない。あるいは、次の瞬間の出来事によって正しくないことが立証されるかも判らない。そして彼は自殺してしまえばその瞬間を体験することはできないのである。たしかに、或る自殺が意識的になされた犠牲としてときたま是認され、真に倫理的な行為とされることも純粋に理論的には考えられうる。しかし経験的にはわれわれは、かかる自殺の動機が多くはルサンチマンから発していることを知っている。あるいはかかる場合でも一見他の方法がないように見えるにもかかわらず、結局他の解決の道がありうることを知っているのである。したがって、実際的には自殺は決して倫理的に是認されないと言いうる。また贖罪としても是認されえない、なぜならばそれは――態度価値の実現化の意味において――自己の苦悩において精神的に成長し且つ成熟することを不可能にするのみでなく、またわれわれが他人に加えた苦悩をなんとかして再び回復させようとするのを不可能にするのである。かくして自殺は、起こった不幸あるいは行なわれた不正を世界から閉めだす代わりに、過去を永遠化してしまう。――自殺者は自己を世界から閉めだしてしまうのである。

さて、次に自殺の動機が病的な心理状態に基づいているかもしれないような場合を取り扱ってみよう。ただしここでは充分に精密な精神医学的検査をすれば、まったく精神病理学的な基盤のない自殺の試みが発見されうるであろうかどうか、という問題は一応別としよう。ここで問題なのは、むしろわれわれがあらゆる場合に自殺の無意味性と生命の無条件な意味性とを、生きるに倦んだ者に示す義務があるのを確認することである。それは内在批評と即事的な論駁とによってであり、すなわちロゴセラピーの方法によってである。またさらに自殺者の人生への倦怠は一つの感情であり、しかし感情は決して論証を示しているのではない、ということが特に指摘されねばならない。倫理的にみればかかる倦怠に耽ってよいかということが問題なのである。（結局、単なる生活感情それ自身は、道徳的な見地からみれば、有意味な生存を続けることに対する何の論証にもならない。）たとえば或る学術探検隊のメンバーが探検の途上、或る日のこと口を揃えて、自分たちは「あまりに疲れている」と声明したとしよう。いったいそれで探検の継続は何かそれ自身無意味なものになったであろうか。この問いを比喩的に訊かれた或る患者は次のように答えた。「しかし大部分は死んだように横たわっていたのです。……」たしかにその通りかもしれない。しかし彼らは自分自身を殺しはしなかったのである。そして彼らが艱難辛苦に打ち負かされたということは、学術探検それ自身を無意味にもしなければ、また彼らの人生を全体の姿として無意味にもしなかった。しかし実際はこの人々が死んだとしてもそれは意味に満ちたものであり、英雄的な死なのである。

自殺の動機の精神病理学的な根拠が証明されえないような場合でも、したがって狭義の心理療法が何の手がかりをも見出さないような場合でも、ロゴセラピーは方法を選びうる。ロゴセラピーと狭義の心理療法との方法の相違は次の例に最も印象的に現われている。一人の患者がある病院の神経科へ入院させられたが、それは彼が自殺の企図を表明したからである。その企図を彼は入院の後も公然と認めていた。この「患者」はしかし「心理的に特に異常なく」、また彼が神経科長の回診に際して述べたことは一見論理的に異論の余地がないかのごときであった。彼はどの人間も自由であり、且つまた彼の生命に関して、すなわち自己の存在あるいは非存在に関して決断する自由をもっているという見解を展開した。彼はまた同様に権威ある説得的な言葉で、何らの心理的な疾患の徴候が彼に認められないのに人々が彼から自由を奪ったことを強く抗議した。すると神経科長は結局「心理的異常なし」という診断を「病誌」に書きこませて、この「非患者」を退院させることに決定した。彼がいまやそうされようとしたときに、一人の医師がその希望を抑えきれずに、たしかに心理的には健康かもしれないが精神的には異常であるこの人間と語りあうことを願った。そして彼は驚くべき短い時間のうちに、人間の自由は周知のごとく「……からの自由」ではなくて、「……への自由」であること、すなわち責任を引き受けることへの自由であることをこの人間に明らかにすることができたのであった。結局この会話において、自殺を是認しうるようなあらゆる論理的な偽りの理由が、実存分析的に、ロゴセラピーの方法で反駁されてしまったのであった。医師と彼の「患者」との間の本質的に世界観的な対決は、退院までのごく短い時間の間に、患者が生き続けることをついには肯定するほどに成功したのであった。この会話はロゴセラピー的な段階をもっていたばかりでなく、また狭義の心理療法的な段階がつづいたのであって、それは自殺の決意の心理学的な背景の解明に向けられたのである。

そして動機の一つとして、彼を常にさいなんだ社会に復讐しようとする点の存したことが明らかになった。しかし今やこの人間は自分が一個の人間であり、いかに彼自身が価値があり、いかに彼の人生が意味に充ちているかを他の人間に示そうと決心したのであった。彼自身の強調したところによれば、彼の経済的な困窮が彼の自殺の決意の理由なのではなくて、むしろ「或る人生の内容を求めること」且つ「この空虚さから逃れること」がその動機なのであった。

われわれは責任を引き受けることへの自由について語った。この自由自身はしかしすでに責任を前提とするのである。したがって、われわれは人生の責任からの最も極端な逃避においても、すなわち自殺という人生からの逃避においても、なお人間はその責任から逃れえないことを理解する。なぜならばこの行為を――それが「自由なる死」と呼ばれるのも理由がないのではなくて――人間は自由のうちに行なうのである。（もとより責任能力が存することを前提としてであるが。）しかし彼は彼が脱《のが》れようとするものから離れることはできない。それは彼を離さないのである。彼は彼の責任から脱れられない。一方、彼が求めるもの、すなわち問題の解決は彼に与えられない。われわれは自殺の決意をした者に、自殺が何の問題をも解決しえないことを何よりもまず繰り返し示さねばならない。われわれは彼が、ちょうど難しい棋勢《きせい》に面して駒を盤上から投げ落としてしまう棋士にきわめてよく似ていることを明らかに彼に示してやらねばならない。それによって何ら将棋の問題が解決しないのと同様に、人生においても生命を放棄することによっては何の問題も解決しないのである。そしてその棋士が将棋の規則を守らなかったのとまったく同様に、自殺を選んだ人間は人生の規則に反するのである。そしてこの規則たるや、われわれにどんな価いを払ってでも勝てと要求しているのではなくて、われわれがその戦いを決して放棄しないということを求めるのである。

もとより自殺の動機になる心理的および精神的要素の他に、またその動機になるか、あるいはその一要素になるものとして、身体的および社会的な契機が存する。かくして生の倦怠の心理療法およびロゴセラピーの他に、原則的にはまた身体的および社会的療法が可能である。身体的な療法に関しては、薬物による持続睡眠によって生に倦んだ者の自殺を妨げることを考えれば充分であろう。たしかにそれは単なる仮の解決であって、当人がそのために自殺しようとする人間的な人生問題の解決では決してない。しかしまた、社会的なものに由来する自殺を予防することも問題の真の解決の何の可能性も示さない。たとえば自殺の危険のある人間を監視し隔離してみたところで本来何ごともなされないのである。われわれは自殺の決意をした人間の企図をなくさせるために、あらゆる不幸の根拠を世界から排除することはできないし、また排除するべきではないであろう。われわれはあらゆる失恋した男性に女性を与え、あらゆる経済的に困窮している人間に職を授ける必要はない。ただ彼らが、何らかの理由によって彼らがもつことのできなかったもの無しでも、生き続けていくことができるばかりでなく、また彼らが、人生の一片の意味をその中に見るようになり、不幸を内的に克服し、運命の試練によって精神的に成長するように、彼らを導くことが成功せねばならないのである。ところで、生の倦怠の徹底的な克服のためのこの方法はきわめてロゴセラピー的なものである。この方法においては、われわれの患者にアルベルト・シュヴァイツァーが「生への畏敬」と呼んだものをもたせることが重要なのである。われわれが患者に或る人生内容を与え、人生の中に目的を見出させ、換言すれば、或る使命を見出させることに成功するときにはじめて、彼らは人生を無条件の価値とみなし、いかなる場合にも意味をもっているものと思うようになりうるのである。生きるべき「なぜ」を知っている者はほとんどすべての「いかに」に耐える、とニーチェは言っている。事実、人生の使命を知ることは著しい心理療法的、精神衛生的価値をもっている。人生において一つの使命をもっているという意識ほど外的な困難や内的な煩悶に打ち勝ち、あるいは耐えうるものはない、という主張でわれわれは満足しているわけではない。この使命がいわば個人的に編成され、天職とでも呼びうるようなものになるときにはじめて、真に上述のことが言えるのである。その場合には、人間は他の何ものによっても代用されることができなくなり、独自な価値を人生に与えられる。さきに引用したニーチェの言葉は、生きることの「いかに」、すなわち何らかの困難な随伴現象は、「なぜ」が前景に出てくる瞬間に、またその程度に応じて背景に退いていくことを理解させるのである。またこのようにして得られた人生の使命性格への洞察から、さらにその帰結として、人生はそれが困難になればなるほど、それだけ意味に充ちているという洞察が生じる。ちょうどすぐれたスポーツ選手が自ら困難な状況や目標を設定してそれを克服しようと努めるのと同様に、人間も人生において自ら苦難に打ちあたって精神的に成長しようとしてはいけないのであろうか。

したがって、もしわれわれが患者を彼らの人生の最高の活動ができるように扶《たす》け、いわば「受動」の状態から「能動」の状態へ移そうとするならば、われわれは彼らに価値実現の可能性に対する責任性存在として自らの存在を体験できるようにしなければならないのみならず、また彼らがそれを果たす責任をもつ使命が常に特殊な使命であることを示してやらねばならない。この使命の特殊性ということは二重の意味においてそうなのである。なぜならば使命は、各人の唯一性に基づいて各人ごとに異なるばかりでなく、また各状況の一回性に相応じて、各時間ごとに変わるからである。われわれはシェーラーが「状況価値」（Situationswert）と呼んだものを想起すれば充分であろう。（いかなるときにも万人に妥当する「永遠の」価値に対して。）これらの価値は、人間がそれを実現する一回的な機会を把えるときが打たれるまでいわば待っているのである。この機会がないがしろにされるならば、それは失われて二度と戻らず、状況価値は永遠に実現化されないでとどまる。人間はそれを喪失したのである。かくしてわれわれは、一回性と唯一性という二つの契機が人間の実存の契機としてその意味性に対していかに決定的であるかを理解する。現在の実存哲学が――当時の生の哲学の生命概念に対して――人間の実存を本質的に具体的なものとして、すなわち各人ごとのものとして明らかにしたのはその大きな功績であった。今やはじめてその具体的な姿において人間の生は道徳的な責任を得たのである。実存哲学が心に「訴える」（appellierend）哲学と呼ばれるのも理由がないのではない。唯一的且つ一回的なものとして人間の実存を示すことは、唯一的且つ一回的な可能性を実現化せよという訴えを含んでいるのではないだろうか。

もしわれわれが実存分析の意味において、且つロゴセラピーのために、患者にできるだけ彼の人生を強化させようとするならば、われわれは彼に各人の人生がいかに唯一的な目的をもち、それに至る道は一回的であるかを示す必要がある。あらゆる生活状況において各人は最適の可能性の実現に達しうる唯一の且つ一回限りの方法をもっているのである。

もし患者が、自分は人生の意味を知らず、彼の存在の唯一的な可能性は自分に閉じられていると主張するならば、われわれは次のように答えることができる。すなわち彼のまず最初になすべき使命は本来の使命を求め、唯一的で一回的な生命の意味を追っていくことのうちに存すると。そして特に彼の内的な可能性に関しては、すなわち、いかに彼がその当為の方向をその存在からいわば読みとりうるかという問題に関しては、次のゲーテの答えほど適切なものはないであろう。「いかに人は自分自身を識ることができるであろうか。考えているだけでは決して判らず、ただ行動によってである。汝の義務を果たそうとせよ。汝は直ちに汝自身を知るであろう。しかし汝の義務とは何か。日々の要求である。」

しかし人生の唯一的な使命性格を認め、具体的、一回的な状況価値の実現化を決心していながらも、その個人的な状況を「見込みがない」と思っている人間もいるであろう。それに対してわれわれはまず次のように問わねばならない。見込みがないとはどういう意味なのであろうか。人間はその未来を決して予言することはできない。未来に関する知識をもっていたら、それは直ちに彼の将来の行動に影響するであろうから、それだけでも決して未来のことを予言できない。すなわち彼は未来をどちらにしても異なって形成するであろうから、その結果、元来の予言はもはや正しくなってしまうのであろう。しかし人間が予言できない限り、彼はその未来が価値実現の可能性を蔵しているかどうか決して判断できないのである。かつて終身の強制労働を宣告された或る一人の黒人がマルセイユから悪魔島へ船で送られたことがあった。ところが広い海上で船に——当時沈んだレヴィアタン号のことであるが——火災が生じた。きわめて力の強い男であったこの囚人は、手錠をはずされて、十人の人間の生命を救った。その後、彼はそのために恩赦を受けた。だがもしマルセイユの波止場で、この人間に彼の今後の人生は意味をもちうるかどうかと聞いたならば、彼はおそらく頭をふらざるをえなかったであろう。しかし人間が人生からまだ何を期待すべきか、またいかなる偉大な瞬間が彼を待っているであろうか、ということを人間は決して知りえないのである。

その場合、誰も自分の見通しのなさをひき合いに出す権利はない。したがって彼自身の内的な可能性を過小評価する権利もないのである。たとえかかる人間が自分自身に絶望し、自らを苦しめる自己に対する疑惑に直面していようとも、かかることによってもすでに彼は何らかの形で正当でもある。あらゆる認識（またあらゆる価値把握）の相対性と主観性に関する嘆きの中に元来すでにその客観性が前提とされているように、一人の人間の道徳的な自己非難はある人格的理想を、人格的当為を、すでに予想しているのである。この人間はしたがってある価値を認めているのであり、価値の世界に参与している。すなわち、彼が理想の尺度を自分自身にあてることができたその瞬間に、彼はまったく価値なしでいることができないのである。なぜならば彼はそれによってすでに、彼を救う倫理的価値性のある水準に達しているからである。彼が自己を自分自身の上に置くことができることによって、彼は精神的な圏に歩み入るのであり、自らを精神的世界の市民として確認し、その価値に常に向かうのである。「もしわれわれの眼が光を見ることができないなら、それは太陽をみることは決してできないであろう。」同じようなことが道徳的絶望の一般化、すなわち人間の道徳性への疑惑に関してもいわれる。「人間は根本的には邪悪なものだ」と或る人は主張するかもしれない。しかしかかる種類の倫理的な世界苦は決して倫理的行為を麻痺させることができない。「あらゆる人間は結局利己主義者」に過ぎず、ときにあらわれる愛他主義もまた利己主義である、なぜならば愛他主義者といわれる者もそのときの彼の同情感を解放しようと欲するに過ぎないからだと主張する人がいるかもしれない。それに対しては次のように答えるべきである。まず第一に、同情感が生じたのを表現し解放することは目的ではなくて結果なのであり、第二には、同情感の起きることは真の愛他主義の形での道徳性をすでに予想しているのである。また個人の人生の意味に関して既述したこと、すなわち、ちょうど山脈の高さのように個人の人生の最高点が決定的であるのと同様に、人類においても少数の精神的あるいは倫理的天才によって人類が全体として是認されるのである。また永遠の偉大な人類の理想ということがしばしば濫用され、政治や職業、個人的愛欲や虚栄心の目的に手段として使われるではないかという人がいるならば、われわれは次のように答えることができる。すなわち、これらすべてはこの理想の普遍的な拘束力や失われることのない力を示す以外の何ものでもない、と。なぜならば或るものが有効になりうるには常に道徳的な小さなマントにくるまれなければならないということは、結局道徳性というものが働いており、人間に作用しうるということを証明するに他ならないからである。

人間が人生において充たすべき使命は、したがって常に根本的に存在し、原則として決して充たされないものではない。ゆえに、実存分析一般において重要なことは、人間に彼の使命の充足に対する責任を体験させることである。人間が彼の人生の使命性格を把握すればするほど、彼には自らの人生が一層意味に充ちているように思われる。その責任を意識しない人間が人生を単なる所与として受け取るのに対して、実存分析は人生をその使命において見ることを教えるのである。しかしさらにそれに加えるに、われわれは次のことに注目せねばならない。すなわち、さらに一歩を進めて、人生をいわばより広い次元において体験する人間が存するということである。彼らにとっては使命はいわば或る他から与えられたものなのである。彼らは彼に使命を課するところの或る高次なものを体験する。彼らは使命を委託されたものとして体験するのである。その場合、人生は超越的な委託者をはっきりと目ざしている。これがわれわれの見解によれば、その意識と責任とにとって、人生の委託と委託者とが共に与えられている人間である宗教人（homo religiosus）の本質的特徴の素描なのである。

具体的、個人的な使命の把握こそまさに神経症的人間における弱点なのである。なぜならば、かかる人間にとっては、その使命を探し出す本能的な確かさが典型的に欠けているからである。たとえば或る強迫神経症の女性は、その母親としての義務を過度に行なうことによって彼女が優れた天分をもっていた心理学の研究から遠ざかろうと試みた。個人心理学に通じていた彼女は、心理学が単なる「副戦場」であり、それを研究することは神経症的な妥協であると常に考えていた。この誤った自己分析が克服され、彼女の人生の実存分析的な展望が可能になったとき、はじめて彼女は「行動によって」自分自身とまた同時に「日々の要求を知った」のであった。そして結局、彼女はその天分もその子供も蔑ろにする必要はなくなったのであった。典型的に神経症的な人間は一つの使命のために他の使命を犠牲にしがちであるのみならず、また他の誤った態度を示すものである。たとえば彼は、或る強迫神経症者が述べたように、「プログラム通りにまったく正確に」生きようと欲する。しかしながら人間はいわば旅行案内書を手にもって生活することはできない。かくして人生におけるあらゆる一回的なものは見過ごされ、過ぎ去り、状況価値は実現される代わりに失われていくのである。幸いにも、少なくとも正常な人間は彼の行く「べき」道を感じとる本能的なものをもっている。たとえば或る彗星の軌道を計算するという学的使命はたしかに一つの使命ではあるが、しかしただ天文学者にとってのみであり、しかも「或る一定の時間」のみの使命であって、天文学者といえども彼の病気の妻を看護することが大切であるならば直ちにそれを止めねばならない、ということを何びとも疑わないであろう。

この普遍妥当的な、すべての人に義務を負わせる人生の使命というものは実存分析的な観点においては不可能に思われる。すなわち人生における一つの固定した使命ないし意味を問うことは無意味である。それはあたかも将棋の名人に対して、一番よい将棋の指し方は何でしょうと聞くようなものである。この問いはもともとより普遍妥当的に答えられるべきでなく、それぞれの状況に応じて決められるべきである。すなわちそれは「彼のなしうることに応じて」、且つ相手の出方に応じて最善のやり方が試みられるべきなのである。「彼のなしうることに応じて」ということはわれわれの場合、素質と呼ばれる内的状態も考慮に入れられることを意味する。またそれぞれの具体的な生活場面に応じて臨機応変の最善の行動をすることである。もし棋士が初めから絶対的に決定された最善の将棋を指そうとするならば、彼は限りない疑惑と無限の自己批判とに苦しめられて、少なくとも持ち時間を使い果たし、勝負を放棄しなければならないであろう。まったく同じことが人生の意味に関する問いのまえに立たされた人間についてもいえる。すなわち、もしこの問いが問いとして意味をもつべきならば、彼はそれを具体的な状況ならびにその具体的な各人に関して提出しうるのである。そしてそれ以上に、もし彼が絶対的な最善を為そうと「望む」代わりに、絶対的な最善を「為す」ことに没頭するならば、それは倫理的に誤りやすいし、心理的には病的であろう。たしかに彼は最善を志さなければならない。そうでなければ決して或るよいものはあらわれてこないであろう。しかし同時に彼はその目的にただ漸進的に近づいていくより以上のことは放棄しえなければならない。

人生の意味に関する問題について述べられたすべてのことの総計を為そうとすると、われわれはこの問題自身の根本的な批判に達するのである。すなわち人生そのものの意味に関する問いは無意味である。なぜならばその問いは、もしそれが漠然と人生を意味し、具体的な「各々の」実存を意味しないならば、誤って提出されたものであるからである。われわれが世界体験の根源的な構造を熟慮するならば、われわれは人生の意味に関する問いにコペルニクス的転回をなさなければならない。すなわち人生自身が人間に問いを提出するのである。人間は問いを発するべきではなくて、むしろ人生によって問われているものなのであり、人生に答えるべきなのである。しかも人間が与える答えは具体的な「人生問題」に対する具体的な答えでのみあらねばならない。実存の責任の中にその答えが生じ、実存の中に人間はその固有の問いへの答えを「行なう」のである。

おそらくここで、発達心理学も「意味摂取」が「意味付与」よりも一層高い発達段階に在るのを示していることを指摘しても差支えないであろう。われわれがさきに論理的に展開したことは心理学的発達にもまったく相応じるのである。すなわち、それは問いに対する答えの一見逆説的な優位ということである。それはすでに問われた者としての人間の自己体験の中に基づいている。すでに述べたごとく、人間をその最も固有の人生の使命に導くのと同じ本能的なものが、人生問題への答えにおいても、人生の責任の中に人間を導く。この本能とは良心のことである。良心はその「声」をもち、われわれに「話しかける」のであり、——それは否定しえない現象的事実なのである。しかし良心が語るということは、結局常に一つの答えなのである。この点では宗教的な人間は心理学的に見れば、話しかけられた者として語り手を体験しているのであり、非宗教的な人間よりもいわばよい耳をもっているといえるであろう。彼の良心との対話において——それは存在しうる最も親密な対話であるが——彼の神が彼の相手となるのである。

死の意味

人生の意味に関する問い——これは人間の為しうる最も人間的な問いであるが——に答えようとする試みにおいて、人間は、人生から問われたものとして、また人生に責任をもって答えるべきものとして、自ら自身に立ち帰ることが必要になった。かくして人間はその実存が意識性存在と責任性存在であるという根源的事実に戻らされる。責任性存在に向かっての人間存在の分析としての実存分析において、責任性は個人と状況の具体性から生じ、且つこの具体性と共に増大していくものとして示された。既述のごとく、責任は個人の唯一性と状況の一回性と共に生じるのである。すでに述べたごとく、唯一性と一回性とは人間の人生の意味にとって決定的である。しかし人間の実存のこの二つの本質的契機のうちに同時に人間の有限性が明らかになる。したがって有限性自身が同様に、人生から意味を取り去るものではなくて意味を与えるものであることを示さなければならない。まず最初に、時間の中における人間の有限性、人間の生命の時間的有限性、すなわち死の事実が生命を無意義になしうるかどうかという問題を論じなければならない。

死が全生涯の意味を疑問にするということ、すなわち死は結局すべてを無にするから、すべては結局無意義である、といかにしばしば主張されたことだろうか。しかし死は実際に生命の意味性を破壊しうるであろうか、そうではなくて反対である。なぜならば、もしわれわれの生命が時間的に有限ではなく、無限であったならば、いったい何が起きるであろうか。もしわれわれが不死であったならば、われわれは当然あらゆる行為を無限に延期することができるし、それを今行なおうが、明日為そうが、あるいは明後日、一年後、十年後に行なおうが同じことである。しかしわれわれの未来の超え難い限界、およびわれわれの可能性の制限としての死に面して、われわれは生涯の時間を利用しつくし且つ一回的な機会を――その「有限な」総計が全生涯を示すのであるが――利用しないでは過ぎ去らせないように強いられるのである。

有限性、時間性はしたがって人間の生命の本質的特徴であるばかりでなく、その意味にとっても決定的なのである。人間の実存の意味はその顚倒せざる性格のうちに基礎づけられている。したがって一人の人間の生命責任は、それが時間性と一回性という点に関しての責任であると了解されるときにのみ、真に理解されうる。ゆえに、もしわれわれが実存分析の意味において患者にその責任性存在を意識させ、それを真に理解させようと思うならば、われわれは比喩を用いて生命の歴史的性格および生命における人間の責任を彼にまざまざと描いてやらねばならない。臨床的場面においてわれわれが接する素朴な人間に対して、たとえば彼がその生涯の終わりに彼自身の伝記を繙いているかのように想像させるのである。そしてちょうど現在の生活を取り扱う章まで頁をめくったとする。奇蹟によって彼は次の章に書かれるべきことを決定する機会をもったとする。すなわち彼はいまだ書かれない内的生活史の重要な章をいわば校正しうるとするのである。実存分析的な公準は次の命令形式をとることができるであろう。すなわち、あたかも汝が最初はきわめて拙劣であったが、いまや新たに二度目の生活を為せるがごとく生きよ、ということである。この想像表象に浸ることができるならば、同時に人間がその生涯のあらゆる契機においてもっている責任の偉大さが彼に意識されるのである。すなわち次々と訪れる時間から生ずるものに対する責任、いかに人間が明日を形成するかということに対する責任の偉大さである。

あるいは、われわれは患者に彼の生涯があたかも一巻の映画であるかのように想像させることができる。その映画たるや今「撮影されつつある」のであるが、しかし決して「カット」されてはならないのであり、一度撮影されたものは逆転することができないのである。このようにして人間の生命の顚倒せざる性格、実存の歴史性を見させることにしばしば成功する。生命は最初はいまだ消費されざる実質であるが、時が経つにつれて次第に実質を失って機能に変化し、最後には各人の行為や体験や苦悩のうちに成熟するようになるのである。かくして人間の生命はラジウムを想起させる。すなわち周知のごとくラジウムは限られた「生存期間」をもち、その原子は崩壊し、その質量は次第にエネルギーに変わり、それは放射されて二度と戻ってくることはない。なぜならば原子崩壊の過程は顚倒しえざるものであり、「方向づけられている」からである。ラジウムにおいては元来の実質性が次第に弱まるのであるが、同様なことが生命においてもいえるのであって、生命の本源的な質量性格は次第に衰退して最後には純粋な形式へと代わってくる。なぜならば人間は形のない石にノミと槌とで細工し、素材が次第に形式をとるようにする彫刻家に似ているようなものである。すなわち、人間は運命が彼に与える素材に加工するのである。或るときは創造しつつ或る場合は体験しつつ、あるいは苦悩しつつ、彼は彼の生命から、創造価値であれ体験価値であれ、あるいは態度価値であれ、為しうる限り諸価値を「刻み出そう」とする。この彫刻家の比喩に、さらにまた時間の契機を導き入れることができるであろう。すなわち、その彫刻家は彼の芸術作品を完成するのに限られた時間でせねばならず、しかもその作品を引き渡すべき期限は彼に知られていないのである。かくして彼はいつ彼が「呼び戻される」か決して知らないのであり、しかもそれは次の瞬間かもしれない。したがって、彼はいかなる場合にも時間を利用することを強いられるのであり、彼の作品がトルソに終わる危険を冒さなければならないのである。もっとも、彼がその作品を完成しえなかったということは、それを決して無価値にはしない。生命の「断片性格」（ジンメル）は生命の意味を少しも破壊しはしない。われわれは決して一人の人間の生命の時間的長さからその意味の豊かさを推測することはできない。或る伝記をわれわれはその「長さ」によって、すなわち頁数の多さによって判断せず、その内容の豊かさによって判定する。若くして死んだ人間の英雄的な生涯は、或る長命の俗物の存在よりも一層多くの内容と意味とを確かにもっているのである。いかに多くの「未完成」が最も美しいシンフォニーに属していることだろうか。

人間は生命においては卒業試験の前に立っているがごとくである。すなわちこの場合は学業が済んだということよりも、それが高い価値をもっているということが重要なのである。ちょうど受験者が鐘の音で時間が終わることをよく知っているように、人間もいつ「呼び戻される」かもしれないということを常に意識していなければならない。

人間は有限性を自らに引き受け、意識的に終わりのくることを考慮に入れておかなければならない。この態度は必ずしも英雄的であるとは限らないのであって、むしろ平均的な人間の日常の態度のうちにすでによくあらわれている。たとえば映画を観るときに、人間は一つの映画がハッピーエンドをもつということよりも、必ずそれが終わるということをよく知っているのである。

かくして、死を生命から何らかの形で排除するということは少しも必要ではない。死は本来、生命に属していることではないだろうか。しかしまた人間が生殖によって彼の「永遠化」をはかるというごとき誤ったやり方で、死を「克服する」ことはまったく不可能である。なぜならば、生命の意味は子孫を遺すことであるという主張は誤っているからである。その主張はすぐ不合理であることが判明してしまう。第一に、われわれの生命は無限に継続されえない。家族や子孫も結局は死に絶えてしまうであろうし、全人類も地球という星の終末には死に絶えてしまうであろう。もし有限な生命が無意味であったならば、そのときにはいつ終末がくるか、それが予見できるかどうか、ということはまったくどうでもよいことになってしまう。もし生命が意味をもっているならば、そのときそれはその長短や子孫の有無とは無関係に意味をもっているのである。あるいはもし生命が意味をもっていないならば、それは、たとえいつまでも続こうとも、あるいは無限に子孫を遺しえても何の意味ももっていない。もし子供のない女性の生涯がこの見地からみて実際無意味であるとするならば、それは人間はその子供のためにのみ生き、その実存の意味はもっぱら次の世代のうちに存するということであるが、しかしそれでは問題はただ延期されたに過ぎない。なぜならば各世代はこの問題を解決せずに次の世代へ押しやるからである。そのとき、一つの世代の生命の意味は次の世代を育てること以外のどこに存すべきであろうか。或るそれ自身無意味なことを間断なく繰り返すことは自ら無意味なことである。なぜならばそれ自身において無意味なものは、それが永遠化されることによって少しも意味に満ちたものにはならないからである。

一つの炬火が消えうせても、それが輝いたということは意味をもっていた。しかし燃えない一つの炬火を次々と永遠にもち続けても、それは何の意味ももたないのである。「輝くべきものは燃えることに耐えなければならない」とヴィルトガンスは言った。燃えるということは苦悩することである。さらに、われわれはそれが終わりまで「燃え切る」まで耐えなければならないということができよう。あらゆる存在が「終末への存在」と呼ばれることは正当ではないだろうか。

かくしてわれわれは、その唯一の意味が子孫を残すことの中に存する生命はそれ自身として無意味になるという逆説に到達する。反対に、生命が子孫を残すことは、すでに生命がそれ自身、或る有意味なものを示しているときにはじめて意味をもつのである。したがって、母となることの中にのみ女性の生命の究極の意味をもっぱら見る者は、現実には子供のない女性の生命から意味を取り去るのではなくて、まさに母となった女性の生命から意味を取り去るのである。したがって、子孫のないことは一人の重要な人間の実存を無意義にはなしえない。しかし、この重要な人間を生んだ家系の祖たちは、彼の存在の重要性のゆえに遡行的に輝かしい意味を得るであろう。すべてのこれらのことから、われわれは再び生命が決して自己目的たりえないこと、子孫を残すことは決してその固有の意味たりえないこと、を理解する。むしろ生命はその意味を精神的、倫理的、美学的などの、非生物学的な諸連関からはじめて得るのである。したがって、これらの諸連関は超越的な契機を示している。生命は自己自身を、子孫を残す意味での「長さ」の中に超越するのでなく、価値を指向する「高さ」の中に、あるいは共同体における「幅」の中に超越するのである。

一人の患者に、彼が子供を世に遺すことは優生学的な理由からまったく不適切であったので、そのことが語られたとき、彼は最後に自ら次のように告白した。すなわち彼の生命が——彼は教師であり且つ作家であったが——子孫がないことによって無意義になるという彼の以前の見解は「本来一種の唯物論」を示すものであったと。さらにそのうえ、彼の態度が復仇的であることが彼に指摘された。すなわち、彼自身の身体的な弱さという弱点が彼を生物学的な「不死」の意味の過大評価に至らせたのであった。また彼の態度は単に復仇的であったばかりでなく、或る意味においては感傷的でもあった。たとえば、彼は彼のためにいつか死者の祈りを捧げてくれる一人の息子をもつことを熱望していた。彼にこの願望が余計なものであることを悟らせるためには、次のように彼に問うだけで充分であった。すなわち、彼は遺伝によって病める息子が彼のことを考えてくれるのを望むのか、それともその代わりに多くの読者や生徒たちが彼のことを考えてくれるのがよいのか、と。この患者はこれらすべてのことを納得した後、計画していた結婚を中止しようとした。そこで当然、結婚の意味は生命の意味と同様に決して生殖の中に存するのではないことを彼に指摘することが必要であった。生理的な衝動充足と生物的な子供を生むこととは結婚の二つの側面に過ぎないのであって、決して最も本質的なものではない。愛の幸福の心理的な契機、あるいは共同の仕事に励むことの精神的な契機がより重要なのである。時間的継起における人間の実存の一回性の概念に相応ずるものは、各個人における人間の唯一性という概念である。そしてちょうど死が時間的外的制約として生命を無意義にせず、むしろその意味性をはじめて決定したように、人間の内的制約も彼の生命に意味を与えるだけなのである。もしあらゆる人間が完全であるならば、そのときすべてはそれぞれ同等であり、各個人は任意の別な人間によってとって代えられうるであろう。しかしまさに各人が不完全であるということから、各人の欠くべからざることや他人と代えられえないことが生ずる。なぜならば、各人はなるほど完全ではないが、しかし彼唯一の様式をもっているのである。各個人は完全ではなく一面的であるが、しかしそれによって唯一なのである。

この点に関して、われわれは生物学的な例を用いてみよう。周知のごとく、単細胞生物は多細胞有機体に発展するためにはその「全能性」を犠牲にする。しかしその代わり細胞はその特殊性を獲得するのである。たとえば高度に分化した網膜細胞はその機能において他の細胞様式によっては決してとって代えられえない。かくして、作用分化の原則は細胞からその機能的な全能性を取り去るが、しかしその代わりにその機能的な単能性によって有機体に対する相対的な唯一性を与えるのである。

同様にモザイクにおいても、各小部分、すなわち各々の石は形や色においては或る不完全なものであるが、全体からみれば、また全体に対してはそれは或るものを意味している。もし各々の石が——たとえばミニアチュアにおけるごとく——それぞれ全体的なものを含んでいるとするならば、そのときそれは他のものによって取り代えうるであろう。ちょうどその形において何らかの意味で完全であるような結晶は、また同じ結晶形式の他のものによって取り代えうるがごときである。正八面体は結局他のそれと同じである。

人間がより高度に分化すればするほど、それだけ一層彼は平均の意味においてもまた理想の意味においても標準的なものから遠ざかる。しかし彼は平均的なものを犠牲にする代わりに個性的なものを得る。しかし、かかる個性的人格の意味は常に共同体に向けられ、それに関係づけられている。なぜならば、ちょうどモザイク石の小片の唯一性がもっぱらモザイク全体との関係において意味を与えられるように、人間のあらゆる個人的唯一性の意味も、それが組織づけられる全体に対する重要性の中に存しているのである。このように人格としての人間の個人的実存の意味は、それ自身の限界を超えて共同体をさし示すのであり、共同体への方向において個人の意味はそれ自身を超越する。

すると、人間の社会性ということの感情的な、いわば「状態的」な所与性を超えて、共同体はその課題性においてあらわれてくる。その単なる心理学的、あるいはそれどころか生物学的な事実性——人間はポリス的動物と呼ばれるではないか——から倫理的な要請が生じるのである。しかし個人的な実存が有意味になるためには共同体を必要とするばかりでなく、反対に共同体も自ら意味をもつためには個人的実存を必要とする。そしてこのことは共同体を本質的に大衆《マッセ》と区別する。なぜならば、大衆はいかなる個性をもがまんできるものではなく、ましてや個人的実存は大衆の中にその意味充足を見出すことはできないのである。個人の共同体に対する関係が一つのモザイク石のモザイク全体に対する関係に比較されうるなら、個人の大衆に対する関係は同じ形をした舗道の石のまったく灰色な舗道に対する関係に等しいであろう。石畳みの舗道の石はどれも同じ形に切られていて、どの他の石とでも取り換えることのできるものである。それは全体に対して何らの質的な意味をもっていない。単調な舗道の石はモザイクの美的価値をもってはいず、ただむしろ利用価値のみをもつに過ぎない。同様に大衆は人間の利用のみを知っているが、その価値や尊厳を知らないのである。

個性の意味は共同体の中ではじめて充たされる。その限りにおいて個体の価値は共同体へと向けられている。共同体が自ら意味をもつべきであるなら、共同体はそれを構成している個人の個性なしではすまされない。それに対して、大衆の中においては個々の唯一的な実存の意味は滅亡せざるをえない。なぜならば、大衆の中ではあらゆる唯一性は妨害的な因子として働くからである。共同体の意味は個性によって構成され、個性の意味は共同体によって制定される。大衆の「意味」はそれが含んでいる個人の個性によって妨げられるのであり、個性の意味は大衆の中では滅亡するのである。

われわれは各人間の唯一性とあらゆる生命の一回性とが実存の意味に対して決定的であることを述べた。しかし、それは単なる数的な単一性とは区別されねばならない。あらゆる数的な単一性それ自身は価値のないものである。各人が他のすべての人から指紋法的な意味で区別されうるという事実は、人間を決して個的な人格にするものではない。したがって、人間の実存の意味契機としての唯一性が語られる場合には、この「指紋法的な」唯一性が意味されているのではないのである。したがって――ヘーゲルの「善き無限」と「悪しき無限」とにならって――善きあるいは悪しき唯一性について語ることができるであろう。

人間の実存の唯一性は、われわれの見解によれば、存在論的に基礎づけられている。人格的な実存は或る特殊な存在形式を示しているのではないだろうか。たとえば一つの家は各階からなり、一つの階は各室よりなっている。かくして家は各階を合成したものともいえるし、部屋は一つの階の分割によるものといえる。われわれはこのように存在における境界を多かれ少なかれ恣意的にひくことができ、存在者を自由に限定して存在の全体性の中から取り出すことができる。しかし人格であるということ、人格的実存だけはこの恣意から脱《のが》れるのである。すなわち人格はある自身において完結したもの、唯一的に存立するものであって、分割もできなければ合成もできない。

存在の内部における人間の優越性、特殊な存在様式としての人間の存在様式を、われわれは最初の命題である「存在－他在」に基づいて次のように表現することができる、人格存在（人間の実存）とは絶対的な他在である、と。なぜならばすべての個々の人間の本質的な、且つ価値的な唯一性は、彼がすべての他の人間と異なるということを意味するに他ならないからである。

したがって人間の存在は、もしそれが複合されて、より包括的な組織にまとめられようとするならば、必ず人間存在の尊厳性を失うのである。このことをわれわれは最も明らかに大衆《マッセ》において見る。大衆そのものは何の意識も何の責任ももっていない。それは「実存」なきものである。それにもかかわらずそれが活動し、その意味において「現実的」であるとしても、それは決して自ら働くのではない。社会学的な法則は個々人の頭の上を超えて働くのではなくて、各人を貫いて働くのである。そしてそれは群集心理学的な蓋然性と平均人のタイプが計測しうる限り働きうる。しかし平均人の類型というものは学問的な仮定であって、決して現実的な人格ではない。平均人はそれが計測しうるということのゆえにすでにかかる人格ではないのである。

大衆の中に逃避することによって、人間はその最も固有なもの、すなわち責任を失う。しかし共同体が彼に課し、彼がその中に置かれ、その中に生み落とされている使命に献身することによって、人間は責任をますます獲得する。大衆の中への逃避は、したがって、個人的責任からの逃避である。誰かがあたかも彼が或る全体の単なる一部分であり、この全体がまず本来的なものであるかのように振る舞えば、彼は直ちに彼の責任の負担から解放されたような感じをもちうるのである。責任からの逃避のこの傾向が全体主義の動機である。真の共同体は本質的に責任ある個人の共同体である。それに対して、単なる大衆は非人格化されたものの集合に過ぎない。

全体主義は人間を判断する場合に、責任ある人格の代わりにただタイプのみを見、人格的な責任の代わりに人間がタイプに結びつけられていることのみを見ようとする。しかし判断の客体の側において非責任化に至るばかりでなく、判断の主体の側においても同様である。或るタイプによって評価することは、評価の責任が或る程度減るから、評価者にとっては気が楽なのである。もし一人の人間をタイプとして評価するならば、そのときには個々の場合に携わる必要はなく、気楽なのである。それはちょうどモーターを工場マークや型式から評価するような気楽さである。或る自動車のマークをみれば、それがどんなものであるか判るのであり、或るタイプライターのマークをみればその性質も判るのである。犬の場合でもプードルならばそれがどんな性質をもちやすいとか、シェパードならばこうであるとか判る。しかし、ただ人間の場合は事情は異なる。人間だけは彼が或るタイプに属しているということによって規定されず、それによって計ることはできない。すなわちタイプによって計るならば決して人間は割り切れず、常に或る残余が残るのである。この残余は或るタイプによる制約性を逃れる人間の自由に相応ずるものなのである。人間は彼がタイプに制約されていることに対抗する自由をもつときにはじめて倫理的評価の対象たりうる。なぜならば、そのときはじめて彼の存在は責任性存在であり、人間は本来的に「存在する」のであり、あるいは人間が「本来的に」存在するのである。一つの機械はより規格化されればされるほど一層よくなるが、しかし人間は規格化されるほど、すなわち彼がその（民族的、階級的あるいは性格的）タイプに没入し平均的規準に相応ずるほど、それだけ一層彼は倫理的規準から遠ざかる。

道徳的領域において、全体主義は人を評価したり批難したりする場合に、彼が「全体の意向にしたがうかどうか」ということを目安にする。全体主義は人間が責任を有しないことに対して責任をもたせるのであり、それによって判断の責任性を奪おうとする。たしかに、個々の人間を倫理的な意味で善意のただしい人間かどうかをそれぞれ評価するよりも、全「民族」を総括的に賞めたり貶しめたりすることは、いとも簡単なことである。

実存分析が意識化しようと努力するところの人間の責任は、各々の実存の一回性と唯一性に対する責任である。すなわち、人間の実存はその有限性に対する責任性存在なのである。時間的な有限性としての生命のこの有限性は生命を無意味にしないで、反対にすでにみたごとく、死は生命を有意味にする。そして既述のごとく、生命の一回性には各状況の一回性が属しており、また生命の唯一性には各々の運命の唯一性が属している。運命は死と同様に何らかの形で生命に属しているのである。その具体的唯一的な運命空間から人間は歩み出ることはできない。もし人間が運命に対して争うなら、すなわち、彼が何ごともなしえず、且つ彼が何の責任も罪も有していないものに対して争うならば、彼は運命の意味を見落とす。運命の意味は存するのであり、死と同様に生命に意味を与えるのである。各人はそのいわば排他的な運命空間の内部において他の人にとって代わることはできない。この彼の唯一性は彼の運命の形成に対する彼の責任を構成するのである。運命をもつということは各々の彼自身の運命をもつということである。その唯一の運命をもちつつ、各個人はいわば全宇宙の中で一人そこにいるのである。彼の運命は繰り返されない。何人も彼と同じ可能性を有せず、彼自身もそれを再びもつことは決してない。彼が運命的なものにおいて遭遇する創造的あるいは体験的価値実現の機会や、彼が変更しえなくて態度価値の意味において耐えなければならないものは、すべて唯一的であり且つ一回的なのである。

運命に対する反逆の背理性は明らかである。たとえばもし或る人間が、彼の父が彼を生んだのではなくて誰か他の人間が彼を生んだのならば事態は異なっていたであろうというならば、彼は次のことを忘れている。すなわち、彼はその場合はもはや「彼」ではなくて、運命の担い手はまったく別な人であり、したがって「彼の」運命について云々することはもはやできないのである。ゆえに、他の運命の可能性を問うことはそれ自身不可能であり、無意味であり且つ矛盾している。

運命は大地のように人間に属している。人間は重力によって大地にしばりつけられるが、しかしそれなくしては歩行は不可能なのである。われわれは、われわれが立っている大地に対するのと同様に、運命に対さねばならず、われわれの自由に対する跳躍台としなければならない。運命なき自由は不可能である。自由はただ運命に対する自由でのみありうる。すなわち、運命に対する自由な挙措が問題なのである。たしかに人間は自由ではあるが、しかしそれはいわば真空の空間の中に自由にただよっているのではなくて、多くの制約の真只中における自由なのである。この諸制約はしかし、彼の自由のための出発点なのである。自由は制約を前提とし、制約に指し向けられている。精神は衝動へ、実存は物質へ指し向けられている。しかし、指し向けられているということは依存しているということではない。人間が歩む大地は、歩行に際してすでに超越されており、すなわち踏まれる地盤なのであり、その限りにおいてのみ人間にとって大地なのである。もし人間を定義しようとするならば、それが規定されるところのものからすでに自らを自由にしているものと定義しなければならないであろう。すなわち、あらゆる規定をその影響を受けつつも克服したり形成したりしながら超越するものなのである。

この逆説は人間の弁証法的な性格を示しているのであり、その本質的な特徴に属しているのは、その永遠の未完性と自己課題性とである。すなわち彼の現実は可能性なのであり、彼の存在は本来の自己になりうるということである。人間は彼があるところのものではなくて、まずそれになるのであり、そして人間は彼がなりうるものですでにあったのである。

人間の存在は、それが自由存在であるゆえに、責任性存在なのである。それは――ヤスパースの述べたごとく――常にそれがあるところのものをまず決定する存在、「決断する存在」である。それこそまさに「実存」であり、単なる事物的存在（ハイデッガーの Vorhanden-sein）ではない。私の前に在る机は少なくとも誰か他のものによって動かされなければ、いつまでもそのままそこにあるであろう。しかしその机の傍で私に向かいあって座っている人間は次の瞬間に「在る」ことを、たとえば話しかけたり、沈黙したりすることを決定できるのである。人間がその中から只一つを実現化しうる多様な数多くの可能性は人間の実存を特徴づけている。可能性を選択する強制から人間はその生涯の一瞬においてすら脱《のが》れることはできない。彼は「あたかも」彼が何の選択も決断の自由ももっていないかのように為しうるだけであり、それは人間の悲喜劇の一片を形成している。

その本質的な決断の自由性を意識しない人間の喜劇は多くの冗談話の中にあらわれている。たとえば、その妻に今日の人間がいかに不道徳であるかを論じていた一人の男が、例として次の話を持ちだした。「たとえば今日、俺は財布の落ちてるのを見つけたが、それを遺失物届出所にとどけることなど思いも及ばなかったぜ。」この人間の姿のどこがおかしいのだろうか。それは、彼が他人の不道徳の事実と同様に、自分自身の不道徳についてあたかもそれに責任がないかのように語るからである。また彼が自由でなく、財布を着服するか届けるかを決定できないかのように振る舞うからである。

われわれはすでに生命の「本質」を酸化現象あるいは燃焼過程であると説明した教師について言及したが、一本の蠟燭は（実存哲学の用語を使えば事物的に存在するもの（vorhanden）である）終わりまで燃えてゆき、この燃焼過程を何らかの形で支配することはできない。これに対して、「実存」であるところの人間は彼の存在に対して自由に決断する可能性を常にもっている。そして人間は自己否定の可能性をもちうるほどなのであり、「自分自身を吹き消す」こともできる。生命の意味を疑うばかりでなく自殺の絶望にまで至りうるような最も極端な自己疑問視、すなわち自殺を決断するこの可能性、および自己自身の存在を決定することにおける人間のこの自由は、人間をあらゆる他の存在と区別するのであり、動物の存在様式からそれを際立たせるのである。

あらゆる決断の自由、いわゆる意志の自由は偏見のない人間にとっては自明のことである。人間は直接に自らを自由であると体験する。意志の自由を真摯に疑うのは決定論的な哲学的理論に捉えられているものか、あるいは――妄想型の統合失調症者で彼の意志を自由でないと感じ「作為的」に体験するものだけである。また神経症的な宿命論においては意志の自由は覆われている。すなわち神経症的な人間は彼自身の可能性に対する道を自ら閉ざしているのである。かくして彼はその生命の形を歪め、E・シュトラウスの言葉を借りていえば、「生成可能性」（Werdewirklichkeit）を実現する代わりに、それから逃れてしまう。最初に述べたごとく、あらゆる存在が他在であるならば、われわれは今や次のように述べなければならない。すなわち、人間存在は他在を意味するのみならず、また他在可能であある、と。

意志の自由は、運命的なものに対立する。なぜならばわれわれは人間の自由から本質的に逃れるもの、人間の力のうちにも責任のうちにも存しないものを運命と呼んでいるからである。しかしその場合われわれは、あらゆる人間の自由が運命的なものの中でのみ、且つ運命的なものにおいてはじめて発展しうるということを一瞬も忘れていないのである。

まず何よりも、あらゆる過去は、そのもはや変えることのできない性質のゆえに運命的なものに属している。為されたもの、生じたもの、過ぎ去ったものという事実（Faktum）は最も本来的な運命

（Fatum）である。そして、それにもかかわらず人間はなお過去に対しても、したがって運命的なものに対しても自由である。たしかに過去は現在を理解させる。しかし未来をもっぱら過去によって規定させることは正しくない。それは典型的な神経症的宿命論に特有な誤謬で、過去において犯した過ちを理解させて未来においても為すであろう同じ過ちの赦しを求めるのである。しかし実際は、過去の過ちをよりよい未来をつくるための豊かな素材として役立たせ、それから学ぶことができる。したがって人間にとっては、過去に対して単に宿命論的な態度をとるか、あるいはそれから学ぶかは彼の自由なのである。学ぶためにはいつも決して遅すぎもしなければ早すぎもしないのであって、いつでも「適時」なのである。或る酒飲みに対して人々が酒を飲む癖を止めるように意見したところ、彼はもう遅すぎると答えた。人々が決して遅すぎないと異論を述べたところが、彼は答えて、それならまだ飲む時間があると言った。既述のことを見過ごす人間はこの酒飲みに似ているところがある。それ自身として運命になった過去の不変性によってこそ人間の自由は喚び起こされるのである。運命は常に責任を意識している行為に対する刺激であらねばならない。すでに見たごとく、人間は各瞬間に多くの可能性の中から一つを取り出し、それを実現して過去の領域へ送り、それをいわば確保するものとして生活している。過去の領域において過ぎ去ったものは――逆説的に聞こえようとも――「留まっている」のであり、そしてそれが過ぎ去っているにもかかわらず「留まっている」のではなく、それが過ぎ去っているゆえにこそ「留まっている」。すでにわれわれは他の場所で、過去は現実の中に止揚されているのであり、「あった」ということは存在の「最も確かな」形式であると述べた。うつろい易さということから、それは過去によって救われるのである。すなわち、うつろい易いものはただ可能性だけであり、うつろい易さから守られているものは過去のうちに取り入れられているものであり、過去という存在へ救われた現実なのである。現在が蔵する可能性を、過去の中に「永遠」に蔵される現実の中に移すことが成功すれば、瞬間は永遠になる。これがあらゆる実現化されたものの意味である。この意味において、人間は決定的に或る行為を行ない、あるいは或る業績を創造することで「実現化」するばかりでなく、また体験が問題であるような場合にもそうなのである。この意味において、またかかる客観主義の帰結として、体験の中に実現化されたものは、それが忘却されようとも、あるいはその本人が死亡しようとも、決して無に帰したのではないという主張がなされうる。それは不幸に直面して嗜癖や自殺の中に逃避する人間の自己を麻痺させる主観主義ないし「心理主義」とは異なるのである。

運命的なものは人間に主として三つの形式で与えられる。第一にはタントラーが人間の「身体的運命」と呼んだものとしてのその素質（Anlage）としてであり、第二にはそのすべての外的状況の総体としてのその状態（Lage）としてである。そして素質と状態とは一緒になって人間の位置を形成する。そしてその位置（Stellung）に対して人間は態度（Einstellung）をもつのである。この態度は——本質的に運命的な「位置」とは反対に——自由な態度である。その証拠には位置変換（Umstellung）ということが存するのであり、それにはたとえば教育、成人教育、自己教育と呼ぶすべてのもの、また広義の心理療法、さらに回心と呼ばれる現象などが属している。

素質は人間の生物学的な運命を形成し、状態はその社会学的な運命を形成する。さらに第三に心理学的な運命があり、人間が自由にならない心理的な態度がそれに属している。以下われわれは、いかに或る運命的なものとしての生物学的なもの、心理学的なもの、社会学的なものが人間の自由を妨げうるかということを順次に調べてみよう。

人間が生物学的な運命と対決させられるような場合、あるいは状況を取り扱ってみると、われわれは、人間の自由が身体的な生起に対してどこまで及びうるか、ないしは人間の自由意志の力が生理学的なものの中にどのくらい深く入りうるか、という問題に直面する。かくして、われわれは人間の有機的な身体がどのくらいその心理的精神的なものに依存しているか、また反対にいかに心理的精神的なものが身体的なものに左右されるかという精神身体的な問題に近づくのであるが、しかし際限のないその論争に立ち入ることを避けて、二つの顕著な事実を対置させて、それ自らに語らせることで満足したいと思う。

精神医学者ランゲは次のような事例を報告している。彼は、多年の間、まったく別々に離れて暮らしていた二人の一卵性双生児を知っていた。その一人はランゲのところでパラノイアのゆえに入院し治療を受けていたのであるが、ちょうどそのとき、別な一人がランゲのところへ手紙をよこして同じ内容の妄想をはじめて訴えてきたのであった。一卵性双生児として同じ胚種から発達し、同じ素質をもつこの二人において、共通の疾患素質がかくも運命的に働いたのである。

われわれはかかる生物学的な運命の力に対して手を拱《こまぬ》いているべきであろうか。われわれは有機的な諸力の貫き通す力を証するかかる事実に面して、それに敬意を拒むべきであろうか。その担い手の運命は素質によって、すなわち生物学的なものによって強制的に形成されるのではないだろうか。また人間の精神の自由からの運命の形成のための余地はまだあるだろうか。ともあれ、かかる遺伝病理学的な双生児研究の結果から宿命論的な暗示が生ずるのであり、それはきわめて危険である。なぜならば、それは内的な運命に抗しようとする意志を麻痺させるからである。というのは、誰でもその運命が封印されているとみなす人はそれに勝つこともできないからである。

第二の事実としては次のことが挙げられる。ウィーン大学の神経科でホッフとその共同者たちは被験者を催眠状態にして、いわば純粋な形の感情をひき起こさせた。或るときは喜ばしい体験が暗示され、或るときは悲しい感情が暗示によって生み出された。かかる実験をした場合に、喜ばしい興奮の際に採られた血清は、悲しい気分のときのそれに比べて、チフス菌に対する凝集度が比較にならないほど高かったという結果が生じた。この研究は、心気性の不安に悩む人間の有機体が伝染に対して弱化した抵抗力をもっているという事実や、また伝染病舎やハンセン病舎で働いている倫理的な義務にみたされた看護婦が伝染に対してほとんど奇蹟的に守られているという事実に光を投ずる。われわれの見解によれば「精神の力」と「自然の力」とを互いに際限なく対立させあうことは無意味である。われわれはすでに、両者とも人間に属していること、および人間において両者が互いに関連させられていることに言及した。人間は多くの国の市民なのであり、その人生において本質的に或る緊張のうちに、すなわち両極的な力の場のうちに立っているのではないだろうか。もしわれわれが両方の力をそれぞれ計り、また相互に計らせあうならば、それは勝負のつかない競争になるであろう。しかし周知のように、かかる競争ほど活発なものはない。そして人間の中の精神的自由がその内的および外的な運命と永遠に苦闘することこそ人間の生活を真に形成するものなのである。運命的なもの、特に生物学的な運命を少しも過小評価することをしないにもかかわらず、われわれは心理療法の臨床家としてその中に人間の自由を証明する試みをしなければならない。少なくとも発見的な根拠から、われわれは自由な可能の限界が運命的な当為に対してあたかも無限に遠くにあるかのように振る舞わねばならないのであろう。そのときわれわれは、少なくとも可能な限り遠くまで行くことができるであろう。

生理的なものが心理的なものと緊密な関係にあるようなところですら、たとえば脳病理学においても、身体的な病的変化それ自身はなお決して最終的な運命を意味せず、自由な形成のための発端でもありうる。脳はこの意味で「可塑的」といわれる。すなわち脳の一部が損傷を受けた場合に、他の部分が「代理的」な働きをもってきて、遅かれ早かれついには機能が再び回復することがある。生理的な領域においてすらかかる現象は存するのである。

生物学的な運命は精神の自由に対して常になお形成されるべき素材なのである。これが人間の側から見られたその究極の意味である。事実われわれは、いかに人間がその運命を彼の歴史的、生活史的構造の中に有意義に繰り入れるかを常に見る。われわれは、生物学的なものに由来する、自由の生まれながらの狭小化や制限を、すなわち精神発達に対して初めから置かれた困難を模範的に克服することに成功した多くの人々に出会うのである。彼らの断乎たる生活形式は真の芸術的活動およびスポーツ活動に似ている。芸術的というのは御し難い生物学的素材が自由な意志によってよい形につくられたからであり、スポーツ活動というのはスポーツマンのモラルである「ベストをつくす」ということを彼らが実践しているからである。

一人の人間の生涯は初めからの運命的な生物学的ハンディキャップに対する抵抗に色どられ、困難なスタートにもかかわらず偉大な業績を示すこともありうる。われわれの知っている一人の男はすでに母胎の中で罹患した脳疾患のために、四肢が部分的に麻痺し、曲がった脚のゆえに手押車によってのみ動くことができた。少年期の終わり頃まで彼は精神的に遅れていると思われていたし、且つ読み書きもできなかった。しかしついに一人の教師が彼を引き受け、教え始めた。考えられないほどの短期間にこの患者は読み書き等を習得したばかりでなく、また彼が特別に興味をもった或る課目に関して高度の知識を獲得した。何人かの優れた学者や大学教授たちが快く彼の家庭教師となった。自分の家で彼は一週に数回優れた精神的なサークルをもち、その中心人物となったのである。そして美しい女性たちも彼をめぐって愛を争ったのであった。しかしこの男は一度も普通に話すことはできないのであった。重いアテトーゼによって彼はその関節を気の毒なほどひきつらせ、骨折って汗を流しながら痙攣で歪んだ顔で一語一語を甚だ苦しみながら発しなければならなかった。この人間の人生の形成はいかに大きな業績を示していることであろうか。また彼は、遥かに容易なスタートをしながらも、その「運命」にただ従ったばかりに、今日なお施設で知能の低い人間としてつまらない生活を送り、結局そこで一生を終わる他の患者に対して、模範としてどれほどの証明力をもっていることであろうか。

次に、われわれが人間の心理学的な運命と呼ぶもの、すなわち精神的な自由に対立する心理的なものについて述べよう。心理的な生起のうちに存する一見運命的なものを強調し、心理的生起のうちに多少ともあれ強制的な「メカニズム」をみることを特に教えるのは精神分析である。精神分析は駆られるもの（Getriebene）としての人間に関する学説である。この見地においては、人間はその衝動によって「支配されている」と考えられる。精神分析家にとっては人間の衝動性は決定的なものである。しかし偏見に捉われない観察によれば、衝動はいわば動議を提出するのみであり、自我がその動議を決定するというのが直截な現象学的事実であることが明らかなのである。自我は決心し、決断し自由に選択しうるのであり、「意志する」のであり、どれほどエスが「駆り立てよう」とも、それと本質的に無関係なのである。

たしかにフロイトも自我が衝動に、またはエスに本質的に対立させられる事実を承認せざるをえなかった。しかし彼は自我を再び衝動から発生的に導き出そうと試みた。かくして彼は「自我衝動」という必然的に背理の概念に到達したのであった。この概念の背理性は、被告が論告を聞いた後に検事の席に座って自分自身を尋問するような裁判にのみ比較されうるであろう。E・シュトラウスはすでに、衝動の検閲を行なう法廷が自ら衝動から生じたとは考えられえないことを指摘している。またシェーラーは、精神分析を性的な衝動を倫理的な意志に変化させようとする精神的錬金術と呼んだ。

たしかに、自我は自由に決断する意志の主体として衝動の力学を必要とする。しかし自我は決して単に「駆られている」のではない。帆走の本質はボートが風によって単純に駆られるということのうちには存しない。帆走者の技術はむしろ彼が風の力を欲する方向へ働かせ、或る場合には風に逆らってまで帆走しうるということが可能なときにはじめて始まるのである。人間の衝動性についての精神分析的概念の危険は、それが誤って導くところの宿命論である。神経症の患者ほど心理学的な意味での盲目的な運命信仰に傾きやすく、彼らの衝動方向や衝動の強さの、また意志や性格の弱さの見かけの運命性を繰り返しひき合いに出すのである。

本来的な意志薄弱というものは存在しない。意志の強さということは神経症者によって実体化されているが、しかしなんらの静止的なものでもなく、また決して与えられたものでもなく、明瞭な目的認識、しっかりとした決心、或る種の訓練（神経症的な人間が最も必要とするものであるが）などのいわば函数なのである。或る女性の統合失調症患者が、あなたは意志薄弱かと訊かれた際に、ふと為した答え、「私が欲するなら私は意志薄弱ですし、私が欲しなければそうではありません」は期せずして――もちろんこの精神病の患者はそんなことを知りもせず、欲しもしなかったのであるが――神経症の患者に対してどんなに教育的であったことだろうか。人間は見かけの意志薄弱の背後にある彼自身の意志の自由を自分に対して隠そうとしやすいのである。

特に個人心理学の命題の影響を受けて――もとよりそれは誤解であり濫用なのであるが――、神経症的な宿命論はしばしば児童期の教育的影響および環境的影響が彼から「作りあげ」彼の運命としたものをひき合いに出す。そしてかかる人間はそれを自分の性格の弱さの弁護に用いるのである。彼らはその弱さを所与的なものと解し、そこに教育ないし自己教育の課題を見ようとはしない。或るとき、自殺を試みた後に神経科に入院させられた或る患者は、臨床心理学者の助言を拒絶しながら次のように述べた。「あなたは私をどうしようとおっしゃるのですか。私はアルフレート・アドラーのいう典型的な〝ひとりっ子〟なのです。」それはあたかも彼が属している類型的なものから自分を自由にすることが問題にならないかのようである。個人心理学のエートスをよく理解すれば、それは人間に彼の教育状況から生じた類型的な欠点や性格の弱さから自由になることを求めているのであり、たとえば「ひとりっ子」ということが全然判らなくなることを求めていることが明らかになるのである。それに対して神経症的な宿命論は、唯一性と一回性とが人間に与える責任からの逃避を意味する。すなわち類型的なものへ属していることの見せかけの運命性への逃避である。人々がその法則性に陥ったと思う類型というものは性格類型ばかりでなく、民族類型あるいは階級類型であってもよい。

この患者が（ひとりっ子として）「ふみ入れた」個人心理学の「法則」はただ理論的にあてはまるだけであって、実際には、人がそれを「妥当させる」限りあてはまるのである。すなわち、人がその法則の中に事実を見るばかりでなく、運命を——それは宿命論的な虚構なのであるが——見る限りにおいてである。自己の受けた教育の誤りは何らの言いわけにならないのであって、自己教育によって修正されるべきものなのである。或る患者は自己の欠陥に関して「それは私のような神経衰弱者においては典型的なことです」と言ったが、そのとき彼に次のように答えてやらねばならなかった。すなわち、それはたしかに典型的かもしれない、しかしそれはあなたのような人間の典型的な誤りであると。彼らはそれを典型的だと理解すべきであるが、しかし欠陥として許すべきではないのである。それに対して、人間の衝動性に固定された精神分析の観点は、しばしば自我にその本質的な責任性を意識させる代わりに忘れさせる危険に陥らせやすい。それは本来の実存を放棄し、実存（意識性存在と責任性存在）を単なる意識へ還元することによって貧困化するのである。

人間の精神的態度は、その身体的態度に対してのみならず、また心理的なものに対しても自由な活動領域をもつということ、したがって、心理学的な運命に決して盲目的にしたがう必要はないということは、病的な心的状態に対する人間の選択自由な態度が重要であるような場合に最も判然と且つ印象的に明らかになる。E・シュトラウスは彼の著『強迫神経症の心理学』において、いかなる範囲まで精神病理学的な過程が「被造的」であるか、すなわち運命的で自由意志の影響を受けないかという問題を論議した。そして強迫神経症の特別な事例においては、実存的な自由が著しく制限され、強迫神経症者の世界観的な態度ですら運命的に規定されるという見解に彼は傾いた。しかしこの点に関してはわれわれは意見を異にする。それについては後章においてなお述べられるであろう。ここでは他の例を挙げて、病的な心理状態に対する自由な態度決定の可能性を示そうと思う。

高い知能をもった教師である一人の女性の患者が、周期的に再発する内因性の鬱病のゆえに入院治療を受けていた。彼女の疾患の有機的な条件に対しては阿片療法がなされた。すなわち身体的なものに向けられた処置がなされたのである。ところが或る日、係の医師は彼女が泣きながら高度の興奮状態にあるのを発見した。短い会話の結果わかったことは、抑鬱がこの瞬間は少しも内因性ではなくて心因的なものであり、したがって全体としては心因的な成分をもっていたのであった。なぜならば、患者はそのとき自分がそれほど涙もろいということについて泣いていたからである。抑鬱はいわば自乗されたのであり、内因性の成分に心因性のそれが付け加わったのである。現実の抑鬱は内因性の基盤をもっていたのであるが、同時に内因的状態への反応でもあったのである。この反応性の不機嫌という事実に対して、心因的な成分に相応する心理療法がなされた。すなわち患者にその抑鬱的な根本気分をできるだけ無視し、特に抑鬱からの、また抑鬱についての疑惑や詮索を避けるように勧められた。なぜならば、それは当然のことながら不合理的に悲観的な色彩をもっているからである。そして患者には抑鬱を、ちょうど太陽を覆い光を遮る雲のように通り過ごさせてしまうことが勧められた。太陽は現在それが見えなくてもなお存在し続けるように、抑鬱によって価値に対して盲目になった人間が、現在それを見ることができなくても、価値は依然として存在し続けるのである。

さらに患者に心理療法が施されているうちに、彼女のすべての精神的な苦悩が明らかになってきた。彼女はその実存の内容が貧しく意味がないと思い込んでいたのであった。すなわち、彼女は再発する鬱病という運命によってハンディキャップがあると感じていた。そこで狭義の心理療法的処置をこえてロゴセラピー的な処置がなされ、患者に運命的に繰り返される抑鬱状態という事実こそ、かえって心理的過程に対する精神的な態度において自由な人間が唯一の正しい行動をするのにいかに適当であるかということが示された。すなわち、内的な困難にもかかわらざる責任を意識した生活形成であり、換言すれば、われわれが態度価値と呼んだものの実現化がすすめられたのである。次第次第に患者はその抑鬱状態にもかかわらず個人的な使命に充ちた生活を眼の前にみるようになったのみならず、またこの状態にあってこそ一層多くみるようになったのであり、自らを何らかの形でその上に置くことができるようになった。この実存分析――なぜならばここでは他ならぬそれが重要であったのだから――の後に、彼女はその後の内因性の抑鬱期にもかかわらず入院前よりは遥かに責任を意識して意味に充ちた生活を行なうことができ、あたかも疾患ではなく処置を必要としないかのごとくであった。そして彼女は或る日、医師に次のように書くことができた。「あなたは私をはじめて一人の人間にして下さいました。」われわれはすでに引用した、心理療法の最高の原則であるとしたゲーテのあの言葉を想起する。「われわれが人間を彼らがあるがままに受け取るならば、それはよい扱い方ではない。われわれが彼らを、彼らがそうあるべきであったかのように取り扱うならば、われわれは彼らをその行くべき方向へと導くのである。」精神的疾患の多くの場合において、それに対する可能な自由な精神的態度が疾患運命の寛解にきわめて役立つことがある。一方では「被造的」状態に対する絶えざる無益な戦いがますます増加する抑鬱に至るのに対して、他方ではその状態を単純に自然に受け入れ、それを容易に無視することができ、それを超えていく人々もあるのである。

或る女性の患者は数十年来ひどい幻聴に悩み、絶えず彼女の挙動を嘲る恐ろしい声を聞いていたのであるが、或る日、彼女はなぜそれにもかかわらずそんなに上機嫌であるのか、幻聴をどう思うのかと尋ねられたとき、次のように答えた。「私は思うのですが、声が聞こえるのはそれでもやっぱり耳が聞こえないのよりはいいですからねえ。」苦悩に充ちた統合失調性症候の恐ろしい運命に対する単純な人間のこの態度のうちには、どれほどの生活術が隠されていることであろうか。そしてこの患者の滑稽な、しかし賢い答えは、同時に精神的疾患に対する一片の精神の自由を含んではいないだろうか。

同一の精神病に罹患した人間においても、それぞれのその精神的態度に応じて、いかにその挙措が異なっていることがあるかは、どの精神病医も知っていることである。或る進行麻痺の患者は刺激性で他人に対して敵意のある態度をとっているし、他の進行麻痺の患者は愛すべき、気の良い、魅力的ですらある人間でありうるのである。またわれわれの知っている戦争中の例では、或る強制収容所において一つのバラックに数十人の発疹チフスの患者が横たわっていた。全員は譫妄《せんもう》状態であったが、ただひとりだけは故意に夜中に目を覚ましていて、夜の譫妄を避けようと努めていた。そして彼は十六日間の夜の熱の興奮と精神的な興奮とを、彼が収容所に持ち込んだ未刊の学術書の草稿の再構成に利用したのであって、暗黒の中で小さな紙に速記の符号でそれを書きしるしたのである。

個々の人間は社会的な連関の中に常に組み入れられているように思われる。人間は共同体から二重の意味で規定されている。すなわち、個人は社会的な全組織によって条件づけられると同時に他方ではこの全組織へ指し向けられているのである。したがって、個人のうちにおける社会的因果性と共にまた個人の社会的目的性も存するのである。社会的な因果性に関しては、いわゆる社会学的な諸法則は個人を決して完全に規定することはできず、したがって、決して人間の意志の自由を奪わないことが強調されねばならない。これらの諸法則はそれが個人の行動に影響しうるまえに、まずいわば個人の自由の地帯を通過しなければならない。かくして社会的な運命に対しても、生物学的あるいは心理学的運命に対するのと同様に、人間は自由な決断可能性の余地をもっているのである。

社会的目的性に関しては、心理療法の領域でとりわけ個人心理学が陥った誤謬が指摘されねばならない。すなわち、あらゆる価値に富む人間の行動は結局社会的に正しい行動に他ならないという誤った見解である。共同体に役立つものだけが価値に富むという立場は倫理的に支持し難いものである。それは人間の実存の価値の貧困化に至るであろう。なぜならば、価値の領域においては個人的な留保が存するということ、すなわちその実現化があらゆる人間的共同体の彼岸において、且つそれと無関係に為されうるし、あるいはそれどころか為されねばならないような価値が存することは、容易に証明することができるからである。すなわち、われわれの術語によれば、体験価値が問題である場合には共同体に対する有用性という基準をあてはめることはできない。個々の人間の芸術的体験や、あるいは自然体験の中から各人の孤独のうちに開かれる豊かな価値は、社会がそれから有用性を引き出すかどうかということと、本質的且つ根本的に無関係であり、それは容易に理解できることである。他方また、本質的且つ必然的に共同体的体験から生ずる一連の体験価値の存することも、われわれは同時に見逃してはいない。たとえば連帯性や仲間の体験など、また二人の人間の間の性愛的な一致の体験などである。

もしわれわれが人間の実存の社会的な契機を、それが生活の基盤あるいは目的を示しうる限り取り扱おうとするならば、われわれは多かれ少なかれ人間の意志に対立しそれに戦いを挑むような、変更できない且つ影響されえない社会的なものについて論じなければならない。すなわち、運命的なものが人間に対立する第三の領域として、われわれは社会学的なものに向かわなければならないのである。そして後章においてわれわれは職業生活の形成や社会的環境との積極的な交渉を取り扱いたいと思うので、本章においては、社会的な環境が所与的な形であって、個人がその下に悩まざるをえないような場合を取り扱ってみよう。

社会的事情の下に苦悩しなければならない人間の心理については、最近多くの素材が産み出された。すでに第一次世界大戦において、捕虜収容所の精神病理学的な観察や体験が、いわゆる鉄条網病の病像を明らかにして、拘禁の心理学を豊かにしたし、第二次大戦は「神経戦」の随伴現象をわれわれに教えてくれたが、集団の精神病理学の研究は、強制収容所の集団生活がもたらしたものによって豊富にされているので、それを取り扱ってみたいと思う。

強制収容所の心理

強制収容所においては、人間の実存は或る歪曲を蒙る。この歪曲はあまりに甚しいので、収容所における観察者は（彼自身収容所の内にいる場合）彼の判断の充分な客観性を維持できるかどうか疑問に思われるほどなのである。心理的および倫理的な点において自己や他人を判断ないし評価する能力は衰えざるをえないのであった。収容所の外部にあった人間はあまりにも多くの距離をもち、ほとんど追体験できないのに対して、その真只中で生活したものはあまりにわずかな距離しかもたないのである。換言すれば、変形された生活の現実にあてはめられるべき尺度自身が歪んでいるかもしれないという根本的な問題がある。

このいわば認識批判的な考慮にもかかわらず、精神病理学および心理療法の専門家たちは、その自己観察や他者観察のすべての素材からあまりにも主観的なものを除外し理論化に努めたが、その結果、本質的にはかなり一致した結果が生じてきたのである。

収容所の囚人の反応には三つの位相が区別されうる。すなわち、収容所に収容される段階と本来の収容所生活の段階および収容所からの解放の段階である。第一の段階はいわゆる収容ショックによって特色づけられる。不慣れな環境へのこの反応形式は、心理学的には何ら新しいものではない。新たに入ってきた囚人は今までの生活に線を引いてそれを抹殺されるのである。彼のあらゆる持ち物は取り去られ、彼がもつのを許された眼鏡の他には以前の生活と繋がる外的な絆は何も存しない。彼を襲う多くの印象は彼をひどく興奮させるか、あるいはひどく不快にさせる。絶えざる生命の危険に面して若干の者は「鉄条網に走り込む」（高圧の電気が通っている収容所の鉄条網の柵のことである）か、あるいは他の方法で自殺を試みることを決心するのである。しかしこの段階は数日あるいは数週後には第二段階に移るのであり、その段階では深刻な無感動が支配するのである。以前囚人を興奮させたり怒らせたり絶望させたりしたものは、第二段階では囚人が自らの周りに巡らした装甲によって撥ね返されてしまうのであり、この無感動はいわば心の自己防禦の機制なのである。したがってこの場合は、独特な環境に対する一種の心理的適応現象が問題なのである。すなわちその環境で生ずるものは、いわば弱められて意識に達するのであり、感情生活は低い水準にひき起こされる。それは精神分析的な観察者によれば、原始性への退行として解せられるごときものになるのである。人間の関心は直接的な、最も緊要な要求に限定されてしまうのである。囚人が夕方に「労働中隊」から疲れ、飢え、凍えながら雪の野を足をひきずりながら収容所へ追いたてられて帰ってきたときに、「ああ、また一日を乗りこえた」という深い溜息が聞かれるのであった。

何よりも生命だけを維持するという最も現実的な問題以上のもの、すなわち毎日毎時いかにして生命を助けるかということの彼岸にあるものは贅沢とみなされざるをえなかった。すべての人は劣等化するのであり、その傾向は収容所で最もよく聞かれる「みんなくそくらえ」といった下劣な言葉の中によくあらわれている。あらゆる高級な興味は収容所生活を続けていく中に減退してしまうのである。ただ例外として、当然のことながら著しい政治的関心と、注目すべきことには宗教的な関心は高まったのであった。それ以外の点では、囚人は文化的な冬眠の状態に陥ったのである。

強制収容所における内的生活の原始性は、囚人の典型的な夢の中に特徴的にあらわれていた。多くの囚人はパンや菓子や煙草や温かい入浴などを夢みた。食物に関しては絶えず語られていた。たとえば労働中に囚人が出会って看視兵が近くにいないときには、彼らは好きな料理のメモを交換したり、解放後に招待しあう場合のメニューを作ったりするのであった。囚人の中の優れた人々はもはや飢えなくてもすむ日を待ち望んで過ごしていたが、それは何もよい食事のためではなくて、食物のことしか考えざるをえないような人間にふさわしくない状態から何とか逃れたいためであった。次に収容所の生活が原始性へと導き、食物不足が食欲をあらゆる思想や願望の主たる内容とさせると共に、それは性的な関心を著しく失わせてしまう結果となったのであった。強制収容所においては男色は存せず、性的な衝動は囚人の夢においてもあらわれなかった。

収容所生活への心的反応は、衝動性の原始的構造への退化と解釈しうるばかりではない。E・ウーティッツは、彼が収容所の囚人において観察した典型的な性格変化をチクロチーム（zyklothyme 循環気質）からシツォチーム（schizothyme 分裂気質）への移行と解釈した。多くの囚人たちにおいては無感動のみならず、また刺激性も著しくなることに彼は気づいたのである。無感動と刺激性はクレッチマーの意味におけるシツォチームの気分の比例に相応ずるものなのである。かかる性格変化やあるいは関心の交代は心理学的には多くの疑問があるが、一応それを度外視するとして、この一見したところの分裂気質《シツォイド》（schizoid）化は、われわれの見解によれば、遥かにより簡単に説明されうる。すなわち囚人の大部分は一方では栄養不足、他方では睡眠不足に悩んでいた――睡眠不足というのは狭いところに過度に多くの人間が押し込められたことに結果するノミやシラミの苦しみの結果であった。栄養失調が人々を無感動にすると共に慢性的な睡眠不足が人々を刺激的にするのであった。さらにこの二つの契機に、正常な生活で無感動や刺激性を柔らげる働きをするカフェインとニコチンの欠けているという契機が加わった。コーヒーや煙草は囚人には禁止されていたのである。問題の「性格変化」の生理学的な基盤をわれわれはこのように説明しようとするのである。そしてさらに心理的な因子がそれに加わる。多くの囚人はいわば或るコンプレックスに悩んでいたのである。彼らは劣等感情に苦しめられていた。なぜならば彼らはかつては「誰か」であったのであるが、今は「何ものでもない」無名なものとして取り扱われるからである。少数の者だけが徒党を組み、カポー（囚人を看視する役を与えられた囚人）となり、小規模な皇帝妄想を生み出すのであった。これらの低劣な人々には囚人を抑圧する権力を与えられ、貶められた大多数と選ばれた少数者の間に衝突が起こるときには――それはしばしば生じたが――上述の理由で、すでに貯えられた囚人の刺激性は爆発し最高点に達するのであった。

すべてこれらのことは性格の類型が環境によって作られることを証明していないだろうか。それは人間が彼の社会的環境という運命から逃れえないことを示しているのではないだろうか。しかしわれわれは否と答えるものである。では、どこに人間の内的自由が存するであろうか。彼は心理的に彼の中に起こったことに対して、すなわち強制収容所が彼から「つくり出した」ものに対して、なお精神的に責任を有しているであろうか。われわれは然りと答えるものである。なぜならば、この個人の自由のきわめて制限された社会的環境にもかかわらず、なおそこにおいてすら、彼の実存を何らかの形で形成する最後の自由が存していたからである。人間がかかる状態においてもなお「異なってありうる」こと、すなわち強制収容所における心理的な病態化ということの一見抵抗しがたい法則性に従わないでいたということの実例は――多く英雄的な実例であるが――きわめて多く存するのである。むしろ一人の人間が典型的な囚人心理に陥り社会的環境の力に屈する場合には、常にそれに先立って彼の精神的な転落が存することが示された。彼は具体的な状況に対する態度の自由を失ったのではなくて、単に放棄したのである。収容所に入れられた当初に一切が彼から奪われようとも、何びとも運命に対してあれこれの態度をとる彼の自由を最後の息をひき取るまで奪うことはできない。そしてこの「あれこれの」ということは実際に存したのである。強制収容所においてはその無感動を克服し、その刺激性を抑圧することのできた少数の人々がいた。彼らは自分自身に関しては何ら求めるところなくまったく自己犠牲的に、点呼場を横切り収容所のバラックを通りながら、あちらでは優しい言葉を、こちらでは最後の一片のパンを与えていた人々なのである。

一見運命的な、強制的な状況において、身体的および心理的な原因から発した強制収容所の諸徴候は、また精神的なものからもつくられうるものであることが明らかになる。われわれが後章において神経症諸徴候に関して一般的に述べることは、強制収容所の精神病理学の内部においてもあてはまる。すなわち、それは常に単なる或る身体的なものの結果や心理的なものの表現であるばかりでなく、また実存の様式でもある。そしてこれこそ究極的に決定的なものなのである。強制収容所内における人間の性格変化は、生理学的な状態変化（飢餓、睡眠不足など）の結果であり、また心理学的に与えられたもの（劣等感など）の表現であると共に、さらに本質的に結局は精神的な態度の如何によるものなのである。なぜならば、いかなる場合にも人間は環境の影響に対して態度を決める自由と可能性を保持しているからである。

たとえ彼が普通はこの自由と可能性とを稀にしか用いないとしても、それは彼に属している。強制収容所という環境にあって、その心理的な影響に陥る人間の手の中にも、なお何らかの形でそれは存しているのであり、その影響から脱《のが》れなければならないということは、なお彼の力と責任との中に何らかの意味で横たわっている。人間が精神的に転落し、環境の身体的心理的諸影響の中に陥ってしまう理由はどこにあるかと訊ねられたならば、われわれは次のように述べるであろう。すなわち、人間は彼が精神的な拠りどころを失ったがゆえに、且つそれを失ったときにのみ環境の影響に陥ったのであると。このことはもっと詳細に論ぜられなければならない。

すでにウーティッツは囚人の存在様式の特徴を「仮りの存在」と呼んだ。この特徴づけはわれわれの見解によれば或る重要な補充を必要とする。すなわち、人間の実存のこの形式においては仮りの生活ということが問題であるばかりでなく、「期限のない」仮りの生活が問題なのである。新しい囚人は彼らが収容所に入ってくる前は彼岸の世界に向かっているような気分になるのであるが、(収容所から帰ってきた者は誰もいないし、その様子が公けにされたことも一度もなかったゆえに) しかしひとたび収容所内に入ると、こんどはいつまでそこにいるのかまったく判らないのであり、何びともそれを知ることはできないのである。毎日毎時、囚人たちが集まれば噂される「終末」の話はいつでも徹底的な失望に終わるのであった。釈放の時期が不明だということは、囚人に実際に無期限の収容期間という感情を生み出した。かくして、彼は鉄条網の外部の世界に対して次第に疎隔感をもつようになる。鉄条網を通じて彼は外部の人間や事物を、あたかもこの世のものではないかのように眺めるのであり、ちょうど死者が彼岸の世界から眺めるように非現実的で到達しがたいまぼろしのような感じになるのである。

強制収容所における存在様式の無期限性は未来がないという体験に達する。長い列をなして別の収容所に送られていった或る囚人は、彼がそのときあたかも彼自身の屍体の後から歩いて行くかのような感じをもったと報告している。それほど彼の生命は未来がなく、ちょうど死者のように過去だけがあるような感じを彼はもったのである。かかる「生ける屍」の生活は著しく回顧的な生活になる。彼の考えは常に繰り返し同じ過去の体験の細目の回りを巡るのであり、最も日常的であった些細なこともメルヘンのような醇化を受けるのであった。

しかし人間は未来における或る一定の時点なくしては本来存在することができない。普通、人間の現在のすべては未来によって形成され、ちょうど鉄片が磁石の方に向くように、未来に向けられているものなのである。反対にもし人間が「その未来」を失うならば、常に内的時間、体験時間はその全構造を失う。それは同様に退院の期限がわからない不治の結核患者を取り扱ったトーマス・マンの『魔の山』に描かれたごとき「現在的な生存」なのである。またそれは多くの失業者を支配する生存の無内容と無意義の生活感情に似ている。すなわち、失業した鉱山労働者になされた心理学的研究によって明らかになったように、かかる失業者においても時間体験の構造崩壊が見られるのである。

ラテン語の言葉“finis”は終末を意味すると同時にまた目的を意味する。人間がその仮りの生存の終末を見ることができないときには、また彼は何の目的も立てられず、何の使命も感じられなくなる。

すなわち、人生は彼の目には内容と意味を失ったものとならざるをえない。反対に「終末」を意識し、未来における目的点を認めることは精神的な拠りどころを与える。この精神的な拠りどころこそ収容所の囚人がきわめて必要としたものなのである。なぜならば、精神的な拠りどころだけが人間を社会的環境の歪曲する力から、すなわち転落から守ることができたからである。たとえば一人の囚人は彼が多数の聴衆を前にして、彼がいま体験していることについて講演をしていると想像することによって収容所生活の最悪の状態を本能的に正しく乗り越えようとした。このトリックによって彼は事物を「永遠の相の下に」体験するのに成功し、事態に耐えることができたのであった。

精神的な拠りどころのないことからくる心理的な崩壊は、完全な無感動に陥ることであるが、それはあらゆる囚人によく知られ且つ恐れられた現象であり、しばしばきわめて急激に、数日間のうちに破局に達するのであった。かかる囚人は或る日突然バラックのうちの彼の場所に横たわったままになるのであり、点呼に行くことも労働に行くことも拒み、もはや食事もとらず洗面所にも行かないのである。いかなる忠告もいかなる威嚇も彼を無感動からひき離すことはできない。何ものも、したがって罰ですら彼をおどかすことはできない。彼はそれをぼんやりと無関心にやりすごすだけである。自らの糞尿にまみれて横たわっているということは、軍規上の規則違反による生命の危険を意味するばかりでなく、またもっと直接な身体上の死を意味していた。以上のようなことは「無期限性」の体験が囚人を突如として襲った場合に明らかに見られることであった。さらに次のような例もある。一人の囚人が或る日その仲間に、奇妙な夢を見たと語った。すなわち一つの声が彼に語りかけ、自分は未来を予言できるから何でも知りたいことを聞くようにと言った。そこで彼は、いつ第二次大戦が私にとって終わりになるか知りたいのですと答えた。それに対して夢の声は一九四五年三月三十日と答えた。この囚人が、この彼の夢について語ったのは三月の初めであった。当時彼はまだ希望に溢れ好調子であった。しかし三月三十日は次第に近づいてきたが、それにもかかわらず「声」の正しいことは次第に怪しくなってきた。予言された期限の数日前に、彼は次第に失望に陥った。三月二十九日に彼は高熱を発し、譫妄状態で病舎に運ばれた。彼にとって重要であった三月三十日に――苦しみが「彼にとって」終わるべき日に――彼は意識を失った。そして次の日に彼は死んだ。彼は発疹チフスで死んだのである。われわれはすでに、いかに広汎に有機体の抵抗性が勇気や倦怠――たとえば失望による――等の感情状態に依存しているかを述べた。われわれは夢の声の誤った予言についてのこの囚人の失望が、その有機体の抵抗力を著しく低下させ、潜伏していた伝染に有機体を屈させたと想定しても臨床的に正しいであろう。

このわれわれの見解と一致するのは、かつて一人の収容所の医師が報告した次のような集団的な観察であった。彼の収容所の囚人たちは、一九四四年のクリスマスに釈放されるだろうという望みを一般に強くもっていた。しかしクリスマスは来たが、何ら希望を与える知らせはなかった。するとどんな結果が生じたであろうか。クリスマスから新年までの一週間の間にこの強制収容所では、気候の変化や労働条件の強化や伝染疾患の生起などの事情では説明せられえない、かつてないほどの多数の死亡者を出したのであった。

したがって、強制収容所において心理療法あるいは精神衛生を試みるとすれば、それは未来における目的点にしっかりとした精神的拠りどころを与え、生きなければならないということを未来の観点から意識させるときにのみ可能であるのは明らかである。実際に一人一人の囚人に未来に目を向けさせることによって精神的に支持することは、そう難しいことではなかった。絶望のあまり自殺を決心した二人の囚人と語ったところ、次のような共通点が明らかになった。すなわち二人とも「もはや人生から何ものも期待できない」という感情に支配されていたのであった。この場合でも既述のコペルニクス的転回を、すなわち彼らが人生から何を期待するかということよりも、人生が何を彼らに期待するかということを彼らに説いて聞かせることが重要であった。事実――二人の囚人が人生から期待すべきことの彼岸に――人生はそれぞれ彼らをまったく具体的使命をもって待っていたことが明らかになった。一人は地理学の叢書を著わしていたが、しかしその叢書はいまだ完成していなかった。そして他の一人には深い愛情で彼に依存している一人の外国にいる娘があった。したがって一つの業績が一人を待ち、一人の人間が他の一人を待っていたのである。ゆえに、両者とも同様に代え難い唯一性をもっていることが判り、それは苦悩にもかかわらず人生に無条件の意義を与えることができたのである。一人はその学的業績にとって代え難く、他方はその娘の愛の中においてかけがえがないのであった。

たとえ簡単な形であれ、強制収容所においても時おり「集団の心理療法」さえ可能なのであった。心理療法の専門家である神経医の囚人は、人で溢れたバラックの夜の暗闇の中で労働に疲れた仲間にその目的を失わないようにと語りかけ、必要な生きる意志と勇気とを再び与えたのであった。

解放された囚人もなお心理的な保護を必要とする。突然の解放はたしかに心理的圧力の消滅を意味するものであるが、心理学的な意味では或る危険性をもっていた。すなわち性格学的な意味で彼を脅かすのはいわば心理的なケーソン病（潜函病）とでもいうべきものなのである。ここでわれわれは、この素描的な囚人の心理学において取り扱う第三の段階に達したのである。解放ということに対する彼の反応に関しては、手短かに次のように述べることができる。最初はすべてが彼にいわば美しい夢のように想われる。彼は敢えて信じようとはしないのである。すでにどんなに多くの美しい夢が彼をあざむいたことだろうか。どんなにしばしば彼は解放を夢見たことだろうか——彼は家に帰り、妻を抱き、友に挨拶し、テーブルに座り、その体験を語り、再会の瞬間をどんなに待ち焦がれたかを語ったことだろうか。そしてついに現実となったこの瞬間をどんなにしばしば夢見たことだろうか。すると突然、早朝の起床を命ずる三回の号笛が耳をつんざき、彼を夢から切り離すのであり、自由の夢は空しくなる。ところが今度こそ憧れ夢見たものが真の現実になったのである。解放された者はまだ一種の離人感に支配されている。彼は生きていることをなお真に喜ぶことはできない——彼はまず再び喜ぶことを学ばねばならないのであり、それを忘れてしまっているのである。自由の最初の日々においては現実が美しい夢のように彼に思われるが、やがて過去が悪夢としか思えないような日が訪れてくるのである。彼自身、いかに彼が収容所生活に耐ええたか理解できない。そして今や、これほどのことを経験し、且つ苦しんだからには全世界で——彼の神以外には——何ものも恐れる必要はないという貴重な感情が彼を支配するのである。神を再び信じることを多くの人々は強制収容所において学び、強制収容所によって学んだのであった。

二　苦悩の意味

人間の存在をわれわれは意識性と責任性として特徴づけた。この責任性は常に価値の実現化に対する責任なのである。そしてこの価値といってもわれわれが述べたことは、「永遠の」普遍妥当的な価値ばかりを問題としているのではなく、むしろ一回的な「状況価値」（シェーラー）も顧慮しなければならないということであった。価値実現の機会はかくして具体的な性質を得るのである。その機会はしかし単に状況に関係しているばかりでなく、各人に結びつけられているものである。かくしてその機会はその時々で交替すると共に、各人ごとに変化する。価値の世界から人間の生の中に流れこんでくる実現化の要求は各時間ごとの具体的な要求と各個人ごとの人格的な要請とになる。各人がもっぱら唯一有している可能性は、各歴史的状況がその一回性において示す可能性と同様に、特殊なものである。かくしてさまざまな価値が各人の具体的使命の中に融けこんでいるのであり、それによって使命はその唯一性を得る。人間が彼自身の実存を一回的且つ唯一の性格において経験しないうちは、彼の使命はどうしても充たされねばならぬものとは感じられないのである。

人生の意味に関する問題を論じた際に、われわれはまったく一般的に三つの可能な価値のカテゴリーを区別した。すなわち創造価値、体験価値、態度価値である。創造価値は行動によって実現化され、体験価値は世界（自然、芸術）の受動的な受容によって自我の中に現実化される。それに対して、態度価値は或る変化しえないもの、或る運命的なものがそのまま受け入れられねばならないような場合には至るところ、実現化されるのである。人間がいかにかかる運命的なものを自らに引きうけるかというその様式において、計り難く豊かな価値可能性が生じる。すなわち、創造や人生の喜びの中に価値は求められるばかりでなく、また苦悩においてすら価値は実現されるのである。

かかる考え方はすべての浅薄な功利論的倫理学にとってはまったく無縁である。しかし人間存在の価値と尊厳とに関するわれわれの日常的な、しかし根源的な判断を振り返ってみるならば、成功とか効果とかにまったく無関係になされる深い体験があるのに気がつくであろう。外的な失敗にもかかわらず内的に充たされるこの領域は、文学作品などにおいてしばしばわれわれに示されるものである。われわれはたとえばトルストイの『イワン・イリッチの死』の話を想起するだけで充分であろう。ここでは或るブルジョア的存在が描かれるのであるが、その主人公の生活の徹底した無意義性は彼の思わざる死の直前にはじめて突如明らかになる。しかしこの無意義性を洞察することと同時に、この人間は彼の人生の最後の時間になお、自分自身を遥かに超えて成熟し、内的な偉大さに達するのであり、それは逆行的に彼の今までの全人生を——それが一見むだなようなものであるにもかかわらず——或る意味に充ちたものにまで高める。人生はその究極の意味を——英雄におけるがごとく——死によって得ることができるばかりでなく、また死の中にも得ることができるのである。したがって、自らの人生を犠牲にすることが人生に意義を与えるばかりでなく、人生は失敗においてすら充たされうる。

功利論的倫理学の支持し難いことは、犠牲という道徳的問題に直面するとき、明らかになる。犠牲が「打算的に」なされるとき、すなわちそれがひき起こすべき成果を正確に計算したことに基づいているならば、それはすべての倫理的意味を失うのである。あるいは、他人を救うために水中に飛び込んだ人間は、もし両者とも溺れてしまったならば少しも倫理的に行動したことにならない、と主張しようとする者がいるであろうか。むしろわれわれが生命救助者の行動様式を倫理的だと高く評価するときには、この危険を前提とすらしているのではないだろうか。われわれは無益に、しかし英雄的に戦い、そして英雄的に、したがって無益ではなく死んだ一人の人間の生の意味と倫理的価値をどんなに比較にならないほど高く評価することであろうか。

成果がなかったということは意味がなかったということを意味しない。このことは、人が自分の過去の人生の恋愛の体験を観察する場合にも明らかになる。もし或る人間に彼の不幸な恋愛の体験を無に帰してしまってよいか、すなわち不快感の強い苦悩に充ちた体験を彼の人生から抹殺する用意があるか、と聞いたならば——彼はおそらく否というであろう。苦悩に充ちているということは人間にとっては充ち足りていないということではない。反対に、人間は苦悩の中に成熟し、苦悩において成長するのであり、恋愛の成功が彼に与えたであろうものよりもより多くのものを苦悩は人間に与えたのである。

一般に人間は彼の体験の快不快の特性を過大評価する傾きがある。人間がこの特性を重要だと思うことは運命に対する不当な愚痴っぽさを生み出すものなのである。既述のごとく、人間は多様な意味において楽しみのために地上に在るのではなく、また快感は人生に意味を与えることがない。それゆえにまた、快感の欠如していることも人生から意味を取り去ることはできないのである。捉われない、直接的な体験はこのことを正しく洞察しているのであって、それは芸術などにはっきりとあらわれている。芸術的な内容にとっては或るメロディーが長調でなされるか短調でなされるかは些末事なのである。すでに述べたごとく、「未完成」なシンフォニーは未完成であるにもかかわらず価値に富む作品に属しているが、そればかりでなく、また「パセティック」なシンフォニーも最も美しい作品に属している。

既述のごとく、人間は活動において創造価値を、体験において体験価値を、苦悩において態度価値を実現する。しかしそれを超えて、苦悩はまた或る内在的な意味をもっているのである。「われわれは或るものに苦しみたくないから、その或るものに苦しむ」という逆説的なことが、われわれにその意味を教えてくれる。すなわち、われわれはその或るものを妥当させ、是認させたくないから、それに苦しむのである。運命的な所与との対決は苦悩の究極の使命であり、固有の関心事なのである。或ることを苦悩する場合には、われわれは内的にそれから身をひきはなし、われわれの人格とそのこととの間に距離をつくる。われわれがそうあるべきでない状態になお苦しむ限り、われわれは一方では事実的な存在、他方ではそうあるべき存在との間の緊張の中にあるのであり、その限りでは理想を見ているのである。このことは既述のごとく自分自身に絶望している人間についてもいえる。まさに彼が絶望しているというその事実によって、彼はすでに絶望に対する何らの根拠をもたないのである。なぜならば、彼は彼自身の現実を理想に対して評価し、理想によって計っているからである。彼が（実現されずに終わった）価値を見ることができるという事実は、すでにこの人間自身における或る価値を内含している。もし彼が初めから裁判官の地位と尊厳をもっていなかったら――すなわち存在に対する当為を知っていなかったならば――彼は自分自身を裁くことはまったくできなかったであろう。したがって、苦悩は人間にそうあるべきでないことを直截に感じさせることによって、恐ろしい、革命的とでもいうべき緊張をつくり出す。彼が所与的なものといわば同一化すればするほど、彼は所与的なものとの距離をなくし、存在と当為との間の強い緊張を失わせてしまうのである。

人間の感情の中には、あらゆる合理性以前の、しかも合理的な有用性に矛盾すらする深い叡智が存することが明らかになる。たとえば悲哀や悔恨の感情を考察してみよう。功利論的な立場からいえば両者とも無意義に思われざるをえないであろう。なぜならば、或る帰らざる失われたものを悲しむことも、消すことのできない罪過を悔むことも、「健全な人間悟性」の立場から見るならば同様に無益で、意味に反するように思われざるをえないからである。しかし、人間の内的歴史においては悲哀と悔恨はその意味をもっているのである。われわれが愛し、そして失った一人の人間を悲しむことは、彼を何らかの形で生き続けさせる。また罪を犯した人間の悔恨は彼を罪から解き放って何らかの形で更生させる。客観的には、すなわち、経験的時間においては、失われていったわれわれの愛ないし悲哀の対象は、主観的には、すなわち内的時間においては、保存されている。つまり悲哀はそれを現在化するのである。それに対して悔恨は、シェーラーの示したごとく、或る罪を消すことができる。すなわち、罪はなるほどその担い手から取り去られえないにせよ、この担い手自身は——その道徳的再生により——いわば高められるのである。生起したことを内的歴史において豊かにするこの可能性は人間の責任性と少しも矛盾せず、それと弁証法的関係にある。なぜならば、罪を犯すということは責任性ということを前提としているからである。そして人間は、彼が人生において為したただの一歩ですら取り返すことができないという事実に面して責任を意識するのである。最小の決断も、最大の決断と同様に最終的なものである。彼が為した何ものも消えることはない。それにもかかわらず、人間は悔恨のうちに或る行為から身を背け、悔恨を実践して外的に生じたことを精神的、道徳的平面においていわば起こらなかったこととしうるのであって、それは皮相な観察にとっては上述のことと矛盾するように思われるであろう。だが決してそうではない。

ショーペンハウアーは周知のごとく、人生は苦難と退屈の間を振り子のように行ったり来たりするものだと述べた。現実においてはこの両者は深い意味をもっている。退屈は絶えざる一つの警告なのである。何が退屈を生み出すであろうか。それは活動しないということである。しかし、行動はわれわれが退屈から逃れるためにそこにあるのではなくて、われわれが活動しないことから逃れ人生の意味を正しく認めるように、退屈がそこにあるのである。人生の戦いはわれわれを「緊張」のうちに置く。なぜならば人生の意味は使命を果たす要求に充ちているのである。したがって、この「緊張」は神経症的なセンセーションを求める心やヒステリー的な刺激を欲する心とは本質的に異なるのである。

「苦難」の意味も同様に一つの警告のうちに存する。すでに生物学的な領域において、苦痛ということは有意義な監視者であり警告者である。心理的精神的領域においてもそれは類似した機能をもっている。苦悩は人間を無感動に対して、すなわち心理的凝固に対して護ってくれるのである。われわれが苦悩する限り、われわれは心理的に生き生きとしているのである。またさらに、われわれは苦悩において成熟し、苦悩において成長するのであり、苦悩はわれわれをより豊かに且つ強力にしてくれる。すでに見たごとく、悔恨は外的に生じたことを内的歴史において（道徳的な意味で）起こらなかったものとする意義と力とをもっているが、悲哀は過ぎ去ったものを何らかの形で存続させる意義と力とを有している。したがって両者は何らかの形で過去を修正するのである。そしてそれは問題を回避したりごまかしたりしないで、一つの問題を解決する。不幸に対して身を背けたり、自らを麻痺させたりする人間は何らの問題も解決することができず、不幸を世界から排除することはできない。かかる人間が世界からつくるものは不幸の単なる結果である不快という感情状態だけである。回避や麻痺によっては彼は自らについて何も知りえない。彼は現実を逃れようと試みる。彼はたとえば酩酊のうちに逃避する。かくして彼は主観主義的な、まさに心理主義的な過ちに陥る。すなわち、酩酊によっていわば沈黙させようとした或る情緒と共に、またこの情緒の対象も世界からなくなるかのような誤りであり、無意識に追いやったものは同時にまた非現実に追いやったと思う過ちである。しかし或る対象に目を向けることがその対象を生み出すのではないのと同様に、その対象から目を背けることはその対象を失くしはしない。かくして、悲哀の生じることを抑圧することは悲しむべき事態を取り消しはしない。実際に或る悲しむ人間の健康な感覚は、たとえば「夜々を泣きぬく」代わりに睡眠剤をとることを普通拒否するのである。死は――この典型的な逆転しえない事象は――それが絶対的な無意識に追いやられても、すなわち悲しむ者が自殺をしても、起こらなかったこととは決してなしえない。

略酊は単なる麻痺に対して、或るポジティヴなものである。略酊の本質は存在の対象的世界から身を背けて、「状態的」体験へ、すなわち仮象の世界における生活へ向かうことである。これに対して、麻痺は単に不幸を意識しないということになるだけであり、ショーペンハウアーのネガティヴな意味における「幸福」、涅槃の気分、に至ることである。麻痺はしたがって精神的な麻酔なのである。ちょうど外科的な麻酔においていわゆる麻酔死が存するように、精神的麻酔も一種の精神的な死をもたらしうるのである。それ自身はきわめて意味のある情緒的興奮を、それがあまりに不快だからといって絶えず抑圧するならば、人間はその心情の生において枯死せざるをえない。鬱病の患者のうちには通常のように悲哀の感情がその症候の前面に出ずに、かえって彼らが悲しくなりえないこと、充分泣けないこと、感情が冷たくなって内的に枯れてしまったことを訴える人々がいる（melancholia anaesthetica）。このような事例を知っている者は、悲しくなりえないというかかる人間の絶望ほど大きな絶望はないであろうと思うのである。この逆説は、いかに快感原則は精神分析の単なる構成物であり人工的なものであって、現象学的事実でないかということを示している。人間は「心情の論理」(logique du cœur) から現実においては常に、喜びのあるいは悲しみの興奮であれ、絶えず心理的に「生き生き」としていることに努め、無感動に陥らないようにしているのである。上述の鬱病に悩む者が、苦悩することができないということを苦悩するという逆説は、精神病理学的な逆説に過ぎないのであって、実存分析的に見ればその意味は明らかである。なぜならば実存分析においては苦悩の意味は明らかであり、苦悩は有意義なものとして人生に属していたからである。苦悩は運命や死と同様に人生に属しているのである。これらすべては人生から離れようとすれば、その意味を失ってしまうのであり、人生からその形姿を奪ってしまう。運命の打ち下ろす槌と苦悩の灼熱の中にはじめて、人生はその形と姿を得るのである。

人間を苦しめる運命はまず――もし可能ならば――新たに形成され、そして次に――もし必要ならば――耐えられることによって意味をもつ。そしてその場合われわれは、この単に耐えることもなお内在的な意味をもっていることも忘れてはならない。しかし他方われわれは、人間があまりにも早く武器を捨て、あまりにも早く事態を運命的だと認め、運命と思いこんだものに身を屈することを警戒しなければならない。人間が創造価値を実現する何の可能性ももはやもたないときに、すなわち運命を形成することが実際にできないときにはじめて、態度価値が実現化されねばならず、「その十字架を自らに担わなければならない」のである。態度価値の本質はいかに人間が変更しえないものに対処するかということの中に存する。したがって、態度価値の真の実現の前提は実際に変更しえないものが問題であるときに存する。すなわちブロートが「高貴なる不幸」と呼んだものが重要なのであり、本来運命的ではなく避けえたり、あるいは罪の結果であるような「高貴ではない」不幸と異なるのである。

各状況は、創造価値の意味においてであれ、態度価値の意味においてであれ、それぞれ価値実現の機会を提供している。「行動や忍耐によって高貴化できないいかなる状態も存しない。」（ゲーテ）そして耐えるということの中にも何らかの意味で或る「業績」が存するといえるが、もとよりそれは避けえない運命に対する真の忍耐であらねばならず、その場合の苦悩は意味に充ちている。苦悩のこの道徳的な業績としての性質は普通の人間の直截な感覚にとっても疎遠なものではないのである。「人生は或るものではなく、常に或るものへの機会に過ぎない。」このヘッベルの言葉は、創造的な価値を実現するか、あるいはそれが不可能ならば態度価値を実現するか、という選択的な可能性に対する場合、なお真の苦悩には一つの人間としての業績が存することを証する。われわれが疾患は人間に「苦悩」への「機会」を与えるというとき、それは同語反復のような印象を与えるかもしれない。しかし「機会」と「苦悩」を上述の意味にとるならば、疾患――精神的疾患も含めて――と苦悩とは根本的に区別されねばならない。人間は一方では本来的な意味で「苦悩」することなく病みうると同時に、他方ではあらゆる疾患の彼岸にある人間の苦悩そのもの、すなわち人生に本質的且つ意味的に属している苦悩が存するのである。したがって実存分析が一人の人間を苦悩可能にせざるをえないような場合も存しうるのである。それに対して、たとえば精神分析は人間を享受可能あるいは活動可能にしようとする。人間が真の苦悩の中にのみ充足されるような場合も存するのであって、「或るものへの機会」としての人生においては真の苦悩への機会もないがしろにされてはならない。今やわれわれは、なぜドストエフスキーが、自分は自らの苦悩にふさわしくなくなることだけを恐れるといったかを理解する。われわれはその苦悩にふさわしくあろうとする患者のうちにどれほどの業績が存するかを知るべきである。

高貴な精神をもった或る若い一人の男が、かなり早く悪化した脊髄の結核性疾患に基づく両脚の麻痺のために、突然活発な職業生活からひき離された。脊椎弓切除術（Laminektomie）が考えられたが、しかし患者の友人によって呼ばれた著名な神経外科医は予後に対して悲観的であり、手術をすることを断った。このことを友人の一人は患者の女友だち宛ての手紙の中に報告した。その女友だちの田舎の家に患者は運ばれていたのである。この手紙を何も知らない女中が、病める客と一緒に朝食を摂っていたこの家の女主人に手渡し、彼はそれを読んでしまった。それから起こったことを彼はその友人に手紙で書いているが、それから次の箇所を引用してみよう。「……エヴァは私が手紙を読むのを遮ることはできませんでした。かくして私は教授の意見の中に含まれている私の死の宣告を知ったのでした。……愛する友よ、私は数年前に見たタイタニック号の映画を想い出します。特にフリッツ・コルトナーによって演じられた脚の麻痺した人物が、主禱文を唱えながら小さな運命共同体を主に向かって導き、一方、船は次第に沈んで水が彼らの体を浸していくあの場面を想い出します。私は当時、感動して映画館を出ました。意識して死に向かえることは運命の贈り物であるに違いない、と思いました。ところがそれが今私に与えられたのです。私はもう一度、私の中にある戦闘的なものを試みたいと思います。しかしこの戦いには勝利がなく、ただ力の限り戦うだけです。……私はできる限り苦痛を麻酔なしで耐えようと思います。〝無益な戦い〟でしょうか。しかしわれわれの世界観にはその言葉はないのです。戦うことだけが問題なのです。……夕方私たちはブルックナーの第四交響曲を聞きました。私の心の中にはすべてが流れるように快く揺れておりました。……その他私は毎日数学を研究し、少しも感傷的ではありません。」

また他の或る場合には、疾患と死の接近とが、それまでその生涯を「形而上学的軽率」（シェーラー）の中に過ごし、多くの可能性をやりすごしてしまった人間から、最後の高貴なものを取り出すことができたこともある。——すなわち、まったく生活に甘やかされた或る若い女性が、或る日思いがけずも強制収容所へ送られた。そこで彼女は病気になり、日に日に衰弱していった。死の数日前に彼女は文字通り次のように述べた。「私にこんなに辛くあたった運命を私は今となっては感謝しております。以前のブルジョア的な生活で私はたしかにあんまりだらしのない人間でした。私は閨秀《けいしゅう》作家気取りで真面目とはいえませんでした。」近づいてくる死を、彼女はよく意識していた。彼女の横たわっていた病舎のベッドから窓を通して、ちょうど花の咲いているカスタニエンの樹を見ることができた。そして彼女の頭のところから二本の蠟燭のような花をつけた一本の枝が見えた。「この木は私の孤独における唯一の友です」と彼女は言った。「この木と私は話をするのです。」いったい彼女は幻覚をもっているのであろうか。おそらく譫妄状態なのだろうか。彼女は樹が「答えてくれる」というのである。しかし、彼女は譫妄状態ではなかった。それではこの奇妙な「対話」は何であっただろうか。花咲く樹は死につつある女性に向かって何を「言った」のであろうか。「樹は言ったのです……私はここにいる……私はここにいる……私は生命だ、永遠の生命だ……」

ヴィクトール・フォン・ヴァイツゼッカーはかつて、苦悩する者としての患者は医師に対して何らかの形で優れていると語ったことがある。そのことは特に或る種の患者を失うときに意識されることである。或る状況のもつ計り知れない意味に対して繊細な感覚をもっている医師は、不治の患者、死に瀕している者に対して、一種の羞恥を感じないでは向かっていられない感情を常にもつであろう。医師自身は死からその犠牲を奪い返すことができないのに、患者の方は運命に耐えてそれを静かな苦悩の中に受け入れ、かくして形而上学的な領域で真の業績をなしとげているのである。——一方、医師は形而下の世界で、医学的な活動領域において、いわば手を拱《こまぬ》いているに過ぎない。

三　労働の意味

既述のごとく、人生の意味は単に問われるべきものではなくて、われわれが人生に責任をもって答えるという意味で、答えられるべきものである。そしてこの答えは常に言葉ではなく行為によって与えられるべきであるのはいうまでもない。さらにそれは状況と個人の具体性に応じたものであり、いわばこの具体性を自らの中に取り入れていなければならない。したがって、真の答えは行動的な答えであり、日常の具体性における答えであり、人間の責任性の具体的な空間からの答えなのである。

この空間の内部においては、各人は他人と取って代えられ難いものなのである。唯一性と一回性の意識のもつ意義についてはすでに述べた。そこでわれわれは、いかなる根拠から実存分析が責任性の意識化に努めるのか、またいかに責任性意識が具体的、個人的な使命の意識の上に生ずるか、を見たのであった。その一回的な存在の唯一の意味を知らないならば、人間は困難な状況では力が弱ってしまう。それはちょうど、霧の中に迷い込んですっかり道を失い、疲れて生命の危険におびやかされている登山家のようなものである。しかし、もし霧がはれて遠くに避難小屋が見えたならば、彼はすぐさま元気になり、力づくであろう。

創造価値ないしその実現が人生の使命の前面に出ている限り、その具体的な充足の領域は通常は職業的な活動と一致している。特に個人の唯一性が共同体との関係において意味と価値とをもっているような場合がそうである。しかしこの意味と価値とは共同体に対する業績に付着しているのであって、具体的な職業それ自身に対してではない。したがって或る一定の職業だけが人間に価値充足の可能性を与えるわけではない。その意味では、いかなる特別にすぐれた職業も存しない。多くの、主として神経症的な人間は、もし自分が他の職業についていたならば、よく使命を充足していただろうと主張するが、それは職業的労働の意味を誤解しているか、あるいは自己欺瞞に過ぎない。具体的な職業が充足感を与えない場合には、罪は人間にあるのであって職業にあるのではない。職業それ自身は人間を他のものによって代え難いものにするわけではない。職業はただそのための機会を提供するだけである。

一人の女性の患者はかつて、自分の人生を無意義であるとし、したがって少しも健康になろうと思わないと述べた。彼女は、もし自分が充分に満足させてくれる職業をもっているならば、たとえば医師や看護婦だったらどんなによかったであろうというのであった。そこでこの患者に、それは人々のもつ職業の問題ではなくて、むしろ人々がその職業を為すそのやり方が問題であることを明らかにしてやらねばならなかった。すなわち具体的な職業それ自身ではなくて、われわれの実存の唯一性を形成する人格的なもの、特殊なものが職業活動のうちにあらわれて人生を有意義にするかどうかが問題なのである。医師や看護婦にしても、彼らがその義務によって定められた技術的なことをするだけではなく、その境界を超えて一層人間的なこと、人格的なことをするときにはじめて、人生に職業から意味を与える機会が始まるのである。そしてどの職業も、それにおける労働が正しく理解される限り、このチャンスを与えることができる。人間における他者と取って代わられえないもの、一回的なもの、唯一的なものは常に誰が行なうか、いかに行なうかにあるのであって、何を彼が行なうかには存しないのである。そしてこの女性の患者にはさらに、その職業生活の彼岸においても、すなわち私生活においても、唯一性と一回性とを実存の意味契機としうることを指摘せねばならなかった。愛する者、愛される者として、妻として母として、彼女は夫や子供に対してかけがえのない生活関係にあることが彼女に示されたのである。

可能な創造価値実現の領域としての職業労働に対する人間の自然的な関係は、現下の支配的な労働事情の下においてはしばしば歪曲を蒙る。特に一日に八時間ないしそれ以上の時間を企業家とその利益のために働き、たとえばいつも計算ばかりしなければならなかったり、回ってくるベルトコンベアで同じ作業をしなければならなかったり、あるいは一つの機械で同じ動作をせねばならないことを訴える人々がいる。仕事は非人格的になり、規格化されればされるほどそれだけ一層好まれず望ましくないものになるのである。かかる状態においては、労働はもとより賃金や必要物資の獲得の目的のための単なる手段とみなされうる。この場合においては、本来の生活は自由な時間においてはじめて始まるのであり、その意味はその自由な個人的形成のうちに存するのである。しかしわれわれは、その労働にあまりにも疲れて、それが終わった後に、何かよいことを始めることなく、死んだようにベッドにくず折れざるをえない人々がいることを忘れてはならない。彼らはその自由な時間をただ休息の時間にせざるをえないのであり、寝るより以外の他のことはできないのである。

企業家自身もその自由な時間において必ずしも「自由」ではない。彼もまた上述の自然的労働関係の歪曲からいつも免れているわけではない。財貨の獲得に専念し、それ自身が人生の目的になったような工場主や資本家のタイプのあることはよく知られている。かくして或る人間は多くの財貨をもっているが、その財貨は目的ではあってももはや手段ではない。その程度が甚しくなると彼は財貨の獲得以外の何ものも知らなくなるのであり、芸術も、またスポーツですらも姿を消し、精々遊戯のうちに緊張を感ずるのであるが、それもルーレットのような金銭に関係のあるものに過ぎない。

職業の実存的意味は職業労働がまったく欠けるようなときに、すなわち失業の場合に最も明らかになる。失業した人間の心理学的な観察は失業神経症とでもいうべき概念を提出させるのである。その主な症候の前面には、注目すべきことには、抑鬱ではなくて無感動、不関性が存している。失業者は次第に関心を失くし、その自発性は次第に減少する。彼らの無感動は無害なものではない。すなわち、それは彼らに向かって差し出された助ける手を摑むことを不可能にさせるのである。たとえばわれわれは次のような事例を想起する。一人の男がその自殺の試みの後に神経科に入院させられた。そこで彼は、数年前に彼の精神的治療を行ない、且つ経済的な点でも彼をたすけてくれた一人の医師に出会った。なぜまた自分のところへたすけを求めにきてくれなかったのだという医師の驚いた問いに対して、彼は「すべてはもうまったくどうでもよいことだったのです」と答えた。

失業者は彼の時間が充たされないことを、内的に充たされないこととして感じる。彼は仕事をしていないで暇であるゆえに、自らを無用なものと感じるのである。彼は仕事をもっていないために、その人生に何の意味もないと考える。生物学的な領域においていわゆる空虚増殖が存するように、心理学的な領域においても同一のことが存する。失業は神経症の発生の温床になる。精神的な空白は「持続的な」日曜日神経症になるのである。

失業神経症の主要な症候としての無感動は、単に心理的に充たされないことの表現であるばかりではない。われわれの見解によれば、すべての神経症症候と同様に、それはまた身体的状態の随伴現象でもあり、実際には多くの場合、同時に存在する栄養不足の結果なのである。また無感動は時おり——一般の神経症症候と同様に——目的に対する手段になる。すなわちすでに神経症が先に存し、そしていわば挿間された失業によって増悪ないし再発した人間においては、失業という事実はいわば素材として神経症の中に入りこみ、内容として神経症的に加工される。失業はかかる場合、神経症者にとっては人生における（職業生活におけるばかりでなく）あらゆる失敗を弁解するありがたい手段になる。それは人生のあらゆる失敗を身代わりに引き受けることに役立つのである。そして自らの過ちを失業の運命の結果だとする。「もし失業さえしていなかったならば、すべてはまったく異なり、みんな美しく且つよいであろうに。」そして神経症的なタイプは、あれこれのことを為すことができるであろうに、と悔むのである。その場合、失業者の生活は彼らに生活を仮りの生活として過ごすことを許すのであり、彼らを実存の仮りの様相に堕落することに誘う。彼らは人が彼らから何も求めるべきではないと考える。彼ら自身もまた自らに何も求めないのである。失業という運命は彼らから他人ならびに自分自身に対する責任を取り去ってくれるように思われるのである。人生のあらゆる領域における失敗はこの運命に帰されるようになる。おそらく靴はただ一箇所が傷むと思った方が好都合なのであろう。すべてはこの一箇所から説明され、この一箇所が運命的な所与と思われるならば、それはすべてがこの一箇所から癒されうるような幻想的な瞬間まで何もする必要がないという長所をもっている。

すべての神経症的症候と同様に失業神経症も結果であり、表現であり、手段である。またそれは究極的には、他の神経症と同様に、実存の様相であり、精神的態度、実存的決断であると思われる。すなわち、失業神経症は神経症者によって考えられたほど無条件に運命的なものではない。失業者は失業神経症に陥らねばならないことは少しもないのである。この点においても人間は「他の行動をとりうる」のであって、社会的運命の力に屈するか否かを自ら決断することができる。事実、失業によって人間が少しも歪められなかった例も多い。すなわち、この神経症的なタイプの他に別な失業者のタイプがある。彼らは失業神経症に悩む失業者と同じ劣悪な経済的条件に生きざるをえない人々であるが、それにもかかわらず無感動な印象も抑鬱的な感じも与えず、中には快活さを示している者すらいる。それはどこに原因があるかといえば、これらの人間はたしかに職業的には活動していないのであるが、よく調べると別な活動をしていることが明らかになるのである。彼らはたとえば或る会や組織の自発的な援助者であったり、民衆教育組織の名誉職や、国民図書館の無給の協力者であったりする。彼らはしばしば講演やよい音楽を聞き、多く読書し、読んだものについて同僚と討論したりするのであった。青年である場合は青年団体で活動し、共にスポーツをしたりなどするのであった。彼らのありあまる自由な時間を彼らは有意義に形成し、かくして彼らの意識、時間、人生を内容に満ちたものにするのであった。もとより神経症的になった他の失業者のタイプとまったく同様に、飢えのために胃が音を立てることはあっても、彼らは人生を肯定し、少しも絶望しないのである。彼らは人生の意味が職業活動に尽きないこと、したがって、失業しても人生が無意義になるのではないことを知っている。彼らにとっては人生の意味は職業的な活動の事実ですべて覆われているわけではない。したがって、神経症的な失業者を無感動にするもの、失業神経症の基盤に存するものは結局、職業活動が唯一の人生の意味であるという誤った考えである。なぜならば職業と人生の使命との同一化こそ、失業者を、自分は無益で余計な者であるという感情で悩ませざるをえなくするものなのである。

　或る失業した若い男が或るとき、彼が絶望とほとんど自殺とにすら追いやられた長い失業の間に、ただ一度だけ、いかに素晴らしい時間を経験したかを次のように語った。或る日、彼は独りで公園で座っていたが、ふと隣のベンチに泣いている少女がいるのに気がついた。彼はそちらに行き、彼女になぜそんなに絶望しているかを尋ねた。彼女は彼にその苦しみを物語り、自殺をしようと堅く決心していると述べた。そこでこの若い男は、彼女のその決心を翻えさせるために、全力をつくして説得した。そしてついにそれに成功したのであった。この瞬間——それは久しくなかった唯一の喜ばしい瞬間であり、長い期間中の唯一の輝く点であったが——に彼は再び以前のように使命をもち、活動を為しとげたという感情をもったのであった。そしてこの感情は、たとえ一過性ではあれ、彼をその無感動からひき離したのであった。

結局のところ、失業に対する心理的反応はいかに運命的なところが少なく、それに対して人間の精神的自由に対する余地がいかに多いかが明らかになるのである。われわれが試みた失業神経症の実存分析の視野からみれば、失業という同じ状況がさまざまな人間によって異なって形成されることは明らかである。すなわち一方は社会的運命に屈従し、他方はそうではない。したがって各々の失業者個人はどちらのタイプに自分を入れるべきか、常になお決断しうるのである。

失業神経症は、したがって、決して失業の直接の結果ではない。それどころか反対に失業が神経症の結果であることもある。神経症がそれに悩んでいる人間の社会的運命と経済的状況に影響をもつことはよく理解できることである。反対に、内的に自らを堅持している失業者が、無感動になった失業者にくらべて就職競争により多くの機会をもつことも理解できる。しかし失業神経症の影響は社会的なものであるのみならず、また生理的なものでもある。精神的な生命がその使命性格によって獲得したすぐれた構造性は生物学的なものにまで影響を及ぼすのである。反対に、無意義性と無内容性の体験と共に生じる内的構造の突然の喪失は、また有機的な崩壊現象にも至る。たとえば、精神医学は定年退職した人間に急激にあらわれる老衰現象という形における典型的な精神身体的な崩壊を知っている。動物においてすら似たようなことが知られている。たとえば人々が「任務」を課するサーカスの訓練された動物は、動物園で「何もしない同類の動物に比して平均的により長い寿命を有しているのである。」

失業神経症が運命的に失業に結ばれているのではないという事実から、治療的な処置の可能性が生まれてくる。その場合、すでに述べた自殺の予防の場合と似て、身体的な点、心理的な点、社会的な点、精神的な点が根本的に区別されなければならない。いわば身体的な援助は食事に事欠かぬようにしてやることであろうし、社会的な援助は就職させてやることであろう。しかし失業とその随伴現象（失業神経症を含めて）をこの身体的なものおよび社会的なものからの援助によって徹底的に除去することは、個人の力の中には存しないし、少なくとも医師の力の中には存しないのであるから、その限りでは精神治療的な処置が必要になってくるのである。失業の心理学的問題にかかる方法で接近することを過小評価する者には、特に若い失業者に見られる「われわれは金が欲しいのではない、人生の内容が欲しいのだ」という、それほど珍しくもない言葉が指摘されねばならない。そしてかかる場合には、ロゴセラピー的でない、狭義の心理療法は、たとえば「深層心理学的な」取り扱い方は、見込みもないし且つ笑うべきものであろう。一方では飢餓が、他方では自らの実存の意味、人生の内容ないし実存の空虚さが問題になっているときに、誰かが心理的な探偵顔をしてやってきて、隠されたコンプレックスを探そうとするならば、それは児戯に類することであろう。ここで必要なことは、むしろ実存分析においてのみ行なわれうることであって、それは失業者に、彼の社会的運命に対する内的自由への道を示し、彼の困難な生活になお内容と意味を与えうるような責任性意識へと彼を導くのである。

既述のごとく、失業と同様に職業活動もまた神経症的な目的のための手段として濫用されうる。この職業を目的のための手段として神経症的に使用することと、労働が有意義な生活の目的のための手段であるように配慮する正しい態度とは区別されねばならない。なぜならば、人間の尊厳は、人間自身が一つの手段に、すなわち労働過程の単なる手段や生産手段に貶しめられることを禁ずるからである。労働能力が一切なのではない。それは人生を意味で充たすための必要な根拠でもなければ充分な根拠でもない。一人の人間は労働可能でありながら、しかしそれにもかかわらず有意味な生活をなすことができないのに、他の人間は労働不能でありながら、それにもかかわらずその人生に意味を与えるのである。そして享受能力についても一般的に同様なことがいえるであろう。もとより人間はその人生の意味をもっぱら一定の領域において求め、そしてその限りにおいて彼の生活を何らかの形で制限することは当然のことであろう。ただ問題は、かかる制限が事実に即しているものか、あるいは神経症の場合のように本来不必要なものであるかどうかということである。後者の場合には労働能力のために享受能力が不必要に犠牲にされるのであり、またその逆でもある。かかる神経症的な人間に対しては、或る文学作品のうちの次の言葉が示されねばならないであろう。「もし愛が欠けるならば、労働は代用物になり、もし労働が欠けるならば、愛は阿片になるであろう。」

職業的活動が充実していることは創造的生活の有意味な充実と同じではない。しかし神経症者は人生そのものから、生活全体から、職業生活のうちへ逃避しようとする。しかし彼の実存の本来の無内容性や意味の貧しさは、彼の職業活動が或る時間停止するとき、たとえば日曜日に直ちにあらわになる。日曜日にその労働を放棄しなければならず、且つ同時にたとえば人にも会わず、映画にも行かないといった意味で、自分自身をも見捨てねばならなかった人間の表情にあらわれる、ほとんど覆い難い慰めのなさを知らない者はいるであろうか。「愛」の「阿片」も、そのときには内的な荒涼さを消すことはできない。そのとき、ただ労働する人間以外の何ものでもない人間は何らかの週末の無意味な活動すら必要なのである。なぜならば一週の労働のテンポが停止する日曜日においては大都会の日常の意味の貧しさがあらわにされるからである。このテンポへの異常な要求は、そのものものしい空騒ぎから何も生じない非生産的な「躁病」の臨床像を想起させる。そしてかかるテンポにおいては、あたかも人生における何の目的をも知らない人間がその無目的性に気づきたくないために最大の速さで走っているかのような印象を与える。かくして、彼は自ら自身から逃避しようとするのであるが、無益であって、彼の実存の無内容性、無目的性、無意味性は常に再び彼の前に立ち現われてくるのである。

この体験を逃れるために、彼はあらゆることを試みる。たとえば彼は歓楽街へと逃避する。そこには音楽があり、ものを考えなくても済み、ダンスに注意を集中することができるかもしれない。あるいはスポーツのうちに逃避し、どのフットボールチームが勝つかということが地上の最も重要なことであるかのように振る舞うことができる。しかし内心の虚しさは覆うべくもない。もとよりそれは健康なスポーツ活動と異なることはいうまでもない。

スポーツばかりでなく、また芸術も神経症的に濫用されうる。真の芸術ないし芸術体験は人間を豊かにし、彼を最も固有な可能性へと導くのに対して、神経症的に誤用された「芸術」は人間を彼自身からひき離してしまう。かくして、芸術は自らを酔わせ且つ麻痺させる可能性と機会に過ぎなくなる。人間が自分自身から、実存的空虚の体験から逃れようとするときには、たとえば彼は恐ろしいスリルをもった犯罪小説に飛びつく。スリルの中に彼は結局解放を、すなわち或る不快なものから逃れるという消極的な快感を求めるのである――それはショーペンハウアーが誤って唯一の可能な快感とみなしたものであるが――。しかし不快、スリル、緊張、戦いはそれから自由になることにおいて消極的な快感を味わわせるためにそこにあるのではないことはすでに述べた。現実においてわれわれは、人生の戦いをそれによって常に新たなセンセーションを味わうために戦うのではない。人生の戦いはむしろ「……のための」戦いであり、或る指向的なものであり、そしてはじめてそれによって人生に意味を与えるものとなる。

スリルに飢えている人間にとって最大のセンセーションを意味するものは、芸術においてであれ、実際の現象においてであれ、死である。通俗的な新聞読者は、彼が朝の食卓に座るときに災害や死の記事を必要とする。しかし人々の不幸や死は、おそらくその無名性があまりに抽象的であるせいか彼を満足させることができない場合もあろう。そしてこの人間が同じ日にギャング映画を見るために映画館に行きたいと思ったりするのである。彼はちょうど嗜癖者と同じようにますます刺激が強くなくては満足しなくなる。彼にとって結局重要であるのは、死ぬべきものがいつでも他人であるかのように対蹠的に考えることなのである。この人間のタイプは、彼が最も恐れるもの、すなわち自己の死の確実性――それは彼の実存的空虚さを耐え難いものにするのであるが――から逃避しようとする。なぜならば、死の確実性は生活上のやましい良心をもっている者にとっては打撃であるからである。生命時間の終わりとしての死は、その時間を充実させなかった者にとってだけ打撃なのであり、彼はそれに直面することができなくなるのである。

小説の世界への神経症的な逃避――神経症者はそこでその「ヒーロー」と同一化するのであるが――は一層悪い影響をもっている。すなわち、たとえ虚構の人間であれ、或る他の人間が彼のするべきことをなしたかのような満足を覚え、人生が停滞してしまうのである。しかし、人生においては到達したことに満足することが重要なのではない。常に新しい問題をもって迫ってくる人生は、われわれを決して安んじさせない。ただ自己を麻痺させることによってのみ、われわれは常に新たな要求をもって人生がわれわれの良心の中に感じさせる永遠の刺激に対して、自らを無感覚にしうるのである。立ち止まる者は追いこされ、自己に満足する者は自らを失う。したがって創造者としても体験者としても、われわれは到達されたものに常に満足すべきではない。毎日毎時が新しい行為を必要とし、新しい体験を可能にするのである。

四　愛の意味

われわれはすでに、いかに人間の実存の意味性が人格の唯一性と一回性によって基礎づけられているかを見た。また創造価値は常に共同体に関係づけられた活動の形で実現化されることを述べた。したがって、人間の活動が向けられるものとしての共同体は、人格の唯一性と一回性にはじめて実存的な意味を与えることが明らかになった。しかし共同体はまた人間の体験がさし向けられているものでもありうる。特に我と汝との緊密な内的共同体、二人の共同体においてはそうである。多少ともあれ比喩的な意味での愛は一応度外視し、愛をエロスの意味において把えるならば、それは体験価値が特別な様式で実現化されうる領域を示しているのである。すなわち、愛は他者をそのすべての唯一性と一回性において体験することに他ならない。

創造価値を実現化することによって、いわば能動的に自己の唯一性と一回性を生かす道の他に、普通は行為によってはじめて獲得できるすべてのものが、受動的にいわば自然に手に入る第二の道が存する。この道は愛の道である。あるいはもっと適切にいうならば、愛されるということの道である。いわば恩寵の道のように、自己の行為ないし功績なくして、人間は彼の唯一性や一回性の実現化のうちに存するあの満足を経験するのである。愛された人間は本質的にそのあるがままの姿で捉えられ、汝として把握されて他の自我の中にとりいれられる。彼は愛する者にとってはそのままの姿で、他によってとって代えることのできないものなのである。愛される人間は彼の人格の一回的なものと唯一的なものとが、すなわち彼の人格価値が実現化されることに対して何も為しえたわけではない。愛は何の「功績」でもなく、恩恵なのである。

愛はしかし恩恵であるばかりでなく、また奇蹟でもある。愛する者にとって世界は愛によって魔術をかけられ、一層価値性をつけ加えられる。愛は愛する人間に対して価値の豊かさに対する人間的な共感性を高めるのであり、すべての価値に対する眼を開くのである。かくして愛する者はその汝への献身において、この汝を超えていく内的な豊饒化を体験する。なぜならば、愛は盲目にするものではなくて、むしろ視力を強めるものであり、価値を見させるものであるからである。そしてさらに愛の第三の契機として、生物学的な迂路を通じて、それぞれのその実存の唯一性と一回性の秘儀を有する新しい人格が生まれてくる驚異が存する。すなわち、それは子供である。

人間の本質の層構造についてはすでに繰り返し述べられた。われわれは繰り返し人間を身体的心理的精神的全体性として見なければならないことを指摘した。そして心理療法という面においても、われわれはこの全体性がそのものとして見られること、すなわち身体的心理的なもののみならず、人間における精神的なものにも治療上の配慮がされねばならないことを要求した。

そしてわれわれは今や、いかに人間が愛する者として多層的な人格構造に対してさまざまな態度をとりうるかを示そうと思う。すなわち人間の人格の三つの層にそれぞれ相応じる、愛への態度の三つの可能な形式が存するのである。最も原始的な態度は身体的な層に応ずるものであって、それは性的な態度である。この場合は、他の人間の身体的な現象から性的な刺激が生じ、それが性的な態度をとった人間のうちに性衝動を触発させるのである。相手に対する次のより高い型の態度は、エロティックな態度である――ここでは発見的な根拠から性衝動とエロティークとを対立的な関係において考えることにする。この狭い意味でエロティックな態度をとった人間は単なる性的に興奮した人間ではなく、それ以上のものである。彼の態度は決して性欲によって支配されているのではなく、またその相手を性的な対象と感じているわけではない。もし相手の身体性をその最も外面的な層として考えるならば、エロティックな態度をとった人間は、単に性的な態度をとった人間よりもより深く相手のうちに入りこみ、他者の心理的な構造へと迫るのである。相手に対するかかる関係をもとうとするこの型の態度は、通俗的に恋と呼ばれるものと同一なのである。相手の身体的な特性によってわれわれは性的に興奮させられる。しかし相手の心理的な特性においてわれわれは「恋」するのであり、相手の或る性格特性によって情緒的に興奮させられているのである。したがって、単なる性的な態度は相手の身体性を目的点とし、この層だけを指向するに過ぎない。これに対してエロティックな態度は心理的なものを目指すのである。しかしそれは他者の中核に達するのではない。それができるのははじめて第三の型の態度によってであり、それは本来の愛ということである。愛（最狭義における）はそれが相手の人格構造のうちに最も深く入りこみ精神的なものに至りうる限りにおいてエロティックなもの（最広義における）の最高の形式なのである。相手における精神的なものへ直接に関係することは、二人の人間の間柄というものの究極の形式を意味する。この意味において、愛する者はもはや身体性や情緒性において興奮させられたりせず、その精神的な深さにおいて感動させられるのであり、相手の身体的なもの、心理的なものの精神的担い手、その人格的中核によって動かされる。愛は愛された人間の精神的人格に直接に指向させられることである。精神的人格の身体的および心理的現象は、いわば精神的人格が着ている外的ないし内的「衣服」のごときものである。その意味では、性的な態度や心理的態度をとっているものは相手の「持っている」或るものが気に入るのであるが、愛している人間は相手に「おける」或るもの、相手の「持っている」或るもの、を愛するのではなくて、相手そのものを、相手が「ある」ところのものを愛するのである。愛するものは精神的人格の身体的および心理的「衣服」を通じて精神的人格そのものをみるのであり、身体的な特性や心理的な性格ではなくて相手の人間そのものが彼にとっては問題なのである。

いわゆる心理的な恋において経験されるような、それ自身性的な性質ではない欲求は、周知のように、精神分析によって「目的を阻まれた」欲求と呼ばれている。その点では精神分析は正当である――しかしわれわれの考えによれば、精神分析の信ずるところとはまったく反対の意味において正しいのである。すなわち、精神分析はそれが想定する性的衝動目的への関係においてこの欲求を「目的を阻まれた」ものとみなすのであるが、われわれはその欲求が反対の意味で目的を阻まれていると考える。すなわち、それはより高い態度形式への方向において、本来的な愛、相手の人格のより深い層、その精神的な中核への方向において阻まれているのである。

人間が、真に愛している限り、相手の精神的人格の一回的なもの、唯一的なものに向けられた愛の態度をとっていることは、人間に直截に体験されることである。たとえば一人の人間を愛していたが、しかし死によってであれ、長期間の旅によってであれ、別れなければならないという意味で、この人間を失わなければならなかった者を想像してみよう。そして彼に彼の愛人と毛髪の末に至るまで似ている複製とでもいうべき他の人間を示すとしよう。そのときわれわれが彼に、その愛人への愛をこの別な人間に簡単にうつすことができるかと聞いたならば、彼はそれが不可能であることを承認せざるをえないであろう。実際に真の愛のかかる「転移」は考えられえないものである。唯一の人格として、それは決して他の酷似したものによっても変えられえない。しかしながら単なる「恋」は似たものに対して直ちに転移しうるであろう。なぜならばその場合は、相手の「持っている」心理的性格に態度が向けられているのであって、相手が「ある」ところの精神的人格が問題ではないからである。

したがって、真実の愛の態度の対象としての精神的な人格は愛する人間にとっては他人と代わりえないものなのである。同時にそれから明らかになるのは、真の愛が時間的に永続的なものであることが保証されていることである。なぜならば、性的な興奮状態が示す身体的な状態は一過性のものであり、性衝動はそれが充足されれば消失するし、また心理的ないわゆる恋情的なものも長続きしないのを常とするのに対して、精神的人格を指向的に把握する精神的な行為は、或る意味でそれ自身を超えて存続するからである。すなわち精神的なものの内容はそれが妥当する限りいつまでも妥当する。かくして、真の愛は汝における精神的なものとの精神的な関係として、移ろうものでもなく、また性欲や心理的なエロティックの身体的な状態性にもあたらないものである。愛は感情状態以上のものである。愛は指向的な行為であり、愛の中に指向されるものは他者の本質であり、この essentia（本質）は existentia（存在）とは異なり、それに依拠せず、それを超えている。愛は愛された人間の死を超えて続くということ、愛は死よりも強いといわれるのもこの意味でよく了解されうる。愛する人間の身体的存在は死によって無に帰しても、その本質は死によってなくなるものではないのであり、それは無時間的な、移ろわないものなのである。愛する者が見る一人の人間の「理念」は超時間的な領域に属している。スコラ的あるいはプラトン的な思想に立ち帰らざるをえないようなかかる考察は、決して直截な日常の体験から遠いものではないことが注意されねばならない。たとえば、かつての強制収容所の一囚人の次のような体験報告が存する。

「われわれがここに拘禁されている間に味わわざるをえなかったものを、将来償ってくれるようないかなる幸福も地上には存しない、ということはわれわれ囚人すべてに明らかであった。したがって、もしわれわれが幸福の清算をしようと思うならば、残るただ一つの方法は（高圧電流の通っている）〝鉄条網に向かって走る〟こと、すなわち自殺することだけであった。しかしわれわれがそれをしなかったのは、われわれが何らかの形で義務の深い感情をもっていたからであった。たとえば私に関していえば、私は母に対して生命を維持する義務があった。われわれは互いにこの上なく愛し合っていたのであった。したがって私の生命はすべてにかかわらず意味をもっていたのであった。しかし私は毎日毎時、死の危険にさらされていた。そして何らかの意味で私の死と私の味わっている苦悩とは意味をもたねばならなかった。そこで私は天と契約を結んだのであった。すなわちもし私が死なねばならない運命ならば、私の死は私の母に生き永らえることを贈るのであった。そして私が私の死まで苦悩を耐えしのべばしのぶほど、私の母は苦しみのない死を迎えることができるのであった。私は犠牲というこの視点においてのみまったく苦痛に充ちた生活に耐えることができたのである。私は私の人生が意味をもつときにのみ生きることができたのである。そしてまた苦悩と死とが意味をもつならば、私は私の苦悩を苦しみ、私の死を死のうと思った。」この自己描写に続いて彼は、収容所生活の時間と情勢の許す限り、いかに彼が愛する母の精神的な姿に思いを捧げたかを述べている。彼は具体的な状況において創造価値を実現化できなかったので、愛の観照の中に体験価値を実現化したということができよう。そして彼の手記の次の続きは注目に価するものである。「しかし私は母自身がまだ生きているかどうか知らなかった。われわれは長い間お互いに何のたよりもできず暮らしていたのである。だが私が母の生死を少しも知らないという事実は、精神の中で私が母と交わした多くの対話において、私を一向妨げなかったのに私は気がついた。」

したがって、この人間は彼の愛する者が身体的になお生存するかどうか一瞬たりとも知らなかったのであるが、それにもかかわらず身体的現存の問題は彼を少しも妨げなかったのである。ゆえに、愛はこれほど根本的に人間の本質を指向するものであって、身体的現存がほとんど問題にならないほどなのである。換言すれば、一人の人間の本質性が真に愛する者を深く満たすので、その人間の現実性は何らかの形で背景に退くほどなのである。したがって愛は、愛する者の身体性をほとんど問題とせず、その死を超えて続き、自己自身の死まで続きうる。真に愛する者にとっては、愛人の死は決して現実的に捉ええない。彼は愛する者の死を自分自身の死と同様に「捉える」ことはできないのである。周知のように、自己の死の事実というものも体験的に把ええない。ゆえに一人の人間の死を把えることができると実際に思い、そう主張する者は、何らかの形で自己自身を欺いているのである。かくして、人格的本質がそれが担う有機体が屍体となることと同時に世界からそのまま消え去り、存在の何の形式も残さないと主張しようとしても、それは結局把ええないことなのである。シェーラーは彼の死後に発表された、人格の「永生」に関する論文において、われわれが一人の人格を真に指向するならば、身体的な現象事実の「いくつかの意味のくだらぬ小片」よりも遥かに多くのものが人生の期間に「与えられている」ことを指摘した。この「意味のくだらぬ小片」をわれわれは死後に見失うのである。しかしだからといって、人格そのものがもはや実存しないということが述べられているのではない、むしろ人格は死後自らをもはや告げ知らせることができなくなるだけであると主張すべきであろう。なぜならば、人格は自らの告知のために物理的ないし生理的な表現過程（言語など）を必要とするからである。したがっていかなる根拠から、且ついかなる意味で、真の愛の指向、すなわち他の人格そのものへの指向が身体性一般に依存していないかが再びまた明らかになるのである。

以上のように述べたからといって、愛が自らを「身体化」しようと欲しない、とはもとより主張されているわけではない。ただ愛はそれが身体性に指し向けられていないという意味において、身体性に依存しないのである。両性の間の愛にとってすら、身体的なもの、性的なものは、決して一義的なものではなく、また自己目的でもなく、表現手段に他ならない。身体的なものなしでもこの愛は原則的には存立しうるのである。もしそれが可能ならば、愛はそれを欲し求めるであろう。また身体的なものを放棄せねばならないような場合でも、愛は冷たくなったり死にはしないであろう。精神的な人格は、それがその心理的および身体的な現象様式と表現形式をとることによって形姿を得る。かくして、人格的な中核の周りに形成された全体性においては、外的な層は内的な層に対してそれぞれ或る表現価値をもっているのである。人間における身体的なものは、何らかの形でその性格（或る心理的なものとして）をもち、そしてその性格はまた人格（或る精神的なものとして）を表現させうる。精神的なものは表現されることができ、また身体的なものおよび心理的なものの中に表現を求める。かくして愛される人間の身体的現象は愛する者にとっては象徴となるのであり、背後にあって自らを外部に告げ知らせ、しかも尽きることのないものに対する単なる徴しなのである。真の愛はそれ自身においては、身体的なものを、その喚起のためにもまたその充足のためにも必要としない。しかし、愛は喚起と充足という点で身体的なものを利用する。すなわち喚起というのは、人間が相手の身体的なものによって直観的に印象を受けるという意味においてである。もとより、それだからといって、彼の愛が相手の身体的なものに向けられているというわけではない。しかし相手の身体的なものは、事情によっては、人格における精神的なものの表現として、一人の人間を他の人々の中から選択するのに役立つ。或る身体的な特性や特有な心理的性格特徴などは、人間を「彼に定められた」相手に導くものなのである。したがって「表面的な」人間が相手の「表面」にのみこだわり、その深みを把握することができないのに対して、「深い」人間にとっては「表面」すらもなお深みの表現なのであり、表現として、たしかに本質的且つ決定的ではないにしても、重要なのである。この意味で、愛は身体的なものをその喚起のために利用する。また愛は既述のように身体的なものをその充足のためにも用いるのであって、事実、身体的に成熟した愛する人間は一般に身体的な関係への強い要求をもつのである。しかし真に愛する人間にとっては身体的性的関係は、その精神的関係の表現手段に留まるのであって、精神的関係が本来、彼の愛なのである。そして表現手段としての性的関係は、それを担う精神的な行為としての愛からはじめてその人間的尊厳を受け取る。したがって愛する者にとっては、相手の身体はその精神的人格の表現となるのと同様に、愛する者にとっては性行為は精神的指向の表現なのである。したがって一人の人間の身体的現象の外的印象は、愛されるということにとっては比較的重要なものではない。彼の身体的心理的なものの個人的な実際の特徴は、愛によってはじめてそのエロス的な尊厳を得るのであり、それを愛がはじめて「愛するに価いする」特徴となす。このことは、いわゆる美容術的な努力に対して批判的消極的な態度をわれわれにとらせざるをえない。なぜならば、美的な欠陥と呼ばれるものすらも何らかの意味で当該の人間に属しているからである。或る外的なものが影響をもつとしても、それはそれ自身もつのではなくてまさに愛される人間において影響をもつのである。たとえば一人の女性の患者が、その美しくない胸を、乳房プラスティックによる美容整形手術によって美しくさせようという意図をもち、彼女の医師に相談した。医師は、彼女の夫が彼女を真に愛しているのであり、したがってそのままの彼女の体を愛しているのだからと彼女に警告した。

イヴニングドレスすらも、「それ自身」夫に働きかけるのではなくて、夫はそれを着ている愛する妻に「おいて」、それを美しいと思うのである。結局、患者は彼女の夫にその意見を求めた。事実、彼は手術の効果は自分を喜ばせはしないだろうと彼女に答えた。

外面的にあまり魅力のない人間が、著しく美しい人間にとってはいわば自然に手に入るものを、無理にも求めようとすることは、心理学的にもとより理解できることである。醜い人間は、彼がそれを愛の生活において重く見れば見るほど、それだけ一層愛の生活を過大評価するであろう。しかしながら、愛は実際的には人生を意味で充たす一つの可能な機会ではあるが、しかし必ずしも最大の機会ではない。もし人生の意味が愛の幸福を体験するか否かにかかっていたならば、彼はその外貌を悲しみ、その人生を貧しいと呼びうるであろう。しかし実際はそうでないのであって、人生は無限に豊かな価値を実現する機会をもっているのであり、それはわれわれが創造的な価値実現の優位ということを考えるだけで明らかである。愛し愛されない人間も、したがって、彼の人生を最高に有意義に形成しうるのである。或る人間が愛の幸福に対して何の機会もないというとき、それが果たして真に運命的であるのか、それとも神経症的な思いすごしであるのかが尋ねられねばならない。愛の体験価値に関しても――態度価値のために創造価値実現を放棄する場合と類似して――放棄が不必要になされ、またあまりに早くなされてはならない。そしてかかるあまりにも早い諦念の危険は一般に大きいのである。なぜならば人間は、外的な魅力の意義がどれほど相対的に少なく、且つ愛の生活においては人格性がどれほど重要であるかを、通常忘れやすいからである。われわれは外的に魅力の少ない、あるいはそれどころかまったくない人が、その人格性の力によって、いかに愛の生活において成功を収める力をもったかという多くの素晴らしい――且つ人を慰める――例を知っている。われわれは考えられる限り不運な人生の状況の下に、なお精神的のみならず、恋愛という面でも一人のすぐれた男性であることを示した、すでに引用された身体の一部に障碍のある人物の例を想起する。それゆえに、外的に魅力の少ない人の諦念は本来何の根拠をももたないのである。諦念ということはそれが多いほど、それは悪い影響として遺恨というものを残してゆく。なぜならば、或る一定の価値領域において充足されないでいる神経症的な人間は、当該の人生領域を過大評価するかあるいは軽視するということの中に逃避するからである。両方の道とも正しくなく、彼は不幸に陥っていく。愛の中における「幸福」に向かっての神経症的な、不自然な努力は、すでにその神経症的な不自然さのゆえに「不幸」になる。過大評価されたエロティークに固着してしまっている人は、キルケゴールのいう「外側に向かって」開く「幸福への戸」を無理にこじあけようとする人なのである。他方また、愛の生活をことさら軽視し、そのことによって到達できなかったもの、あるいは到達できないように見えたものに報復しようとする、いわば消極的な意味で愛の生活に固着している人は、愛の幸福への通路を自ら閉ざす。かくして、客観的にであれ主観的にであれ、放棄しなければならないことによる内的な怨恨は同じ結果になる。この二つの型の人間は彼らの機会を自ら滅ぼすのである。それに対して、希望を捨てないで堂々と放棄した人間の、解脱した、遺恨を含まぬ調和的な態度は人格の価値を高めさせるのであり、かかる人間にはなお最後の機会が与えられる。

外貌的なものを強調することは身体的な「美」がエロティークの中で過大評価される結果になる。しかし同時に人間自身は価値を貶しめられるのである。たとえば彼女は「美人だ」という、或る女性に関する判断の中には本来、或る蔑視がひそんでいる。なぜならばこの判断は、他の、たとえば精神的価値に関しては、むしろ遠慮して語りたくないということを含んではいないだろうか。相対的により低い価値領域におけることさらに強調した積極的判断は、より高い価値領域における否定的判断が潜んでいる疑いを起こさせる。そしてエロス的美的価値判断の強調の中には、そのように判断された人格の価値の軽視を含んでいるのみならず、またそのような判断をする人間自身の価値の低さを示してもいる。なぜならば、もし私がもっぱら一人の人間の身体的な美について語るならば、それは私が彼の精神性について何もいうべきことを知らないのみならず、また同時に彼の精神性に何の価値も置かないゆえに何の関心ももたないことを示しているからである。

相手の精神的人格から無意識に目をそらそうとすることは最近の大都会的な平均的なエロティークの特性である。それは他者の一回性と唯一性とを認めようとはしない。このエロティークは真の愛のもつ、相手との結合性と、その結合性の中に存する責任性とから逃避しようとするのである。彼らは自分の好む「タイプ」の中に、集合的なものへ逃れる。そのときには或る特定の人格が選ばれるのではなく、或るタイプだけが好まれるのである。そして愛の指向は類型的ではあっても非人格的な外貌的な現象に付着してしまう。女性は「おんな」として人格的な関係をもたなくてもよいものになりがちであり、「持つ」ことはできても「愛する」ことはできないものになり、特色と独自な価値のない所有物になってしまう。愛は人格にとってのみ存するのであり、類型的な「おんな」という非人格には愛は存せず、前者には誠実が存しえても、後者には不実が相応ずるのである。不実はかかるエロス的な関係においては可能であるばかりでなく、また必然的でもある。なぜならば愛の幸福の質が欠けている場合には、この欠如は性的享楽の量によって補償されねばならないからである。一人の人間が「幸いを享ける」ことがより少ないほど、彼の衝動はより多く「充足され」ねばならない。

もし真の愛の態度が他者の精神的人格に向けられることであるならば、それはまた誠実に対する唯一の保証でもある。したがって、愛そのものから結果することは、愛が身体的時間の続く限り、すなわち生きている限り存続するということである。しかし体験時間において結果することはむしろ愛の「永遠性」の体験である。愛は永遠の相の下に体験される。真に愛する者はその愛の対象へ帰依しているときの一瞬においてすら、彼の感情が変化しうるとは決して考えない。このことは彼の感情が「状態的」ではなくて指向的であることを考えれば了解できる。他の精神的行為において、たとえば認識や価値認識において、本質ないし価値が把握されるのと同様に、それは愛する人間の本質を指向する。もし私が2×2＝4ということを把握するならば、私はそれを永久に把握したのであり、それは私の中に存続する。そしてもし私が他者の本質を愛の中に看取することによって、それを真理の中に把握したならば、その真理は存続せねばならず、またこの愛は私の中に続く。われわれが真の愛を体験する瞬間に、われわれはそれを永遠に妥当するものとして体験するのである。ちょうどそれは、われわれが認識した真理そのものをわれわれが永遠の真理と呼ぶのと同様である。われわれは生きていく限り、それを「永遠の愛」として体験せざるをえない。しかし真理をいくら求めても人間は誤ることがあるものである。同様に、愛においても個人は誤るものであり、時おり、愛によって明瞭に洞察する代わりに、恋情によって盲目にされてしまっているときもある。しかし初めから主観的な真理が「ただ主観的であるにすぎない」とされてはならず、誤謬であるというわけではない。ただ後になってはじめてそれが誤りであったことが判るのである。また人間は「時間を限って」、すなわち一時的にだけ愛するということは不可能である。すなわち、彼は一時性そのものを指向することはできないし、愛の時間的有限性を「欲する」ことは不可能である。彼はせいぜい、彼の愛の対象が後に彼の愛にふさわしくないことが判り、その価値が失われて、愛が「死ぬ」という「危険を冒して」愛することができるだけである。

単なる所有物はすべて取り替えられることができる。しかし真実の愛の指向は他者の「持っている」ものを「所有しよう」とするのではなくて、他者が「ある」ところのものを指向するのであるから、真実の愛は、そして真実の愛だけが一夫一婦的な態度になるのである。なぜならば一夫一婦的な態度とは、その相手が他と代わりえない唯一性と一回性とにおいて把えられ、身体的あるいは心理的特性の彼岸にある相手の精神的本質および価値が指向されることを前提とするからである。

これらのことから結果することは、単なる恋情が、本質的に多かれ少なかれ一時的な「感情状態」として、結婚に対してほとんど禁忌であるということである。しかしまたそれだからといって、真の愛それ自身が結婚の積極的な条件になるとは限らない。結婚はまったく個人的な体験の事柄以上のものなのである。それは複雑なものであって国家的に法律化され、ないしは教会的に定められた社会生活の制度なのであり、社会的なもののうちにも関係をもっている。この意味においても、結婚が結ばれるまえに或る条件が満たされていなければならない。その他にさらに結婚することを不適当と思わせるような生物学的条件、たとえば優生学的な禁忌も存する。愛そのものはそれらによって決して危殆に瀕せられることはない。結婚は二人の個人間の生物学的な生殖行為を一義的なものとしないで、いわば精神的な生活共同体が重要であるときにのみ為されるべきなのである。これに対して、もし真実の愛の体験の領域外に存するような動機が、もっぱら結婚の積極的な動機であるような場合には、それは既述の「所有」というカテゴリーが主として支配するエロティークの領域内においてのみ可能なのである。特に経済的な動機が結婚に対してもっぱら重要である場合には、それは「所有」を欲する唯物論的な線の上に存する。結婚仲介所のごとき施設が存することはこの意味で了解されうる。結婚の社会的な契機だけがここでは考慮され、しかも主として経済的なことに限定されているのである。人間がこれらのことによって蒙る尊厳の低下は、いわば次の世代にまでも及ぶ。われわれに知られている一例では、或る一人の少年は、彼自身もまきこまれた両親の絶えざる葛藤のために、両親の家から逃亡したのであるが、彼の唯一の願いと一生の目的は――彼はそれを人の心を動かす素朴さで告白したのであるが――彼の両親のようなまったく不適当な結婚が結ばれるのを防止するような何らかの制度を普及することであった。

真の愛そのものはすでに決定的な一夫一婦制の関係の契機を構成している。この契機にはしかしさらに第二の契機がなお属している。それは「排他性」（オズヴァルト・シュヴァルツ）という契機である。愛は内的結合の感情を意味するが、結婚の形における一夫一婦的な関係は、外的な結合を意味する。この結合を決定的に正しく維持することは誠実であるということである。そして結合の排他性は、人間に「正しい」結合に入ることを求める。すなわち、彼が結合しうるということばかりでなく、また誰と結合するべきかを知っていることを求めるのである。このことは一定の相手に対して決断する能力を前提としている。一夫一婦的な関係に対する内的成熟の意味におけるエロス的な成熟は、したがって二重の要求を含んでいる。すなわち（排他的に）一人の相手に対して決断する能力への要求と、（決定的に）相手に誠実をつくすという能力への要求である。したがって、愛の生活に対する準備期にある青年たちに対しては、正しい相手を求め見出すことと、それに誠実をつくすことを時期を外さずに「学ぶ」ことが求められるのは当然である。しかしこの二重の要求は矛盾がないわけではない。なぜならば一方では若い人間は、決断能力への要求の意味において、或るエロティックな人間知識の獲得と練習とをしなければならない。しかし他方、彼は誠実の能力への要求の意味において、単なる気分以上に、唯一の人間に対して内的な関係を維持するよう努めねばならない。ゆえに彼ができるだけ多くの関係を体験し、最後に正しい関係に対して決断しうるために、具体的な関係は留保するべきか、あるいはできるだけ早く誠実であることを学ぶために、具体的な関係をできるだけ長く変わらずに維持すべきか、判らない場合も生じるであろう。このジレンマに直面した若い人間に対してはこの問題をいわば消極的に考察することを勧めるべきである。すなわち彼は束縛性を恐れ、責任性から逃避したいゆえに有意義な具体的な関係から「飛び出そう」とするのか、ないしは彼が数週あるいは数カ月の間、孤独でいなければならないのを恐れるがゆえに、破れた関係になお無理に執着しているのか、を問う必要がある。このように逆な形で訊くことによって、即事的な決断をすることが容易になるのである。

シェーラーは愛を、愛する人間の最高の価値へと向かい、この最高の価値が——彼はそれを人間の「救い」と呼んでいるが——把握される精神的運動と呼んでいる。シュプランガーは愛について同様なことを述べており、愛は愛する人間の価値可能性を認識すると述べている。フォン・ハッチンベルクはそのことを別な形で次のように表現している。愛は一人の人間を神が「欲した」ように見させるものであると。すなわち、愛は一人の人間の価値像をわれわれに見させるということができよう。その意味において、愛はまさに形而上学的な業績を行なうのである。なぜならば、われわれが精神的な愛の行為を行なうことによって見うるようになる価値像は本質的に或る不可視的なもの、現実化されざるものの「像」なのであるからである。かくして、われわれは愛の精神的行為において一人の人間がその唯一性と一回性において「ある」ところのもの（スコラ的術語の意味における「個性原理」(haecceitas)）を把握するばかりでなく、また彼が「ありうる」もの（エンテレヒー）をも把握するのである。われわれは可能性としての人間の現実性という既述の逆説的な定義を想起する。その可能性というのは価値実現化、自己実現化の可能性のことであった。愛が見させるようにするものは一人の人間のこの「可能性」に他ならない。そしてあらゆる心理療法は、それが教育愛《エロス・ペダゴーグス》（プリンツホルン）によって担われる限り、取り扱う人間をその最も固有な可能性において見、その価値的な可能性を先取しなければならないことが気づかれるのである。愛する人間の本質像からその価値像が読み取られうるということは、愛と呼ばれる精神的行為の形而上学的な不思議さに属する。なぜならば、現実的な本質に基づいて価値可能性を先取することは予め計測し考量することではないからである。ただ現実だけが計測、考量されうる。しかし可能性そのものはかかる考量や計測を脱《のが》れるものなのである。既述のように、人間は彼に与えられた現実と自然的な制約性とによって計測されず、むしろ彼自身に課せられた可能性を示すときにはじめて本来の意味において人間であることを始める。衝動的な人間は計り難いという普通の主張は、この点においては不適切に思われる。むしろ反対が真であって、人間は衝動性からみれば最も確実に予め計測しうるのである。そしてまた単なる悟性人、すなわち単なる理性的動物を構成する人間、また自らの行為を計りうる心理学的な類型人、彼らはたしかに計測しうる人間であろう。しかし「本来の」人間それ自身はもとより計測し難いものなのである。すなわち人間の実存は事実性に環元されえないばかりでなく、また事実性からも導出されえない。

価値を見うるようになることは一人の人間を豊かにしうるだけである。この内的に豊かになることは、われわれが体験価値を論ずる場合に見たように、部分的に人生の意味を形成しさえする。ゆえに愛は愛する者をいかなる場合にも豊かにせざるをえないのである。「不幸な」愛というものは存しないし、且つ存しえない。「不幸な愛」というものはそれ自身において矛盾している。なぜならば、もし私が真に愛しているのなら、私はその愛が報いられようと報いられないとにかかわらず、内的に豊かにされているのを感じるのであり、もし私が真に愛しているのではないなら、すなわち他人の人格を「思っている」のではなくてただ他人における或る身体的なもの、あるいは彼の「持つ」或る心理的性格特性だけを見るのならば、私はたしかに不幸でありうるであろう。しかしそのときには私は愛する人間ではない。単なる恋情は人間を何らかの形で盲目にするが、真の愛は人の目を鋭くする。愛はわれわれに恋する相手の精神的人格をその本質的現実性と価値可能性とにおいて見えるようにするのである。愛は他者を一つの独自な世界としてわれわれに体験させるのであり、われわれ自身の世界を広げてくれるのである。愛はわれわれを豊かにし幸せにしてくれるとともに、相手をも動かしてその価値可能性に至らせる。愛は愛される者を扶《たす》けて愛する人間が先取して看たものの実現化に至らせるのである。なぜならば、愛される者は愛する者ないしはその愛に一層ふさわしくなろうとするからであり、愛する者がもつ像に似ようとし、「神が考え欲した」ものになろうとするからである。片思いの愛ですらわれわれを豊かにし、幸せにするのであるから、相互の愛は著しく創造的である。相互の愛は互いに高め合って各々の可能性の実現化を容易にするのである。

性的衝動の単なる満足は快感を与え、恋情のエロティークは喜悦を与え、愛は幸福を与える。そこには次第に増大する指向性が示されている。快感は単に状態的な感情である。喜悦はそれに対して指向的であり、或るものに向けられている。そして幸福は自ら自身を充足することへの一定の方向を有している。かくして幸福は一つの業績という性格を有している（「徳そのものの至福」"beatitudo ipse virtus" スピノザ）。幸福は指向的であるのみならず、また「生産的」でもある。そうであればこそ一人の人間がその幸福において「充たされ」うることも理解される。かくしてまた、われわれは苦悩に対する幸福の根本的な類比性を了解するのである。なぜならば既述のごとく、苦悩においても「意味」が語られるのであり、人間は苦悩の中にも充足されうるからである。そして苦悩の中にもわれわれは一つの業績を見ることを学んだ。かくしてまったく一般的に、一方では指向的、「生産的」感情と、他方では単なる「非生産的」感情状態とが区別されうる。たとえば悲哀は——その指向的な意味と創造的な業績についてはすでに述べられているが——単なる反応的な感情状態である非生産的な不機嫌（或る喪失に関する）と対立させられる。また倫理的に重要な指向的な感情としての「正義の」怒りと、価値を指向することなき単なる状態感情としての「盲目的な」憎悪とは異なるのである。「不幸な愛」ということは論理的には矛盾することなのであるが、しかし心理的に見るならば、それは一種の哀愁の表現なのである。体験の快ないし不快の調子が体験内容に対して過大評価される。そして心理的なエロティークの領域においてすら快楽主義的な立場は是認されはしない。真剣な人生の役者である人間も演劇における観客に似ているのであって、悲劇は一般に喜劇よりも一層深い体験なのである。愛の生活における「不幸な」経過をとった体験によっても、われわれは豊かにされ、また深められ、且つ成熟する。人間が愛の中に体験する内的な豊かさは、もとより内的な緊張から自由であるわけではない。神経症的な人間はそれを恐れて避けようとする。その場合には「不幸な愛」の体験が、火傷をした子供をエロスの火から守ろうとする目的のための手段になるのである。かかる人間は最初の、あるいは一回の不幸な体験の背後にかくれてそれ以後の不快な体験を避けようとする。かくして「不幸な愛」は悲哀の表現であるばかりでなく、また耐え忍ぶことの手段になる。ほとんどマゾヒズム的にかかる人間の思考は不幸のめぐりを常にまわるのである。彼は最初の――あるいは最後の――失敗のうしろに身をかくして、二度と指に火傷をしないようにする。すなわち不幸な結果となった愛の体験の背後にかくれ、過去の不幸にかくれ、未来の幸福の可能性を避けるのである。彼がその可能性を「見出す」まで求めていく代わりに、彼はその追求を放棄するのである。愛の生活をする多くの機会を待ちのぞむ代わりに、彼は自らに目かくしをする。彼は人生を見なくてもすむように、憑かれたごとく彼の体験にのみ眼を注ぐ。彼にとって重要なことは人生のもたらしてくれるものに備えるということではなくて、ただ安全ということだけである。彼はいわば二度目の不幸な体験を来たらせないように、一つの不幸な体験から眼をそらそうとしないのである。われわれは彼を将来の豊かな可能性に対して常に備えているように教育しなおさなくてはならない。通常、人間は多くの不幸な愛の体験を経て、一つの幸福な愛の関係に至るからである。それの来るのを人間は待たねばならず、不幸の中に逃避して幸福を避けるような逆説的なことをして道をふさいではならない。したがって、いわゆる不幸な愛の心理療法は、逃避傾向の発見と愛の生活のもっている使命性格の明示の中に存する。

相互に愛し合う幸福な愛自身も、愛の幸福が嫉妬の苦悩に妨げられるときには「不幸」から必ずしも自由ではない。嫉妬の中にも既述のエロティックな唯物論的思想が存する。なぜならば嫉妬の基盤になっているのは、愛の対象を所有とみなす態度であるからである。嫉妬する者は、彼が愛していると思っている人間をあたかも彼の所有物であるかのように取り扱う。そして彼は相手の品位を落としてしまうのであり、彼は相手を「ただ自分のためにだけ」持とうとし、そのことによって彼の行動が「所有」のカテゴリーにあることを知らせてしまうのである。しかし真の愛の関係の中においては、嫉妬の存する余地はない。真の愛は人間がその一回性と唯一性において、すなわち他人と根本的に比較できないことにおいて捉えられるのを前提とするから、嫉妬は原則的に根拠がないのである。愛の関係において嫉妬する者が恐れるのは、競争相手と比較されるという可能性である。しかし真に愛されるということにおいては、競争は存しえない。なぜならば、各人は彼を愛する者にとっては比較しえないものであり、したがって争われえないものであるからである。

また周知のごとく相手の過去に遡る嫉妬、すなわち以前に相手を愛した人間に対する嫉妬も存する。かかる嫉妬に苦しめられる人間は常に「最初の人」であることを欲する。それに対して「最後の人」であることに満足するようなタイプはより謙虚である。しかし彼は或る意味では謙虚な人間ではなくて、一層求めることの大きい人間である。なぜならば彼にとっては、あらゆる他の競争相手に対する優先性が問題なのではなくて、優越性が問題なのである。しかしすべてのこれらの人間は各人の根本的な比較されえない性質という事実を見落としている。自らを他者と比較する者は、この他者かあるいは自分自身に不正をなすのである。このことはまた、愛の生活以外にもあてはまる。各人はそれぞれ異なったスタートをしているのであって、より困難な運命をもったために、より困難なスタートをした人間はその人格的な業績において相対的にそれだけ一層偉大なのである。そして運命の状況を、そのあらゆる細部に至るまで見通すことは決してできないから、人間の業績を比較する尺度や基準は存しえない。

愛の関係が真の愛の水準に達しない場合には、すなわち人間がもはや他の何ものによっても比較しえないほど愛する程度に至らないならば、嫉妬は元来対象のないものであるはずである。なぜならばその場合には愛の関係は現実には存しないからである。したがって嫉妬はそれがあまり早く来すぎても、あるいは遅く来すぎても、どちらも無意味なのである。すなわち、もし相手が実際に不誠実でないなら、嫉妬は不当であるし、相手が実際に不誠実であるならば嫉妬は根拠があるが、しかしやはり無意味である。なぜならば真の人間関係はもはや存していないからである。

さらにその他に嫉妬が技術的な意味で危険な動きを自らの中に蔵していることが注意されねばならない。嫉妬する者は彼が恐れているもの、すなわち愛の消滅を生み出すのである。ちょうど信仰が内的な強さから発するのみならず、より偉大な強さに至ると同様に、疑惑それ自身は不成功から発するが、疑う者はますます不成功をひき起こすのである。嫉妬する者は相手を「維持する」ことができるかということを疑う。そして彼は彼が誠実を疑った人間を不実に追いやることによって実際に失ってしまうこともありうる。すなわち、彼は相手をまさに第三者の腕の中に追いやるのである。かくして彼は、自分が恐れていたことを現実にしてしまう。たしかに誠実は愛における使命である。しかしそれは常に愛する者自身にとっての使命としてのみ可能なのであり、相手に対する要求としてではない。もし相手に対してそれを要求すれば、長い間には相手はそれに反撥し、遅かれ早かれ実際に不実な態度をとることになるかもしれない。他者並びに自分自身に対する信頼は人間を安定させるものであり、この信頼は維持されるものである。反対に不信は人間を不安定にし、その結果、不信がいつまでも続くのである。他方、この他者に対する信頼に相応じているのは正直ということである。信頼はそれが信ずるものを真実にする仕組をもっているのと同様に、正直もその逆説性を有している。すなわち人間は真理をもって虚偽を言うことができ、また逆に虚偽をもって真理を述べ、さらにそれどころか虚偽を「真実にする」ことができる。医師によく知られている一例でこれを説明してみよう。われわれが一人の患者の血圧を測り、それが少し高くなっているのに気がつき、且つ患者の希望に応じてその真実の結果を彼に告げると、彼はこの真実に驚愕し、且つ血圧は上昇して、われわれが実際に告げたのよりも、より高くなることがある。これに対してわれわれが患者に真実を告げないで実際より低い価いを告げるならば、彼はきわめて安心し、血圧はそれによって実際低下し、われわれの言った虚偽の言明は結局真実になることもある。生活一般において、特に愛の生活においては、すべての狂信的な真理への要求には、この逆説が付着しているのであって、それは次の例において明らかである。一人の女性の患者が医師に意見を求めて、彼女が夫にまったく些細なちょっとした不実を告白すべきかどうかを尋ねた。医師はそれに対して反対の意見を述べた。第一に医師は患者がその「不貞」を神経症的な動機から告白しようと欲したことを、すなわち彼女の夫を挑発し試みようとするためであることを知っていた。そして第二に、医師は患者が「真実」によって彼女の夫に虚偽を言うであろうと考えたからである。なぜならば彼女の「告白」によって彼女の夫は何かそれ以上のものが背後にあると誤解するに違いないからである。というのは、そうでなければ彼女は告白するような気にならないであろうと彼は考えてしまうからである。ところが、この患者は医師の忠告に従わなかった。そしてその結果は離婚であった。それは人間的にもまた法律的にも不必要な離婚であった。

われわれは嫉妬する人間が恐れている不実について述べたが、次に実際に生じてしまった不実の問題を取り扱ってみよう。すると、われわれは男性の不実と女性の不実とに対する一般的な異なった評価の問題にぶつかる。つまり二種類の尺度があるのであって、女性の姦通は男性よりもより厳しく評価されるのである。この点はおそらく一見したところ、甚だ不公平に思われる。しかし心理学的な点のみにおいても、性生活に対する両性の態度は異なっている。たとえばアラースはこの相違を次のように表現している。すなわち男性は愛に力をつくし、女性は愛の中に自らを捧げるのである。不実の評価が異なるのは生物学的な領域にまで及ぶ両性の深い相違のうちに基づいており、それはおそらく存在論的な根拠をもっているものと思われる。性的不実の点ばかりでなく、また処女性や童貞性の喪失に関しても両性の間の相違は次のようなたとえで最もよく表現せられうるであろう。すなわち、その清い水が汚れた容器の中へ注がれた泉はそれだからといってだめになりはしないが、一旦汚れた水によって満たされた容器はそのことによって永久にしみがついてしまうのであると。

さらに、男女の不実の評価の異なることには社会学的な根拠ももっていることを見逃してはならない。なぜならば多くの男性と交渉をもった女性はその生んだ子の父親の認知に関しては確定的なこととはいえないが、妻に対して不実である男性は、妻の方が誠実でさえあれば、誰が子供の父親であるかは判るからである。

相手の不実から生じる結果はさまざまでありうる。しかし相手の行なった不貞に対する「態度」の多様性は「態度価値」を実現化する機会をも与えるであろう。一人は相手から離れ、他の一人は相手を棄て、別の一人は相手を許して和解しようとし、さらに或る者は相手を新たに自らのものに獲得し直そうとすることによって、それぞれその体験を克服しようとするのである。

エロティックな唯物論的思想は相手を所有物とみなすのみならず、エロティーク自身を商品とする。このことは売春において明瞭にあらわれている。売春は、心理学的な問題としては、売春する人間の問題というよりもむしろ売春の「消費者」の問題である。すなわち、売春女性の心理学は彼女らが精神病理学にとっては大した価値のない性格タイプを有しているという点ぐらいなもので、問題が少ない。われわれが売春女性の具体的な個別例を心理学的に分析するならば、ほとんど規則的に或る精神病質人格の特徴としての道徳的な背徳性が明らかになる。また個々の場合の社会学的分析は無用である。なぜならばすでに別な形で述べたように、経済的な困難はそれだけでは何びとをも一定の行動に強いはしないのであり、したがって心理的倫理的に正常な女性が売春せざるをえないということはないのである。反対に、いかにしばしば女性が極度の困難にもかかわらず売春に逃避するという誘惑に逆うかは驚嘆すべきものである。その経済的な困難から売春という形で逃避することは彼女たちにはまったく問題とならず、それは自明のことなのであり、ちょうどそれは典型的な売春女性にとってはその道を選んだのが自明のことであったのと対照的である。

売春の「消費者」に関していえば、彼は「愛の生活」のあたかも商品に対するがごとき非人格的な形式をその中に求める。売春は精神衛生の見地からみるならば、通常の衛生学的な見地からみるのと同様に危険である。そしてその心理的な危険を防ぐことは決して容易ではない。その主な危険は、理性的な性教育が排撃しようとする性に対する態度に若い人間が訓練されてしまうという点に存する。すなわち、それは快楽を獲得する目的のための単なる手段としての性に対する態度なのであり、まったくデカダンスな「享楽者流」の態度なのである。「快感原則からの性生活」においては、愛の表現手段である代わりに、衝動充足ないし性的享楽が自己目的になるに至るのである。

愛に憧れる若い人間が単に享楽に飢えている成人になってしまうようなときには、しばしば教育に罪が存する。たとえばその経済的社会的な地位が母親には「不満足」に思われた少女に対する愛から息子の注意をひき離すために、息子を売春女性の許に送った母親の例が知られている。売春への逸脱の危険は、すなわち性生活を単なる衝動充足へと貶め、相手を単なる衝動対象に貶める危険は、性的なものの中にその表現を見出す真正な愛の生活への道がそれによって閉ざされてしまうようなときに最も明瞭にあらわれる。若い人間が売春によって経験した自己目的としての性的享楽に固着してしまうことは、場合によっては彼の未来の全結婚生活に暗い影をおとすのである。すなわち、彼がいつか実際に誰かを愛するときに、彼はもはや愛する人間の性に対する正常な態度に戻る――あるいはむしろ、進む――ことができない。真に愛する者にとっては性行為は心理的精神的結合性の身体的表現なのであるが、それに対して性生活が表現手段としてでなくて自己目的になった人間においては、臨床心理学者が以前からよく取り扱った周知のいわゆるマドンナ型と娼婦型との間の癒しがたい分裂が生じるのである。

女性の場合においても、愛の表現としての性の体験に達するという正常な発達を妨げる典型的な場合が存する。そしてこの毀傷《きしょう》を後に心理療法によって治療しようという場合には常に著しい困難が伴うのである。たとえば次の例がある。或る一人の少女が、最初はその男性の友人に対して「プラトニック」な関係をもち、彼との性的な関係を拒否していた。なぜならば彼女はそれに対する要求をまだまったくもっていなかったからである。しかし彼女の相手はますます性的関係を迫り、反対する少女に「君は冷感症のような気がする」という言葉を浴びせた。すると少女は、もしかすると自分はそうかもしれない、「本当の女」ではないのではないだろうかという恐れをもち始めた。そしてついに或る日、彼と自分自身とにそれが本当ではないことを証明するために、彼に身をまかせる決心をした。もとよりこの実験の結果は完全な享楽の不能性を示すに終わった。なぜならば、衝動はまだまったく目覚まされていず、芽を萌していなかったからである。その衝動が自発的に徐々に発達してくるのを待つ代わりに、この少女は最初の性行為を、その享楽能力を示すために、同時にまた享楽が不能ではないかという秘かな不安をもちながら、無理に努力しながら行なったのであった。すでに不自然な自己観察それ自身が衝動の興奮を著しく妨げざるをえないものなのである。かかる事情においては少女が——不安に自らを観察する者として——身を委ねる享楽者たりえなかったことは少しも不思議ではない。かかる失望が将来の愛ないし結婚生活に及ぼす影響は、性的な予期不安をもつ神経症における心因性の冷感症の形をとることがありうるのである。

周知のように、臨床心理学者はいわゆる予期不安の機制に至るところで出会う。通常は自動的に調整され、意識的に監視されないで為される自分の行為をわざわざ自己観察するならば、それはすでに妨害的な作用をもっているのである。吃りやすい人間は彼が何を話すかということに注意する代わりに、いかに話すかということに注目する。かくして、吃る人は自由に回転しているモーターに指をわざと入れてみるように、自分自身を妨げてしまうのである。吃る者には、ただ彼がいわば声を出して考えているだけであるという態度をとらせ、声を出して考えるために口が自然に動くのだと思わせるだけで充分なことが少なくない。もし観察しなければ、彼の話し方は流暢なのである。もし彼にこのことがうまく行くようになれば、主要な心理療法的な処置は大部分すでに終わっているということができる。また周知のように不眠ということも同じようなコースをたどっている。入眠ということが無理に「意欲される」ならば、そこに内的な緊張が生じ、それは入眠を不可能にさせざるをえないのである。かかる場合に予期不安としての不眠に対する不安は入眠を妨げ、且つそれによって生じた不眠は予期不安を確証し、強めるのであり、かくして両者はついに悪循環をなしてしまうのである。同様なことが性的に不安定になった人間についてもいえる。彼らの自己観察は病的に鋭くなり、失敗に対する彼らの予期不安は自ら性的な不成功を招くのである。性的な神経症者はすでに相手を指向しているのではなくて、性行為それ自身を指向する。しかしこの行為は失敗するのであり、失敗せざるをえない。なぜならば性行為は「直截に」自明的に行なわれるのではなくて、「意欲される」からである。

かかる場合の心理療法の重要な任務は、行為それ自身に注目することをすべて排除することによってこの忌わしい悪循環を断ち切ることである。そのためには患者に、彼が性行為を行なうことをいわば義務づけられているかのように感じていることが問題なのだということを指摘しなければならない。そしてこの目的のために、患者にとって「一種の性行為への強制」を意味するようなものは一切避けられなければならないのである。この強制は性的要求の強い相手の女性からの強制でもありうるし、また（或る一定の日に性行為をしなければならないという自らの「プログラム」からの）自己自身の側からくる強制のこともあれば、状況からくる強制（ホテルでの休憩など）のこともあろう。性的神経症者が常に感じていることの多い強制感のすべての形を取り除くとともに、いわば彼を即興的に性的な行為ができるように教育せねばならない。またそれと共に、彼を徐々に、いわばひそやかに、よい意味での性的な攻撃性の程度が増加するように巧みに導き、性行為の自発性と自然さとが生じてくるようにしなければならないのである。またかかる心理療法に先立って、患者に彼の「病的な」行動が人間的によく了解しうるものであることを示し、或る運命的な病的障碍に悩んでいるのではないかという感情から解放させる試みをしなければならない。換言すれば、患者に彼がもっている予期不安と、それによる悪循環の影響を理解させて、それが一般的に人間的な行動様式であることを納得させなければならないのである。

一人の若い男がインポテンツのゆえに医師を訪ねた。彼は数年来の努力の結果、その女性の相手を説得してついに彼に「身をまかせる」ことを承知させたのであった。彼女は彼にイースターの日に身をまかせようと約束した。この約束をしたのはイースターの十四日前であった。若者は二週間の間じゅう、緊張と期待のあまりほとんど眠ることができなかった。それから二人は、二日間のイースターの旅行をした。そして或る山小屋に泊った。そして患者が夜一緒に寝るために階上の部屋への階段を登っていったとき、彼は——性的興奮の意味ではなくて予期不安の意味で——まったく興奮してしまって、彼が後に述べたところによると、体がふるえ、ひどく動悸がしてほとんどまっすぐに歩けないほどであったという。したがって彼がインポテンツになったのも少しも不思議ではない。医師は彼にこのような具体的な外的、内的状況に直面して患者がそのような反応を呈したのは少しも病的な行動ではなくて人間的に了解しうるものであることを納得させた。かくして患者はついに彼が恐れていたインポテンツでないことを理解した。そしてこれだけですでに性的に不安定になったものに必要な安定性を取り戻させることができたのである。その相手に帰依して愛しながら、同時に自分自身を不安な予期で観察することができないからといって、その人間が病的であるわけではないことが彼に明らかになった。しかし患者に最大の印象を与えたのは、医師が彼にもう二度と来なくてよいと言ったことであった。それは簡略な心理療法的処置を完成させるほどの効果をもっていた。患者は彼の状態が少しも異状ではなく、医師の処置を少しも必要としないのだという確信をもつことができ、最善の予後をもったのであった。もとより、かかる心理療法的な処置の効果を暗示作用から離れてすることは困難である。しかしそれは理論的にも実際的にも少しも必要ではない。なぜならば暗示的な契機は、かかる場合においては予期不安をその萌芽状態において抑圧し、後のいまわしい自己暗示を防ぐという意味のみをもっているからである。

性生活の領域において、そしてその心理と病理とにおいて、至るところ常にみられることは、いかに人間の幸福への努力が誤るものであるかということである。すなわち、享楽そのものへの無理な努力がいかに失敗するのを常とするかということである。われわれはすでに別な形で、人間は本来、享楽としての幸福に向かって努力しているのではなく、快感を求めているのではないことを述べた。カントが、人間は幸福であることを欲するべきではなく「幸福にふさわしく」あることを望むべきであると言ったのに対して、われわれも、人間は本来幸福であることを欲するのではなくて、むしろ幸福であることの根拠を欲するのであると述べたい。それは人間の努力がその指向の対象から指向自身へ外れていくこと、すなわち、努力の目的（幸福であることの根拠）から快感（目的達成の結果）に外れていくことはいわば人間の努力の歪んだ様相であることを意味している。この様相には直接性が欠けており、それはあらゆる神経症的な体験の特徴であり、いかにそれが神経症的な、特に性的障碍を起こすものであるかはすでに述べられたごとくである。性的指向の直接性ならびに真実性は、特に男性のポテンツにとっては欠くことのできない前提である。性の病理学に連関してオズヴァルト・シュヴァルツは性の指向の真実性格を「模範性」という表現で特徴づけた。われわれはそれを真実性と一貫性の結合とみなしたい。すなわち、真実性は模範性をいわば横断面において見たのであり、一貫性はそれをいわば縦断面において見たのである。「模範的」な人間にとって特徴的なのは彼が容易に「当惑」に陥らないということである。すなわち、彼に特有な本能的確実性でもって、彼は自分に

「ふさわしくない」あらゆる状況を避け、彼に「適さない」すべての環境を遠ざけるのである。これに対して、たとえば売春婦を求めたが、いざとなるとインポテンツを示す敏感な人間の行動は、典型的に「非模範的」である。この行動それ自身は何ら病的なものを示してはいず、したがって少しも神経症的とは呼ばれえない。このような状況でインポテンツになることは文化的水準にある男性からはむしろ予期されるべきことであり、あるいは要求されるべきことである。しかしかかる人間がこのような状況に立ち至ること、すなわち、彼のインポテンツが事態から脱《のが》れる唯一の可能な逃げ道であるような状況を企てることとは、この人間が「模範的」でないことを示している。したがって、われわれはこのことを次のように形式づけうるであろう。模範的というのは人間において精神的なものが心理学的なもの、生物学的なものと内的に一致しているような行動を呼ぶのであると。したがって「模範的」という概念は、心理学的平面において「非神経症的」ということが意味していたのと同じものを実存的平面において表現しているものであることが明らかになるのである。

以上、われわれは愛の本質問題や価値問題を取り扱ったから、次に愛の生成ということを論じてみよう。そしてわれわれはここでは、精神分析がかかる問題を取り扱う場合に前面に押し出す「幼児性欲」ということを度外視したいと思う。この概念は現象学的に成人の（性器的）性欲と或るまったく別なものを精神分析の理論が問題としているのではないかという意味で問題的な性質をもっている。まったくどの程度まで幼児性欲においては本来の意味での性欲が語られうるかということは疑問である。この疑問性に面してフロイトもリビドというより広い概念の提出に達したのである。したがって、われわれは心理的性的成熟は思春期にはじめて始まるということができるであろう。思春期においては（狭義の）性的なものは――シルダーが精神病的なものに関して述べたことと類比的に――心理的なものへの「有機的なものの侵入」ともいうべき急激さで人間の意識に入ってくる。事実、思春期にある人間は彼の心情へのこの性欲の侵入に対して何らかの形で用意のできていない狼狽を感じ、性欲に対する自然的反応がしばしば一種の驚愕作用の中に存することがある。このことから結果する思春期の心理的苦悩は、したがって、決して或る病理的なものを示しているのではなく、或る生理学的なものなのである。

性的なものがこの個人的領域へ侵入してくる時代には、まだいわば本来の意味で心理的なものではない。それはむしろ単に身体的事象に対する心理的反射とみなされるべきであり、内分泌的な変化の心理的結果ないし内分泌的緊張の心理的表現と呼ばれるべきであろう。この生理学的なものから決定されている性欲は元来無定形《アモルフ》なものであって、人格によってまだ形成されていない。あるいは換言するならば、それはまだ成全されていないのである。心理的性的成熟が次第に進むにつれてはじめて性的なものは人格的なものによって組織づけられ、それに同化するのである。しかし最初はそれはまだ人格的な努力ではなくて、むしろ単なる心迫であり、目的も方向ももっていない。しかしさらに発達と成熟が進むにつれ、この衝動は次第に方向づけられ、嗜好性が増大し、性欲はますます自我の領域の中に組みこまれ、人格的ないし本来は心理的な（嗜好的であるがゆえに）要求の力の場のうちに現われてくるのである。したがって最初は性的衝動は異性の或る（任意な）相手との接触（A・モルの

"Kontrektation"）による緊張状態の解放（"Detumeszenz"）という目的をもっている。したがって、目的のない性的心迫からすでにそれ自身として或る衝動目的に向けられている固有の性衝動が生まれているわけである。しかし後になればさらに方向を与える契機が加わってくるのであり、性衝動は一定の人格に、異性の或る特定の代表に向けられているのであり、それによって衝動は特殊な対象を獲得する。したがって目的なき心迫から目的に向けられた衝動が生じた後に、さらにこの目的に向けられた衝動から人格に向けられた努力が生じるのである。非特殊的な（性器的な）衝動目的に特殊な衝動対象、すなわち愛する相手の人格が付け加わる。性的心迫‐性的衝動‐性的努力という順序が心理的性的成熟過程の段階の特徴を示しており、増加する指向性（最初は性交それ自身に向けられることから、一定の人格へ向けられることへの）を示している。そしてそれによって性欲は個人の成熟の過程においてますます人格に対する表現性格を獲得するのである。この方向を与える契機はどこから由来するのであろうか。何が衝動に一定の人格への方向を与えるのであろうか。それは衝動自身の中に存しているることは不可能である。衝動、あるいは性欲一般は、その指向性を本質的に異なる独自な起源の努力から（したがって単に昇華によって生じたのではない）得るのであり、内在的なエロティックな努力から得るのである。「内在的」と呼ばれるのは、たとえ覆われた形であれ、常にそれが証明されるからであり、たとえ意識されない場合でも過去にその萌芽が発見されうるからである。この努力が「エロティック」と呼ばれるのは、それがすべての性的努力と或る相対的な対立を示しているからである。すなわち、たとえば若い人間においては、それは友情や優しさ、信頼や相互の理解への憧憬の形をとって現われる。それは心理的精神的意味で他者と共存することに対する若い人間の憧れであり、したがって固有に性的な努力と直截な対立をなしているものなのである。エロティックな努力はかくして、より狭い意味で「エロティック」なのである。それは一義的であって、決して性的なものから導き出しえない。

フロイトが目的を阻まれた努力と呼んだものは、既述のごとく、実は固有にエロティックな努力として単なる性衝動が達するものよりも、より真実な充足の目的に達しうるのであり、たとえ一見、性的享楽にのみ身を委ねている人間ですらもいつか一度はこの繊細な興奮を体験しているものなのである。すなわち単なる性的衝動の満足に身をゆだねている人も、いつかは相手により高い要求、たとえば精神的関係への要求をもつこともあろう。これらの興奮や要求は俗物的な性的頽廃という覆われた形においてすらあらわれる。たとえば或る酒場で売春している女性が報告している次のことは、よく諒解されうるのである。酔った男は彼女と二人だけの部屋に行くとすぐ、あたかも二人が互いに幸福に結婚しており、男がちょうど職場から家に帰ってきて妻がにこやかに彼を迎えてくれるという風に振る舞ってくれと、きまっていつも提案するのであった。これらすべてのことは、あらゆる単なる性欲と意識的に対立しているのであり、決して単なる「前戯」の意味に理解されえない。すなわち、ここではいわば抑圧されていたものが迸り出ているのである。つまりここでは愛が抑圧されているのであり、エロティックな努力が性衝動によって背景に押しやられている。酒場の売春女性とその相手との関係に存しているような最も惨めなエロティックな生活の形式においてもなお、エロティークのより高い形に対する生まれながらの憧憬があらわれ出ているのである。

したがって内在的なエロティックな努力というものは、性欲を、単なる心迫という身体的なものから、衝動という心理的なものを通じて、自己の人格から発して他の人格に向かおうとする努力という精神的なものに至らせるものであることがわかる。このように正常な、ないしは理想的な、心理的性的成熟の過程においては、性的努力とエロティックな努力との輻輳が次第に増加し、ついには性欲はエロティックと融け合い、性的努力の内容とエロティックな努力の内容との一致に至る。ここで到達されるものは性欲とエロティークとの幸福な綜合である。エロティックな努力によって、その目的を、すなわち一定の人格への方向を獲得した衝動は、その人格に結びつけられるのである。

かくして、この成熟過程は自動的に一夫一婦的な態度に至るのである。性的な努力はもっぱらエロティックな努力によって、それに与えられた唯一の相手に向けられる。ゆえに真に成熟した人間は、彼が愛するときにのみはじめて性的に渇望しうる。性的な関係は、彼にとっては、性欲が愛の表現になりうるときにのみ問題となるのである。一夫一婦的な関係への内的な能力は、この意味においては、一人の人間の性的心理的成熟をはかる基準とならざるをえないのである。一夫一婦的な態度はしたがって性的発達の最終段階であり、性教育の最終目的であり、性倫理の理想である。理想としてはそれはまったく稀にしか達せられないし、大部分はただ漸近的に達せられるだけである。すべての理想と同様にこれもまた規則としてのみあてはまる。「それは必ずしも当たるわけではないが、常に狙わなければならない標的な黒星として示されているのである。」（ゲーテ）平均的な人間にとっては真の愛が可能になることはきわめて稀である。また同様に平均的な人間は成熟した愛の生活の最高の発達段階へ達することもきわめて稀である。しかし結局、すべての人間の使命は「永遠な」ものであり、あらゆる人間の進歩は無限に遠くにある目的に向かっての限りない進歩なのである。そしてこの進歩といっても、それは各々の個人的な生活史における各個人の進歩だけがここでは問題なのである。なぜならば、人類の歴史の内部においても真の「進歩」が存するかどうか、またいかなる意味において存するかは疑問であるからである。ここで確実なものとして技術的な進歩があげられるかもしれないが、しかしそれは、われわれが技術の時代に生きているがゆえに進歩であると承認するだけに過ぎないのかもしれない。

正常な成熟過程の上述の理想的な目的点への道を、女性は男性よりも容易に進みうるのである。もとよりこのことは一般的にだけ言えることであり、しかも現在の状況においてのみあてはまることである。性的な渇望が心理的精神的結合性の身体的表現要求である場合にのみ性的な渇望をもつべきであることはすでに述べたが、女性は通常（平均的な意味で）そうであり、特にそのために形成されるのを要しない。それに対して、男性はこの段階に達しているためにはすでに理想的に成熟してあらねばならない。そしてさらに別な契機が女性がこの段階に達するのを助けるのである。すなわち、真に愛する男性と身体的に一致するまで保っていた処女性によって女性は彼に対する一夫一婦的態度を容易にもちうるのであり、彼と性的関係に入った後は、エロティックなものも性的なものも相手の人格にほとんど自動的に結合され、女性の性欲はほとんど条件反射のように「彼女の」夫にもっぱら触発されるのである。

ところで、正常な心理的性的成熟は多くの障碍に悩むことがある。この障碍の諸形式の中で特に三つの典型的な障碍が区別される。その三つの障碍は同時にそれぞれ三つの性的神経症の人間類型に相応じている。第一のタイプは次のような若い人間によって代表される。すなわち、彼は無定形《アモルフ》な性的心迫から目的に向けられた性衝動を経て人格に向けられたエロティックな努力に達する最善の道を行なっていたのであるが、しかし愛する人格にまで至った発達の最終段階において、たとえば「失望」によって惹き起こされた反動が生じてきたのである。失望した愛の体験は、かかる若い人間の勇気をすっかり失わせ、彼は理想的な愛の生活に向かって正常に発達したにもかかわらず、いわばまったく逆行させてしまう。彼は自分が精神的に尊敬し、同時に性的に望みうるような一人の人間をいつか再び見出すことができるだろうということをまったく信じえなくなってしまうのである。かくして、彼は純然たる性的享楽に陥り、性的な陶酔のうちに彼のエロティックな不幸を忘れようとする。愛の幸福における深い充足の質の代わりに性的享楽と衝動充足の量を求めざるをえないのである。すなわち、エロティックなものから性的なものへとアクセントが移ったのである。それまでは充足されたことのない、且つしかもそれを必ずしも必要としなかった性衝動は、今や突然充たされることを迫り、かかる人間を駆ってできるだけ多くの充足を求めさせる。かくして、彼は心理的性的成熟過程の目的点から逆にますます遠ざかり、エロティークと性欲の綜合を身につけることがいよいよできなくなる。失望の体験はかくして彼を単なる性欲の低い層へ押し戻し、発達の以前の段階へ逆行させるのである。

心理的性的成熟過程のこの障碍のタイプは、失望の体験から発しているのであるから、われわれはそれを「遺恨型」と呼ぶことにする。

或る若い暴力犯の日記の中に、何が「遺恨型」の心の中に生ずるかが徹底的に描かれている。それは若い時から性的な放肆《ほうし》に誘惑された青年であって、彼は性的には同性愛の対象とされたりした。(性的心迫の本質的な無目的性は、心理的性的発達のこの位相においては、倒錯した衝動目的および衝動対象も求められることがあるのを了解させる。)若者はその他、性犯罪的な意味での犯罪者の仲間ばかりでなく、暴力犯の最悪の社会に出入りした。ところが或る日偶然、或る青年団体に入るのを勧められた。それはアルピニスト的な精神で団結し、政治的な関心の高い団体であった。そこで彼は一人の少女と識り合って、彼女を恋するようになった。この瞬間に彼の全生活が変化し、特に彼の性生活が変わったのであった。愛する少女に対しては、彼は初めからまったく性的な目的をもっていなかった。それは性的なものからエロティックなものへの急激なアクセントの移行であった。この少女に対して彼は性的な関係ももたなければ、またそれへの要求ももたなかったのである。性的には早熟であったにもかかわらず、彼は今になって性的でないエロティークへと発達しはじめたのであった。しかし彼は或る日のこと、この少女のことについてひどい失望を経験せねばならなかった。すると彼は再び以前の粗暴な性的享楽癖に落ちこみ、社会的にも犯罪を犯したのであった。彼の日記の中で、彼が空想の中でこの少女に呼びかけている言葉は烈しく一つの叫びのようなひびきをもっている。「俺が居酒屋で呑み、女を買うような以前の生活に戻ることをいったいお前は望んでいるのか……」

心理的性的成熟過程の障碍の次のタイプは、当該の人間が初めから少しも本来のエロティックな態度や関係に至ろうとしないという特色をもっている。このタイプの人間は初めから単なる性的なものにのみとどまっているのである。彼は性的な要求と（それに対して相対的に対立する狭義の）エロティックな要求とを合致させようとは少しもしない。彼は性的な相手を尊敬し、愛するということを初めから放棄している。彼は真実の愛の体験が自分に与えられることなど不可能だと思っている。つまり性欲とエロティークとの綜合という使命を彼は初めから諦めているのである。したがって「遺恨型」に対してこのタイプを「諦念型」と呼ぶことにしよう。なぜならば、彼は自らの人格に対して愛の能力が存するのを信じないのであり、また他人においてもそれが存するのを疑うからである。現実はただ性欲だけなのであり、愛などというものは小説にだけ書かれているものであって、実現されえない理想なのだと彼は考えるのである。

最後の第三のタイプをわれわれは「消極型」と呼びたいと思う。遺恨型も諦念型も「性欲以上」のものを求めないのであるが、消極型はさらに相手との性的接触すら求めようとはしないのである。遺恨型が少なくとも最初はエロティックな体験をし、諦念型が少なくとも性的な体験をしているのに対して、消極型はいかなる性的な相手も体験せず、それを回避してしまう。彼はエロティックにも性的にも能動的ではない。彼はいわば彼の性衝動とともに孤立しているのであり、相手のいないこの孤立の表現はオナニーである。オナニ！は孤独な人間に適した性生活の型である。その場合には性欲はまったく「状態的」な様式で体験される。オナニー的な行動においてはすべての相手に対する指向性が欠けている。たしかにオナニーは疾患ではないし、また疾患の原因でもなく、むしろただ愛の生活への発達障碍ないしは誤った態度の表現に過ぎないのであり、したがってオナニーの病的な結果に対する心気的な観念は不当なのである。しかしオナニー行動の後に伴うのを常とする心理的な二日酔いは、この心気的な観念とは別に、人間が指向的な体験から状態的なそれに逃避するときに常に人間を襲う罪悪感の中に深い根拠をもっているのである。本来的な人間の行動ではないこの様式については、酩酊の本質を論じたときにすでにふれられている。酩酊の場合と同様に、オナニーの後にも必然的に一種の二日酔い気分が続くことは注目に価することのように思われる。なぜならば、この気分は単に道徳的あるいは心気性の呵責を示すというよりも、むしろ実存的な良心の声を含んでいるからである。「消極型」には、オナニーにふけるものの他に、いわゆる「性の悩み」に苦しむ若い人間一般も属している。「性の悩み」は常により一般的な心理的苦悩の表現として評価されうる。それは彼の衝動と共に「独りであり」、且つそのときにのみ衝動を苦悩として体験する人間の悩みとして理解されうる。正常な発達の場合におけるごとく、エロティックなものが優位をしめている限り、それと性欲との相対的な対立は内的な葛藤としては感じられないのである。しかし、たとえばエロティックなものから性的なものへのアクセントの移行のごときが誤った発達の過程において生じるとき、はじめて「性の悩み」を形成する葛藤と心理的緊張とが生じる。しかし「性の悩み」という言葉は、悩みの契機がすでに充たされない性欲の中に存しているがごとき誤解を起こさせやすい。が、実際には禁欲という事実それ自身は決して悩みの体験と同義ではない。これはもとより若い成熟しつつある人間についていえることであって、成人についてではない。若い人間が性の悩みに苦しむということは、彼の性衝動がいまだにエロティックな努力に従属せず、人格的な努力の中に組み入れられていないことを示しているのである。

「性の悩み」などという言葉はしばしば一種の性的プロパガンダに濫用されることがある。たとえば精神分析の誤った把握や通俗的な解釈は、あたかも充たされた性衝動はすでに――不運に抑圧された性衝動ではなくて――神経症にならざるをえないかのように説く。人々は青年に性的禁欲の有害性を説き、この説教によってかえって性的神経症的な予期不安をつくり出して有害な影響を及ぼしているのである。そして青年を安らかに成熟させ、性的なものが愛の関係の表現であるような健康で人間にふさわしいエロティークへの道を進ませる代わりに、それは性交を「いかなる価いをはらって」でもするべきだと思わせてしまう。そして愛の関係にはエロティークが先行すべきであるのに、あまりに早く単なる性生活が始められてしまうと、若い人間は性的にのみ「生き抜く」ことになり、性欲とエロティークとの綜合の道は彼に閉ざされてしまうのである。

ところで、青年のいわゆる性の悩みのごとき現象に対して為されうる治療的可能性の問題を扱ってみよう。青年の「性の悩み」の心理療法は、彼にその心理的発生に対する洞察を与えるがゆえに重要である。そして当該の若い人間を若い男女の混じった或る共同体や会に入れてやるとよい。そこで彼は早かれおそかれ或る相手を見つけて恋の心をもつようになるであろう。しかもそれはエロティックな意味においてであって、性的な意味においてではないのである。そしてこのようになると、いわゆる性の悩みは急激に消滅してしまう。たとえば、かかる青年はしばしば彼らがオナニーをするのを文字通り「忘れてしまった」ことを告白している。彼らはあらゆる性的な態度を超えて、自分の選んだ少女と共にあることを憧れるのである。そして空想においても、また夢の中でさえも、彼らは性的な衝動充足の直接の要求を彼女にもたない。すなわち、粗野な性的なものは若い人間が真に恋愛をするときには、たとえ充たされなくても自動的に背景に退いていく。その代わりにエロティックなものが前面に出てくるのである。つまり性的なものからエロティックなものへの急激なアクセントの変化が行なわれたのであり、若い人間においては或る程度の拮抗関係にある性的なものとエロティックなものとの急激な優位の交替が生じたのである。性欲とエロティークとの間の相関関係は、われわれが「性の悩み」に苦しむ若い人間を取り扱う場合に利用せねばならないものである。この相関関係と、性衝動が充たされず、禁欲を続けながらも悩みは存しないということとは、青年の場合に常に見られる現象とみなされるべきである。青少年指導の担当者の体験や、性の問題についての多数の青年との討論は一致してこのことを確認している。数千人に対する質問によって得られた回答の中で、性的なものからエロティックなものへのアクセント移行の効果を完全に承認しない例は一例もなかった。

既述のごとく、成熟した人間においては事情は異なっている。成人においてはエロティックな努力は性的なそれと同時に与えられている。なぜならば彼においては心理的性的成熟過程にしたがって行なわれた、性欲とエロティークとの綜合の程度にしたがって、前者は後者の表現となっているからである。そして成人においても性的な禁欲ということは決して神経症的な症候に至らざるをえないわけではない。性的に禁欲している成人において神経症的な徴候が事実あらわれてくることがあるが、しかしそれは普通は性的禁欲の直接の結果としてみなされるよりも、禁欲と同格のものと解せらるべきであろう。しばしばかかる場合には、禁欲自身が他の症候と共にその基盤にある神経症の一症候とみなされるべきことが多いのである。

次に、性的なものからエロティックなものへのアクセントの移行によってその「性の悩み」から解放された若い人々においても、性衝動は早かれおそかれ――性欲とエロティークとの綜合に向かって次第に成熟してゆく程度に応じて――自然的に再びあらわれて、その要求を貫こうとする。すなわち、性的な衝動充足はただ一過性ではあれ背景に退くのであるが、それは延期されただけで再び問題となってくるのである。しかし、この延期されたことによって本質的なものが達せられたのである。なぜならばこの若い人間は――エロティックな努力の優位の下に――エロティックな関係を築きうるほど、すでに成熟したからであり、性的な関係はその枠の内でのみいわば論ぜられるからである。今や愛の関係が存するのであって、すべての性的な関係はそれに対して表現手段としての価値をもってくる。（われわれはそれ以上のものに達しようとは思わない。）そしてかかる場合には、若い人間の責任感はその間によく発達するのであって、自己と相手との責任からいつ相手と性的な真摯な関係をもつべきかを決定しうるのである。われわれは彼にこの問題の決断を安んじて委ねることができる。なぜならば真摯な性的関係の場合には、性欲はその真にあるべき姿、すなわち心理的精神的内容の身体的な表現、愛の表現であるからである。

医師は彼が若い人間の性交の問題の前に立たされたときに、いかなる態度をとるべきかについて総括的に述べてみよう。われわれが青年における性交ないし性的禁欲に関する「指示」を問題にするならば、それは次の諸点より考察される。第一に、身体的医学的な立場からみれば——成熟しつつある身体を前提とすれば——、すすめることも反対することも存しない。換言すれば、医師それ自身としてはこの点に関してまったく中立であり、ただ性的関係も性的禁欲も何らかの形で身体的に有害な作用を及ぼすことはないであろうと意識しているだけなのである。しかしこの問題が精神衛生的な見地から提出されるならば、事情は別である。この第二の見地から観るならば、もし愛の関係がなくて性交へと駆りたてられる場合、すなわちエロティックな関係がその性的な表現を求めるのでない場合には、われわれははっきりとした一つの態度、すなわち否定的な態度をとらざるをえない。かかる場合には、たとえ性的には成熟していても心理的性的には成熟していない青年の間の性交は禁忌であって、いかなる場合にも積極的にすすめることは許されない。なぜならば、積極的にすすめれば、それは精神的な領域において彼から責任を取り去り、決断をこちらがしてやることになってしまうからである。青年の間の性交の問題を判断する第三の立場——すなわち身体的医学的見地および精神衛生的見地についての第三の見地は、性倫理学的なそれである。この場合には具体的に性交をすすめるのを肯定する可能性は医師にとってまったく存しない。なぜならばこの場合にはすべての助言は限界をもっているからである。助言者としての医師は忠告を求める者から責任を取り去るべきではない。反対に、医師は彼を責任に向かって教育せねばならない。忠告を求める若い人間は自己自身の責任においていいかに彼が選択すべきかを知らねばならないのである。そのエロティックな相手を真に愛する若い人間が、相手とまた性的な関係をも結ぶべきかどうかという問題は、医師および助言者にとっては、初めからまったく問題にならない。なぜならば、それは常に当該の人間自身にとっても最も人格的な道徳的な問題であるからである。医師それ自身としてはせいぜい一つのことを為すことができる。それは忠告を求める者に、彼が自由意志によって禁欲を決意した場合には禁欲を恐れる必要は少しもないことに注意を喚起することである。

若い人間が成熟して達するべき責任性、ないしはそれへと教育されねばならない責任性は、相手の人格に関係するのみならず、また社会的なもの、経済的なものにも及び、さらに優生学的なものをも顧慮するものなのである。これは特に結婚は一夫一婦的な関係よりなるべきかという問題にあてはまる。結婚は、既述のごとく、それぞれ独立したいくつかの領域に属し、したがって心理的なものを超えている重要な事象である。そして臨床心理学者はその中で心理的な領域のみを取り扱うのであり、したがって一夫一婦的な関係への内的能力のみを要求し、奨めることができるのみである。特に若い人間に対しては、エロティックな準備期間として青春が彼に課するすべての困難をすすんで自らに引き受けるようにと彼に勇気づけることが必要である。若い人間は愛したり、愛を失ったり、求愛したり、孤独でいたりなどすることへの勇気をもたねばならない。性的なものがエロティックなものから離れようとし、専制的になろうとする危険がある場合には、心理療法ないし性教育学は警告の声を発しなければならないのである。シャルロッテ・ビューラーの協力者たちの大規模に行なった統計的心理学的研究の明らかにするところによれば、きわめて若い少女における性的関係の体験は——その場合にはわれわれは何らの本来のエロティックな愛の関係を予想することはできないのであるが——一般的な関心の範囲、精神的な水準の著しい狭小化をもたらすということである。つまり、かかる人間の未完成な人格全体の内部における性衝動は、安易な快感の獲得や激しい充足の要求に誘われて、あらゆるその他の目的をいわば卒業してしまったのである。かかる誤った発達においては、一般的に承認された文化的に価値の高い結婚の理想は当然困難になる。なぜならば、結婚の幸福と結婚の維持とは正常な発達によって理想的な目的が到達されることによってのみ保証されるからである。そして正常な発達とは、性欲とエロティークとの幸福な綜合と一致とによる一夫一婦的な関係へと成熟してゆくことである。

人間の存在それ自身が全体としてすでに本質的に責任性存在の上に基づいているのである。助言者としての医師もまた忠告を求める者や患者に対して責任を有している。そして、性的なことに関する助言が問題である場合には、彼の責任はますます重くなる。この責任は現在を超えて未来の世代の運命にまで影響を及ぼしている。成熟期の性教育学はかかる重たい責任を常に意識していなければならない。そして性教育学は思春期の教育学の一般的な観点なしですますことはできない。すなわち、性教育学は次の三つの信頼に向かって努めなければならない。第一はそれは若い人間の教育者に対する信頼である。すなわち両親、教師、青年指導者、主治医その他、助言者に対する信頼である。これらの人々は若い人々の信頼を獲得し、それを維持しようとしなければならない。このことはいわゆる性的啓蒙の問題に関しては特に重要である。これに関しては次の点だけを述べておかねばならない。すなわち、性的啓蒙は決して集団的に行なわれてはならないということである。なぜならば、それは或る者にとってはあまりに早過ぎて当惑させるだけであろうし、他の者にはあまりに遅すぎて可笑しく思われるだけであろうからである。したがってそれに対しては個人的な方法が唯一の理性的な方法であろう。しかし、それはまさに若い人間のその教育者に対する信頼に基づいている。それは若い人間が彼に性の問題が迫ってきたときに直ちにこの問題を教育者の前に提出する信頼なのである。思春期の教育学の目的であらねばならない第二の信頼は、若い人間が自分自身に対してもつ信頼である。それは成熟した調和的な人格に至る険しい道において勇気を失ってしまうことのないようにするであろう。そして第三の信頼は、われわれ自身が若い人間に対してもつ信頼であろう。それは彼の自己信頼およびわれわれに対する彼の信頼を基礎づけるのに役立つ。彼に対するわれわれの信頼によって、われわれは彼を思考や行動における依頼心から遠ざけ、彼を内的な自由と意識した責任への道へと歩ませるのである。

第二節　特殊実存分析

すでに前の各章においてわれわれは神経症的な事例に関して実存分析的な観察様式や治療様式を繰り返し述べる機会があった。そしてその場合、神経症理論の意味において体系的に扱うことはなかったが、われわれはたとえばいわゆる日曜日神経症とかあるいはいくつかの形式の性的神経症を扱う場合に、ロゴセラピーとしての実存分析の応用可能性を扱った。以下われわれは以前と同様に、体系的ではないけれども常にそれと関連させつつ、神経症や精神病の特殊な実存分析の問題を具体的な事例を考慮しつつ述べてみたいと思う。そしてわれわれはいかなる範囲まで神経症等に対してロゴセラピーからの、すなわち実存分析の形式からの接近が可能であるかを見ようと思う。まず最初にわれわれは若干のまったく一般的な心理学的、病因論的考察をしてみたいと思う。

すでにさまざまな箇所で、われわれは神経症的な各徴候が人間存在の四つの本質的に異なる各層に基づく多様な根源をもっていることを指摘した。かくして神経症はわれわれに同時に、或る生理的なものの結果として、また或る心理的なものの表現として、また社会的な力の場の内部における手段として、また最後には実存の一つの様相として、示されるのである。この最後の契機に関して実存分析的な方法の手がかりが与えられる。なぜならば神経症は精神的決断の一つの様式として理解されるときに、はじめて実存分析が訴えようとするあの自由がそこに存するからである。他方、この自由は人間における精神的なもの——ロゴセラピーないし実存分析の対象であるが——から生理学的なものへ段階を降りていくに従って次第に消滅していく。神経症の生理学的基盤の内部においては、人間の精神的実存的自由は完全に失われるのである。それは生理学的な基盤としてはそれ自身運命的なものである。狭義の心理療法もそれをほとんど克服することはできず、また形成することもできない。唯一の相対的な例外はいわゆるアウトゲーネ・トレーニング（自発的訓練　I・H・シュルツ）の限界内において存するであろう。一般的に唯一の可能な且つ本来適切な治療は、ただ薬物的な治療の中に存するであろう。

問題になっている神経症の生理学的基盤というものは多様なものであって、具体的な場合には或るときはこの種類が、また或るときは他の種類が特に強く現われてくる。ただその場合、主として体質的な基盤（遺伝的素質）および条件的基盤が考慮されねばならない。体質的な基盤に属するものには、いわゆる神経病質《ノイロパティー》と精神病質《プシコパティー》とが存する。また神経病質は神経症の発生論の見地からみれば、主として二つの型、すなわち自律神経性の不安定性と内分泌性の障碍によって代表される。神経症生起の条件的基盤としてみなされるべきものは、たとえば重篤な身体的疾患後の回復期、あるいは烈しい驚愕体験後の有機体の遷延性の情動性反響などである。条件性の契機はきわめて稀であり、また存するとしても常に誘因的な意味しかもたないことが多いのに対して、臨床的な意味における真の神経症は体質的な、したがって結局生物学的な基盤がまったくなしに生じうることはほとんどないといえるであろう。

神経症的な症候が「表現」および「手段」とみなされうるにしても、それは一義的には直接的「表現」であり、二次的にのみ、はじめて目的に対する手段なのである。神経症的な徴候のいわゆる目的性は、したがって、決して神経症の生起を説明せず、むしろ常に当該の症候の固定を説明するのみなのである。したがってこの目的性をもってしては、なぜ患者が神経症になったかということは説明されえないで、せいぜいなぜ患者が或る症候から離れられないかを説明しうるのみである。この点ではわれわれは個人心理学的な見解とはっきり対立する。個人心理学によれば、神経症は一義的に人間をその生活課題からひき離しておくという「使命」をもっている。実存分析は神経症のこの目的的機能を認めないが、しかしそれにもかかわらず人間をその生活課題へ近づけることの中にその本来の治療的使命をみている。なぜならば、人間はそのときにはそれだけ容易に神経症から自由になるからである。したがって（神経症）「からの自由」には生活の使命「への自由」、生活課題「に対する決断」が先行する。われわれが最初からこの積極的な（ロゴセラピー的な）契機を消極的な（心理療法的な）それに結びつけるほど、それだけ早く且つ確実にわれわれは治療的な目的に達するのである。

(a)　不安神経症の心理

次にいくつかの選ばれた例に即しながらわれわれは不安神経症の心理学的構造を述べてみようと思う。そしてその場合、われわれはいかなる程度で神経症が本来心理的なものでない層にも根ざしているかを若干の例において考察してみよう。この目的のために、われわれは赤面恐怖という具体的な例から出発しよう。器質的な基盤はこの神経症では血管の自律神経性の調節障碍の中に存している。しかしそれ自身はなお本来の意味での神経症をなしているわけではない。狭い意味での病像発生的な契機としてまず心因的なものが付け加えられねばならないのである。この心理的なものは神経症の発生論的な面からみれば、大部分の場合は心理的な「外傷」として現われてきている。この赤面恐怖の場合においても、たとえばそれは次のような体験に基づいている。或る日のこと、当該の患者である若い男は冬の冷たい街路から暖かい喫茶店へと入っていった。そのことによっておそらく元来自律神経性の神経病質者である彼は、すでに顔が赤くなっていたということが説明されうる。そして彼はいつもの仲間のいる席へと喫茶店の中を歩いていった。友だちの一人は入ってきた彼をみると別に何の悪気もなかったのだが、仲間全部に彼の顔の赤くなっているのを注意させ、それによって彼をからかった。この瞬間に本来の神経症にとっての基盤が置かれたのであった。なぜならば、単に「身体的な規定」の意味しかもっていなかった無刺激性の自律神経的神経症的素質に、それ以後は予期不安が付け加わるからである。すなわち、この患者は次回から類似的な状況においてはすでに赤面することを恐れ、その場合には気温の変化とかその他誘発する契機がなくてもすでに直接に赤面をひき起こさざるをえないのであった。そしてこの予期不安の「機制」がひとたび発動し始めると、それはとめどもなく広がっていくのであり、不安は症状を生み出し、症状は不安を促進する。かくして悪循環がつくられ、治療がそれを打ち破るまで続くのである。根本的にはこの場合においても薬物的な処置の形式における治療も可能ではあろう。（しかも必ずしも仮面性の暗示の意味においてばかりではない。）しかし一般的には、また最善且つ最も簡単に本来の心理療法の形式において治療が行なわれる。心理療法では特に次の一つのことをしなければならない。すなわち患者に予期不安を「人間的」によく理解させ、その結果、彼がもはやそれを何か「病的なもの」、したがって何らかの形で運命的なものと思わないようにさせることである。いかに了解しうる予期不安が症候を形成したかということを患者が洞察するに従って、彼はそれを過大評価し、且つ恐れるのをやめるのであり、ついには症候自身が消えて悪循環が絶ち切られる。われわれが一種の専制的な病理的事象として症候に敬意を払うことを患者にやめさせるならば、常にそのことを考え、患者の注意を症候へ集中させ固定させる強直的な不自然さも減退する。なぜならば、その不自然さこそ症候自身の固定の本来の理由であったからである。

また他の場合には——既述の病像発生的な契機に関する図式的な展望に従って——内分泌性の調節障碍が不安神経症の身体的基盤としてあらわれることもある。すなわち、広場恐怖の場合にはしばしば同時に著しい甲状腺機能亢進が存することに気がつくのである。この事実が確定されるならば、このことは容易に理解されうるように思われる。甲状腺の機能亢進には交感神経の特別な興奮性が相応している。他方、また不安の情動には交感神経の興奮が相応している。（われわれが故意に「相応する」という表現を使ったのは、この場合、因果関係の方向が必ずしも一義的には決められえないからであり、しかもそれを決めることは少しも必要ではないと思われたからである。）どちらにせよ、甲状腺機能亢進ないしは交感神経緊張症の場合には、すでに或る「不安準備状態」（ヴェクスベルク）が与えられているのである。この素質的な基盤の上に不安神経症が作られる。特に広場恐怖に関しては、予期不安の雪崩をひき起こすような原因的な契機としての「外傷的」体験もこの場合に見出されうる。広い通りでの何らかの偶然な眩暈《めまい》発作がこの場合出発点になることがあり、また或る場合には重篤な身体疾患の回復期、およびそのことによって強められた驚愕体験の自律神経的な共鳴という条件的な契機も、一役演ずることもあろう。

予期不安を消滅させることの他に、不安神経症のすべての場合において、患者の直截の体験に立ち入り、心理療法の内部においてこの体験から出発することが重要である。すなわち、この様式で不安はまだ「分析」（実存分析をも含めて）される以前に急激に除去されることもありうるのである。この場合、最も重要なことは、患者に不安に対する距離をもたせることである。このことは最も簡単には、患者が症候をいわば客観化することによって達せられる。異常恐怖の患者にはたとえば、次のような形をつくることが奨められる。「私が恐れるのではなくて、私の中の或るものが――神経症的な症候が――或ることを恐れる。」またわれわれは彼に、私は不安を「持っている」という表現の言語的意味を正しく理解するように指示しなければならない。すなわち、彼は「彼の」神経症的な不安というものが人々の「持つ」或るものであること、人々が「持つ」症候であることを体験するように学ばねばならないのである。かくして彼は「彼の中の」この不安ともはや（従来までのように）同一化しないことを学ぶであろう。また彼はそのときにはもはや今までのように不安から結論をひき出さなであろう。すなわち、彼の挙措において不安に指導されはしないであろう。すでにこのようにして、い彼には不安を軽くあしらうことが成功することもある。症候に対して距離をもつこと、および症候を客観化することは、自らを不安感情のいわば「傍らに」あるいは「上に」置くことを患者に可能にする使命をもっているのである。そしてこの場合に距離をつくるのにはユーモアがきわめて適当なのである。アラースはかつて次のように述べた。「勝利を放棄した者は、敗北をありうべからざることとみなす者よりも脅かされることは少ないし、不安を感ずる必要も少ない。」この事実を利用しようとするならば、われわれはいわば神経症的な不安の帆から風を取り去ることを試みねばならない。たとえば或る広場恐怖の患者が、外出するときに通りで「発作に襲われ」はしないかという不安に悩んでいたとするならば、試みにわれわれは彼に家を出るときに通りで発作に襲われて倒れることを「想像」させるのである。そして彼の不安がまったく不合理であることを知るために、彼はなお次のように自らに言いきかせるべきなのである。「私が大通りで急激な発作で倒れたことがすでにこれこれほどしばしば生じた。さて今日もまた再びそれは生じるだろう。」すなわちこの瞬間、いかに彼の不安がわずかしか実際の不安ではなくて、むしろきわめて神経症的な不安であるかということがはっきりと意識される。そしてそのことによってさらに距離をとることがなされるのである。かくして、患者は次第に自らを少しずつ症候の「上に」置くことを学ばねばならない。そしてわれわれがここで述べたユーモアをもったやり方は、あらゆるユーモアが人間にとって自らを「状況の上に」置くことを容易にするように、彼に自らを症候の上に置くことを可能にするのである。事実ユーモアは悲劇的な気分に対して、また不安神経症者の生きることの不安に対して、必然的な対立を示す生活感情であり、「気分性」（ハイデッガー）である。またそれは同様に、ハイデッガーの実存哲学をまったく一方的に、ほとんど恣意的な様式で支配している世界不安という根本気分に対する可能な対立を示しているのである。すでに述べたように、もしわれわれが患者を教育して彼の不安から結論をひき出す習慣をやめさせるようにしなければならないなら、それはまた意識的な「ユーモリスト」的な様式でも行なわれうる。われわれは彼を、いかに逆説的に聞こえようとも、彼の不安と「安らかに」交渉できるように導かねばならない。すなわち、彼は或ることを不安にもかかわらず為すように学ばねばならないのみならず、彼が不安をもつところのものを為し、いわば一種のスポーツ的な名誉心の中に、彼が不安を体験するのを常とする状況を求めることを学ばねばならないのである。このようにして、彼はついに不安を——スポーツマンのように——克服することを学ぶのである。不安は「成し遂げなかった事物」を「埋め合わせする」ものなのであろう。不安は何らかの行動を故意に為さず、あるいは「不安の眼には」危険な状況と思われる何らかの或る状況を回避しようとする生物学的な警告反応ではないだろうか。そして患者が「不安の傍を通り過ぎて」振る舞うことを学ぶならば、不安は次第に、あたかもそれが不使用性萎縮に陥ったかのように消滅していくのである。この「不安の傍らを過ぎて、それを無視して生きること」は、したがって狭義の心理療法のいわば消極的な目的であり、それはロゴセラピーないし実存分析による「目的に向かって生きる」という積極的な目的が達せられるまえに、しばしばすでに到達されてしまっている目的なのである。患者は神経症的な不安が、神経症的な心迫、たとえば強迫衝動と同様に、物事を何ら肯定し、あるいは否定する根拠をもっていないことを洞察しなければならないのである。いったい、人が或ることを「不安をもって」——あるいは「快感なしに」——してはならないとどこに書かれているだろうか、あるいは人は強迫衝動に盲目的にしたがわなければならないとどこに書かれているだろうか、と彼は自らに問わねばならない。あるいは電車の交通規則に、不安感情をもって電車に乗ることは——大荷物をもって乗るのと同様に——禁ぜられていると書かれているだろうか。或る広場恐怖の患者は家を出るときに玄関の鏡の前で自分の姿に向かって帽子をあげて、では私のノイローゼと一緒にこれから出かけて参りますといって自ら笑ったというが、このようにしてその症候に対して態度を変え、距離をとることができたのである。

既述した場合におけるような、より自律神経的、あるいは内分泌的に条件づけられている神経病質の代わりに、他の場合には精神病質が基盤に存することがある。それは体質的素質的契機として当該の人間に深い不安反応への「傾性」、あるいは神経症的な異常恐怖の生起に対する培養基をなしているのである。たとえばかかる例として、癌腫によって死ななければならないという絶えざる恐怖に悩まされている一人の若い男の場合がある。この場合は治療的な効果を及ぼすことができない運命的な精神病質的体質にもかかわらず、実存分析的な方法で或る治療的な効果を得ることに成功したのであった。この場合の実存分析において、患者が彼のかかる死の様式の問題に絶えず内的に没頭していることが、彼の現在の「生活様式」の問題に対する無関心でもあることが明らかになった。彼は義務を忘れ人生の責任を意識せずしていたのであり、彼の死の不安は結局良心の不安であり、彼の人生の可能性を——それを実現する代わりに——涸らしてしまい、したがって今までの人生を無意義にしてしまわざるをえない死を迎えることに対する不安なのであった。この患者が彼の最も固有の可能性を看過してしまった無関心性に対応する神経症的な等価物として現われたのが、彼の死に対する活発な且つ他のことを考えないもっぱらの関心なのであった。その癌腫に対する異常恐怖において、彼はいわば彼の「形而上学的軽率」（シェーラー）に対して自らを弁護しているのである。したがって、かかる神経症的な不安の背後にも実存的な不安が存する。この不安は異常恐怖の症候の中に、いわば特殊化されているように思われる。本源的な死の不安（良心の不安）が或る一定の、死に至る疾患に集中されるという形で、実存的な不安は心気性の異常恐怖の中に凝縮されている。したがって心気性の神経症においては、われわれは実存的な不安が個々の器官へ分裂ないし誤導されているのを見なければならない。生活的な良心のやましさから恐れられた死は抑圧され、その代わりに個々の器官の疾患が恐れられるのである。さらにおそらくは、それぞれの器官劣等感情も本来の価値可能性を実現化できなかったという一次的な非特殊的な感情の特殊化として考えられるであろう。すなわち、この感情はそのときはじめて二次的に個々の器官あるいは一定の機能の中に注がれたのである。またかかる場合に器官劣等性が美的な劣等性として体験され、心気症がいわば美的なものの中に移調されることも起こりうるであろう。そのときには、それは何らかの美容上の欠点に集中されて現われるであろう（シラノ型）。美容的な努力ということは、今日たしかに一般的に過大評価されているから、かかる美的な心気症が一般に広くみられるのである。その場合においても、何らかの形で生活に対する良心のやましさが隠されていて、価値感情が個人の最も末梢的な領域、すなわち人間の外貌に集中されている場合もある。

実存的な不安、死および生命全体に対する不安の凝縮は、神経症的な生起において常にしばしば見出されるものである。根源的な不安そのものが具体的な内容を求め、「死」あるいは「生命」の具体的な代表、「限界状況」（ヤスパース）の代表、「象徴的代表」（E・シュトラウス）を求めているかのように思われる。この「代表的機能」はたとえば広場恐怖の場合には「街路」という形をとり、臨場恐怖の場合は「舞台」という形をとる。しばしば患者自身がその症候や苦痛を自ら叙述する言葉は、もとより比喩的象徴的ではあれ、神経症の本来の実存的根拠の痕跡を示すことがある。たとえば一人の広場恐怖の女の患者は、その不安感情を表現するのに次のような言葉を選んだ。「あたかも空中にぶら下がっているような感情なのです。」事実これは彼女が存していた全精神的状況に対する最も適切な表現であった。まったく彼女の神経症は、結局、本質的にかかる精神的な状態の心理的表現であったのである。この広場恐怖の患者が街路で発作的に襲われるのを常とした不安感情および眩暈感は、実存分析的にみれば彼女の実存的状況の――「前庭的な」――表現として理解されうる。またたとえば、臨場恐怖に悩んでいた女優がかつてその不安体験を表現した次の言葉も、まったく同様に理解されうる。「すべては超次元的なのです……すべては私を駆り立てるのです……私は生命が移ろっていくという不安をもつのです。」神経症的な不安は単に直接に全生命不安の心理的表現であるばかりでなく、また或る場合には目的に対する手段でもある。しかしかかる場合には、それは常に二次的にはじめて目的に対する手段となったのである。その場合には、神経症的な不安は或る家族の成員に対する専制的な傾向に役立たせられ、あるいは他人ないし自分に対する自己弁護の目的のための「疾病是認」として用いられるのであり、それは個人心理学が常に示そうと試みているものである。この二重の意味で「間接的」な不安の利用――「二次的」な利用と「手段」としての利用――の他に、すなわち神経症的な不安のこの「妥協」性格の他に、神経症的な不安は、常に一次的に直接の表現性格をもっているのである。フロイトが「二次的な疾病動機」として「疾病利得」を語ったのは正当であった。

しかしかかる二次的な疾病動機が事実的に存する場合においても、患者に、たとえば彼がその症候によって妻を自分に縛りつけておこうとしているとか、あるいはその妹を支配しようとしているなどと「頭ごなしに」いうことは勧められるべきではない。多くの個人心理学者によってしばしば行なわれるかかるやり方で達せられるものは、通常、患者の抗議に過ぎないことが多い。あるいはわれわれが患者に、彼の症候は、たとえば彼がその家族を支配しようとする武器なのだと繰り返しいつまでも説いて聞かせ、ついに彼が余力のすべてを挙げて、非道徳的と思われず、その非難をもはや自分に向けさせないために、その症候を何らかの形で克服するまで一種の圧力をかけうるであろう。多くの心理療法的処置は、この何らかの意味でフェアでないやり方のおかげで成功することもあるであろう。かかる圧力によって症候を「犠牲」にし、治癒を強引に獲得する代わりに、心理的にときほぐされた患者がその症候を社会的環境あるいは家族的環境に対する彼の権力意志の目的のための手段として利用し且つ濫用したということを自ら認めるようになるまで待つことの方が、遥かに推奨されるように思われる。なぜならば、真の治療的効果を生み出すものは、常にかかる自己認識および告白の自発性に他ならないからである。

すでに第一章においてわれわれは、個人心理学が神経症的症候の「間接的」性格を一方的にみるという典型的な誤りを犯し、他方、精神分析が神経症的症候の表現性格を、その中にただ性的内容の表現形式のみをみるという意味で、やはり一方的に制約するという典型的な誤りを犯していることを指摘した。たとえば広場恐怖の或る一例においては、その女性の患者は同時に妊娠不安に悩んでいた。

精神分析家はおそらく患者の広場恐怖を、この彼女の妊娠不安に集中させて考えるであろう。しかしながら、妊娠不安自身は患者の一般的な不安性、不安準備状態の多くの可能な表現形式の中の一つを示しているのみであり、その限りでは末梢的な症候であったことが明らかになった。彼女の恐怖性の一般的な原則は「何かが起こりうるかもしれない」ということなのである。この原則が性的な領域においても維持されたということは、少しも驚く必要はない。事実、患者はその不安神経症があらわれる数年前から性交をしているのであり、そしてその場合、たしかにいくらか過度ではあったが、決して著しく神経症的ではない妊娠不安をもっていたのであった。

不安神経症の事例の実存分析は、神経症を結局実存の様相として、存在の様式、人間の態度決定と精神的決断の様式として把握した。そして同時にすでに適切な特殊療法としてのロゴセラピーの出発点が与えられたのである。たとえば具体的な例として更年期の不安神経症の一例をあげてみよう。この神経症の身体性の基盤としての内分泌性の平衡障碍にもかかわらず、その本質的な根源は精神的実存的層に見出されたのであった。すなわちその根源は、実存的危機としての生活の危機の体験の中に、つまり精神的な面から振り返ってみたときに今までの生活に対して否定的な結果しか出なかった人間が受ける脅威の中に見出されたのである。この女性の患者は美しい女として社交界で甘やかされてきていた。さて今や、その美しさもすでに疑問になってきたような生涯の時期に直面しなければならなくなったわけである。すなわち衰えていく美しさに対して「克服する」ことができるかということが問題になってきた。この女性の美がその役を演じ終えたときに、彼女は人生の目的も、また人生の内容もなくしてそこにいる自分を発見したのであった。彼女の存在が彼女には無意味に思われたのであった。「朝、眼を醒まして」と彼女は言った。「私は自分にきくのです。今日とはいったい何だろう？ところが今日は何ものでもないのです……。」かくして彼女は、不安にとりつかれたのであった。彼女は内容に満ちた人生をもつことができなかったがゆえに、その人生の中に不安を据えつけなければならなかったのである。したがって、今や重要なのは、人生の内容を求め、人生の意味を見出すことであった。すなわち、美的な効果や社会的な勢力の彼岸において、人生の意味を道徳的な妥当性の中に求めることが必要なのであり、その不安から患者の眼をそらせることが重要なのであった。実存分析的なロゴセラピーの、このより究極的な積極的目的が、狭義の心理療法の消極的目的のまえに、なお達せられうることはすでに述べられた。積極的目的の到達は、場合によっては、すでに自然に患者をその神経症的な不安から解放することがありうる。すなわち、その場合には患者の実存的な基盤がこの不安からひき離されるのである。なぜならば人生の豊かな意味が再び見出され、もはや不安に対して何らの余地も存しなくなるやいなや、また或る患者がふと述べたように、不安の「暇がなくなる」やいなや、実存的な不安としての神経症的な不安は対象のないものになってしまうからである。したがってここで為されなければならないのは、この具体的な人間にその具体的な状況において、その人生の一回的にして唯一的な使命に至らせることである。今や彼にとっては「彼があるところのものになる」ことが必要なのである。そして「彼がなるべきものの像」は彼の前に立っている。そして彼がそれにならない限り、リュッケルトの言葉を借りるならば、また「彼の平和も満たされない」のである。更年期の危機は「精神的なものからの」積極的な再生にかえられなければならなかったのであり、それこそこの場合におけるロゴセラピーの使命であった。この場合、治療者はもちろんソクラテス的な意味における助産婦の役割を果たす。しかし患者に何らかの使命をこちらの側から押しつけようとすることは、すでに述べたごとく技術的な誤りである。反対に実存分析は既述のごとく、自立的な責任性へ導くことをその任務とする。この女性の場合においても、彼女は「彼女の」人生の使命を見出すことができた。新しく得られた人生内容とその充足した体験へと献身することによって一人の新しい人間が再び生まれたばかりでなく、あらゆる神経症的な症候も消え失せたのである。更年期の基盤がまだ存続していたにもかかわらず、患者が悩んでいた心臓部の不安感や心悸亢進のごとき機能的な心臓感覚はすべて消失したのであった。かくしてこの「不安」という主要な神経症的体験がいかに精神的不安の表現であり、この人間の充たされないことのすべての表現であったかが明らかになったのである。"Inquietum est cor nostrum..."（……我らが心は安らかならざりき）とアウグスティヌスも言った。この患者の心も安らかではなかったのである。その一回的にして唯一的な使命の意識の中に、その人生の使命に対する責任と義務の意識の中に安らい、平和を見出さなかった限りは。……

(b)　強迫神経症の心理

他の神経症と同様に強迫神経症も体質的な基盤を有している。その病因論における体質的な契機は、最近それどころか発生論の中心点にすら置かれている。元来、心因論ないし心理療法的な立場をとっているヴェクスベルクなどの研究者たちすらも強迫神経症に結局、身体的基盤を予想している。しかし、たとえば脳炎後遺症の過程が示されながらも同時に強迫神経症の症候群に類似したものが目立つ病像が知られているのである。そのときには形式の類似性と本質の同等性とを混同する誤りを犯すことがあるわけである。同様な誤りは緊張病に似た病像を呈する後脳炎の現象形式に対しても行なわれるであろう。とにかく或る場合には体質的な因子ばかりでなく、ついにはまた過程《プロセス》的な因子をも強迫神経症の基礎に置く人もいるのである。その経過がまったく進展する過程《プロセス》の性格をもっているような事例、あるいは位相的性格をもっているような事例が知られていることは、この基盤を仮定する根拠を強めるかのようにみられる。しかし実際には第一の場合には隠された統合失調症が、第二の場合には仮面性の鬱病が問題であったということがないわけではない。また精神病的な病的過程を強迫神経症的症候の身体的基盤とみなさない人々においても、他の意味における運命的な契機、すなわち体質的な精神病質の意味における契機が強調されている。たとえば強迫性精神病質の表現としての「強迫性症候群」ということが語られており、その中には強迫神経症の遺伝生物学的な要素が見られているのである。またこの運命的な性格を強調するために、強迫神経症の代わりに「強迫病」という言葉を使うことが提案されたりしている。

しかし治療的に見れば、われわれはすべてのこれらのさまざまな見解は比較的重要なものではないと思う。特にわれわれの見解によれば、心理療法は強迫神経症の基盤における運命的な契機がいかに強調されても、その任務はなくならないし、そのチャンスは奪われないのである。なぜならば強迫性の精神病質は衒学的なこと、特別な整頓癖、極端な清潔好き、あるいは小心さ等のごとき或る種の性格学的特性に対する単なる素質以上の何ものをも示しているわけではないからである。しかもこれらの特性は文化的に価値に富むものとさえみなすこともできる。かかる性質自身をもったからといって、その担い手も社会もそれに悩むわけではない。それは本来の強迫神経症が育ちうる基盤に過ぎないのであって、強迫神経症が生じなければならない基盤なのではない。かかる体質の基盤の上に実際に神経症がつくられるときには、また人間の自由の基盤もそこに存するのである。すなわち、その場合においては精神病質的な素質に対する人間の行動、人間の態度は本質的に自由なのであり、決して運命的――素質自身のように――ではなく、またE・シュトラウスの言葉を借りるならば「被造的」なのではない。したがって、強迫神経症の一次的な原因が心理的なものではなく、つまり強迫神経症が心因的なものでないという場合には単に素質だけが問題になっているのであり、少しも本来の意味での疾患が問題になっているのではない。この素質はそれ自身において或る純粋に形式的なものであって、具体的な強迫神経症の場合には明らかに心因性の内容的な規定がそれに付け加わるのである。もとより、それだからといって、われわれは具体的な内容の心因の発見が治療的にはすでに有効であるとか、あるいはそれだけでよいとかなどと決して言っているわけではない。反対に、われわれは症候のそれぞれの内容に立ち入っていくことがどれほどの危険を内含しているかをあまりにもよく知っているのである。個々の症候を取り扱うことは強迫神経症の場合には禁忌ですらあるように思われる。ちょうど、たとえば統合失調症の患者に催眠法的な処置を試みるならば彼らに被害感情を誘発しうるように、また鬱病の患者に対して、家族に対する武器として情動を利用することを責める個人心理学的処置が患者の自己非難の水車にただ水を注ぐことだけを意味するように、強迫神経症者の症候を立ち入って取り扱うことはただ彼の疑惑症を扶《たす》けるに役立つにすぎないこともあるであろう。症候をこのように取り扱うことと、ロゴセラピーによる症候の一時的な取り扱いとは区別されうるのである。ロゴセラピーの場合には、個々の症候あるいは疾患そのものを取り扱うことが問題なのではなく、取り扱われるべきものは強迫神経症者の自我であり、変化せられるべきであるのは強迫神経症に対する彼の態度なのである。この態度こそはじめて体質的な基礎障碍から臨床的な疾患症候を形成するものであり、そしてこの態度は初期の軽度の段階においては少なくともなお修正しうるものなのである。この態度自身がなおあの典型的に強迫神経症的な凝固を有していないときには、すなわち、態度それ自身がまだ基礎障碍によっていわば浸潤されないうちは、態度変更が可能であるように思われざるをえない。人間はそのときに完全な強迫神経症に発展するか、それとも単なる強迫性格に止まるかのいわば決断の前に立っている。各精神病質人格者は生涯に一度は、一方では無刺激性の素質と他方では本来の精神病質への完成との間の決断の岐路に立つのである。したがって、この決断の以前には彼はまだ少しも精神病質人格者とは呼ばれえないであろう。彼の精神病質がはじめてそれからつくられうるもの、しかしつくられざるをえないものではないものを、われわれは精神病質に対して「精神易変質」(Psycholabilität) と呼びえよう。たとえばこの世に対する世界苦に悩み、この世界苦から「創作」する過敏な芸術家もこの精神易変性に悩んでいる。世界に対する彼の苦悩はいまだ疾患に対する苦悩なのではない。彼の苦悩は「世界に向かって」の指向であるのに、精神病質人格者の苦悩は世界によってただ運命的に影響を受けていることを示しているのである。心理的に不安定な人間が高い天賦をもっていれば、世界に対する苦悩は——「……病質」といったものに苦悩する代わりに——文化的な、たとえば芸術的な天才的業績にまで形成されることもありうるわけである。苦悩はこの場合自らすすんでなした業績なのである。

すでに狭義の心理療法にとっても、強迫神経症の場合には、患者の神経症全体に対する態度に変更をひき起こすという使命が与えられている。この一般的な態度変更は不安神経症におけるのと類似した様式で行なわれうる。すなわちこの場合にもまず第一に「症候への距離」がつくられなければならない。たとえば或る異常恐怖を有する患者は、その異常恐怖を彼が「持ち」、「彼の中に」ある或るものとして体験するように導かれねばならないのと同様に、強迫神経症の患者も、たとえば強迫衝動を彼が「持ち」、「彼の中に」あるが「彼自身」ではない衝動として見ることを学ばなければならない。むしろ彼の自我はすべての衝動に対して自由に立場をとることができ、衝動が提出する「動議」が提出する動議を自由に決断して、採用したり、否認したりすることができるのである。われわれはすでに他の箇所で、神経症的な患者に対して常に繰り返しわれわれが指示してやらねばならないこの直截な現象学的事実を指摘した。同様にすでに他の箇所において、患者の強迫的な疑惑症の継続を断ち切るような形式形成の事実も言及されている。

たとえば、一種の強迫的な盗食癖に悩んでいる一人の女の患者の例をとってみよう。病因論的な点においては、おそらくすべての精神分析家はこの強迫症の中に性的な衝動の象徴的表現をみるであろう。しかしこの場合においては、症候は満たされないこと一般の表現なのであり、したがって特に性的な意味に解されなくてもよいものであり、且つ実存分析的に了解されうるものであることが明らかになった。彼女は数年も精神分析の治療を受けてむだであったにもかかわらず、強迫神経症的な衝動に対する彼女の本源的な自由を彼女が考慮することだけによって、心理療法的な意味で多大の効果が得られたのであった。しかし特に彼女を助けたのは、彼女の意図のすでに述べられたような正しい形式化であった。「もう盗み食いがされることはない……そしてもうこの話はおしまい。」この形式の最初の部分においては、いわば第三者の中に形式化されることによって、「私は盗み食いしようとは思わないのですが、しかしそれをせざるをえないのです。私は他のようにはできなくて、そうしてしまうのです」という誘惑的な弁明が避けられているのである。そしてこの形式の第二の部分においては、それに対する疑惑や反証の紡ぎ続けられる糸が断ち切られる。患者は強迫衝動が再び生じることや、それに屈することに対する反駁の論議をもっぱら医師とのみするように指示されるのである。この患者の場合においても、或るとき彼女は、もし彼女の前にチョコレートの一片が落ちていて、このままにしておけばチョコレートがもったいないという考えに負けそうになったらどうしましょうと尋ねた。この場合にもそれに対する反証は存するのであって、患者はただ次のように自らに問えばそれで充分なのであった。「二十ペニヒぐらいのこのチョコレートがもったいないって？　とんでもない。この二十ペニヒで克己と意志の自由の意識とを取り換えるなんてよい取引だろうか？」

異常恐怖の取り扱いの場合におけるように、強迫神経症に対する治療的な処置は、患者をいわば解き緩め、神経症に対するすべての態度を凝固から解き放たねばならない。周知のように、かかる患者の強迫観念に対する不自然な無理な戦いは、まさに「強迫」を昂めることにのみ役立つのである。患者がその強迫観念により多くいわば突き当たるほど、それだけ一層それは強くなり、強力にならざるをえないかのように思われる。この場合、患者に一番必要なのは、E・シュトラウスがすでに指摘したように、平静とユーモアである。両方の契機は心理療法の操作においては共に応用せられうるのである。われわれが不安神経症者に必要だと述べたのと同じユーモアの漂う自己揶揄をもって、強迫神経症者もその強迫的な恐怖に対しなければならない。強迫観念に対しても彼はそれを不合理へと導いて、その帆から風を奪おうと試みなければならないのである。たとえば一人の患者は、電車の車掌や商人から気づかずして数ペニヒをごまかし取ったのではないかと絶えず恐れていた。しかしこの患者は、まもなくかかる恐怖に関して、自らに次のように言うことを学んだのであった。「なに？　私があの人からたった数ペニヒごまかしたって？　いやちがう。私は彼から数千マルク騙《かた》りとったのだ。私は彼をごまかしてやろうと思う。そしてもっとたくさんの人々からもっと多くの金を私は騙しとってやろう。」患者がかかる考えを徹底的に考えることに成功するや、彼はこの強迫観念が急に弱くなったのに気づいたのであった。

しかし、強迫観念に反対して戦わないということは或る本質的な前提を有している。すなわち、それは患者がその強迫観念を恐れないということを前提としている。しかし実際はあまりにしばしば、患者はその強迫神経症的な症候を過大評価するものであって、その症候の中に何らかの精神病の前兆ないし症候を認めるほどなのである。そのとき、彼らは強迫観念を恐れざるをえない。したがって、まず第一に患者をおびやかす精神病の恐怖を除外することが重要なのである。われわれが患者から強迫神経症に対するあまりにも大きな尊敬を取り去るときにはじめて、重要で有効な、距離をとることや客観化がうまくゆく。われわれが強迫観念をこの意味において些細なものとしうるときにはじめて、患者はそれを何らかの意味で無視し、その傍を通り過ぎることができるのである。かかる精神病の恐怖が存する場合には、まったく即事的にそれに立ち入ることが推奨される。すなわち、われわれは強迫神経症と精神病的疾患との間の或る拮抗関係すら明らかにしているピルツやシュテンゲルの業績を患者に示すのを恐れる必要はないのである。そうすれば、強迫神経症者はその強迫的な恐怖にもかかわらず、精神病に対していわば免疫になりうるのである。患者によって恐れられた「精神病への強迫神経症の移行」は、真の強迫神経症の過程に関する学的な統計的研究によれば、ほとんどないことが彼に指摘されねばならない。

強迫神経症の患者は、彼らの神経症が精神病に移行するかもしれないということを恐れるばかりでなく、また彼らの強迫衝動が、たとえば彼らの自殺衝動や人を殺すかもしれないという衝動が、彼らがそれを克服しえない場合には遂行されてしまうのではないかということを恐れている。かかる場合には、強迫衝動に対する不利な戦いを止めるために、まず正しくこの恐怖が即事的に退けられなければならない。患者がもしそれと戦うことをやめるならば、すでにそのことだけによって強迫衝動自身がなくなることも起こりうるのであり、決して行為に移されることはないのである。たしかに、強迫神経症においては強迫行動も存在する。しかしそれは強迫神経症者がもつ精神病の恐怖の対象に決してならないほどの無害なものなのである。

精神病に対するいわれのない恐怖を患者から取り去ることに成功すれば、すでにそれだけによって著しい心理的な圧迫の「解放」に達することができる。すなわち、強迫の側からの圧迫をひき起こす自我の側からの対抗する圧迫がなくなるからである。あらゆるその後の心理療法およびロゴセラピーに先行するべきかかる圧迫の解放の意味において、疾患に対する患者の態度の完全な変更をひき起こすことがしばしば重要なのである。すなわち、強迫神経症の患者は、その疾患がいわば運命的な中核をもっている限りにおいては、彼の神経症をいわば運命的なものとしても受け取らねばならない。しかしそれは、まさにそのことによって精神病質的体質的中核の回りに不必要な心因的な苦悩が沈澱するのを避けるためなのである。患者は心理療法が現実に影響を及ぼすことのできない最小限の性格素質に対してそれを認めることを学ばねばならない。われわれが彼を一種の運命への愛（amor fati）にまで教育すればするほど、動かすことのできない運命的な症候の残滓はそれだけ一層些細になるのである。

われわれに知られている事例として、十五年間も強度の強迫神経症に悩み、ついに治療を受けるために故郷から数カ月間大都市にやってきていた一人の患者の場合がある。彼はそこで精神分析を受けたが、しかしそれはおそらく期間の短かったゆえであろうか、効果を得られなかった。そこで彼は故郷に帰ろうと思った。しかしそれは彼の家族や仕事の後始末をして、それから自殺をするためであった。彼の苦悩が到底治癒の見込みがないように思われたことに対する彼の絶望はそれほど大きかったのである。その出発の数日前に彼はその友人の熱望によってなお第二の医師を訪ねた。医師は、すでに時間がないので、初めから症候を分析することを放棄し、強迫疾患に対する患者の態度の修正にのみ限定せねばならなかった。医師は患者にその疾患といわば和解せしめようと試みた。この試みを医師は患者が深い宗教的な人間であるという事実の上に為したのである。医師が患者から求めたものは、彼がその疾患の中に或る「神の欲したもの」を見ることであり、彼が怨むべきではなくてそれを超えて神の欲する生活を送るべき運命的所与を見ることであった。そのときに患者の中で行なわれた内的な態度変更は驚くべき効果をもち、医師自身をも驚かしたのであった。第二回目の診察の際に、すでに彼は最近十年以来はじめて強迫観念から完全に自由である一時間をもつことができたと報告することができた。そしてその後は、帰郷の時期が延ばせなかったために手紙によって報告してきたところによると、彼の状態は著しく寛解し、実際的にはほとんど治癒したといえるほどだということであった。

強迫観念に対する強迫神経症の患者の無理な不自然な戦いの中に存する誤った心理的態度の修正は、患者に同時に二種類のことを明らかにする。すなわち一つは彼が強迫神経症的な「着想」に対しては責任を有しないということであり、他はこの着想に対する彼の行動に対しては責任を有するということである。なぜならばこの行動こそ、患者が苦痛な着想と内的に「関わり合い」、それを続け、それに対する恐怖からそれと戦うときに、真に患者を苦しめるものとなるからである。ここにおいても、消極的な狭義の心理療法の要素に積極的なロゴセラピーの要素が付け加えられねばならない。この意味において、患者は結局、強迫神経症の傍を通り過ぎて生き、強迫神経症にもかかわらず意味に充ちた生活を送らねばならない。自らその具体的な人生の使命に向かうということが強迫観念から離れることを容易にすることは明らかである。そしてこれがどの程度まで行なわれうるかということは、次の例によって明らかである。

数日の間、大都市に来ていた或る強迫神経症の女性の患者は、その故郷への出発のまえにむしろ軽い気持ちで或る専門医を訪れた。簡略な心理療法をする暇ももはやなかったので、まったく一般的な問診と対話にだけ限定されたのであるが、しかしそれは一種の世界観的な討論に発展していった。そして翌日、患者がその出発の直前に再び医師を訪れて、大急ぎで彼に彼女が「治った」ことを報告したとき、医師の驚きは小さくなかった。どうしてそうなったのかという驚いた問いに対して、彼女は次のように答えた。「それは私にとってどうでもよいことになったのです。私は私の生活を義務として考えることにしたのです。」彼女は何らかの形で強迫観念をいわば不必要なバラストのように甲板から海へ投げこむことに成功したのであった。もとより、われわれは患者自身のように、ここで「治癒」を語りうるとは思わない。ただ神経症の症候に対する態度だけが変化したのであり、症候はなくならないにしても異常な心的事象に対する精神的な態度の変更が行なわれたのである。そしてこの変更は医師との対話によって触発されたのであり、したがって、問題は他の一切にも関わらざる医師の精神的援助なのであり、F・キュンケルが心理治療学（Seelen-Heilkunde）に意識して対立させた精神治療学（Seelenheil-Kunde）が問題なのである。最後の章で、われわれはこの場合、医学的な行為の限界が高められているのか、それとも踏み外されているのかということを検討せねばならないであろう。

かかる一般的なロゴセラピーの他に、強迫神経症ではなお特別なロゴセラピーが存する。すなわち、それは強迫神経症者の特別な精神的態度を取り扱うのであり、後述するような強迫神経症者が典型的に傾きやすい特有な世界観の修正に努めるのである。この世界観を理解するためには強迫神経症の特殊な実存分析が役に立つ。まず、われわれは強迫神経症的な体験の偏らない現象学的分析から出発してみよう。

たとえば強迫神経症者は彼が疑惑症に悩まされるとき、どんな風であろうか。彼はたとえば2×2＝4と算える。具体的な場合において証明されることは、彼は、彼がまだ疑惑をもたない前は、計算が合っていることをなおよく知っていることである。しかしそれにもかかわらず直ちに疑惑が生じる。「それが正しいのを知っているにもかかわらず、私はもう一度せざるをえないのです」と患者は言うのである。すなわち、感情的には彼は一種の未完了の残滓を体験している。正常な人間がその思考行為の結果に常に満足し、それ以上のことを問いはしないのに対して、強迫神経症の人間には思考行為に伴う、それでよいのだという直截な感情が欠けている。正常者が2×2＝4というときに体験するものは明証性であり、強迫神経症的な思考に欠けているものは正常な明証感情である。したがって、われわれは強迫神経症者における明証感情の機能不全を語りうるであろう。正常者があらゆる思考行為に何らかの形で付着している非合理的な残滓を、たとえ困難な計算作業や複雑な思考行為においてすらも無視することができるのに対して、強迫神経症者はこの非合理的な残滓から逃れることができず、それを超えて思考を続けることができない。強迫神経症者の明証感情の機能不全には非合理的な残滓に対する非寛容が対応している。強迫神経症者はそれを無視することができないのである。

強迫神経症者はいかにこの非合理的残滓に対して反応することであろうか。常に新たに考え直すことによって、彼はそれを克服しようと欲するのであるが、しかしもとより決して全部を除去することはできない。かくして、彼はますます同じ思考行為を繰り返して非合理的残滓を絶滅しようとするのであるが、常にせいぜいそれを減らすことができるだけなのである。思考の結果を繰り返し検査することによって、強迫神経症者は少しずつは確実さを感じることができるであろう。しかし不確かさの残滓は残り、いかに強迫神経症者が繰り返しこの残滓を排除しようと努めても、再び生じてくるであろう。かかる努力を彼はあまりにも長く続けるので、ついに彼は漠然たる信頼を得てどうやら安心し、疑惑から逃れるまでには疲れ果ててしまうのである。

認識の側面における強迫神経症的な根本障碍の契機としての明証感情の障碍は、決断の側面では本能的確実性の障碍となって現われる。さらに強迫神経症者の体験様式の現象学的分析は、正常者を日常において導き、かつ平凡な決断をいわば意識させない本能的確実性が彼らにおいては揺がされていることを示している。正常な人間のこの本能的確実性は、彼の責任性の意識を些細なことに使わせないで生涯の重大な岐路の前に立つ時間に備えさせるのである。しかし、それは日常においてすらなお何らかの意味で非合理的な形で働いているのであり、すなわち良心として働いている。しかし、強迫神経症者は彼に付着している明証感情と本能的確実性の障碍（情性精神的 thymopsychisch な）を特別な意識性と特別な良心性によって補償せざるをえないのである。彼の過度の良心性と過度の意識性はかくして過補償（知性精神的 noopsychisch な）を示している。（シュトランスキーの周知の Noopsyche（知性精神）、Thymopsyche（情性精神）というアンチテーゼを用いるならば）認識および決断における感情的な自己確実性が揺り動かされていることは、強迫神経症の人間においては、不自然な自己統制へと至るのである。それは彼の中に補償的に、認識および決断における絶対的確実性への意欲を生み出すのであり、絶対的に確実な認識と無条件に道徳的な決断への意欲をひき起こすのである。正常な人間がせいぜいその職業の選択か、あるいは結婚相手の選択の場合に為すようなのと同じ細心さと注意深さをもって、強迫神経症者は彼の家の戸を閉め、あるいは彼の手紙をポストに投げ入れるのである。過度の意識性と過度の自己観察がそれ自身すでに妨害的な作用をもつことは周知の事実である。強迫神経症者には、彼の認識行為や意志行為に伴う意識の肥大の程度に従って、正常者が生き、考え、行為する「流動的な様式」が欠けているのである。歩行する人間は、彼が――目的に目を注ぐ代わりに――あまりにも彼の注意を歩き方に向けるならばよろめかざるをえないであろう。過度の意識性において、人間は一つの行為をせいぜい始めることはできても、妨げられることなしにはそれを遂行できない。

強迫神経症者の過度の意識性と過度の良心性は、したがって、二つの彼に特有な性格特徴を示しているのであり、その根源をわれわれは人格の情動的な底層までたどることができる。したがって治療的な任務の一つは、強迫神経症者に人格の情動的な底層から発する明証感情と本能的確実性の埋められた泉を再発見せしめることに存する。たとえばわれわれが、強迫神経症者においてもなお発見することのできる明証感情と本能的確実性の残余に対する信頼を、訓練によって再びとり戻させることである。

既述のごとく、強迫神経症者は認識と決断における絶対的な確実性を求める。彼は百パーセントの完全性を得ようと努める。彼は常に絶対的なもの、完全なものを欲するのである。E・シュトラウスは強迫神経症が常に「全体としての世界」に対していることを指摘した。われわれはそれを補充して、世界全体の重荷の下に彼はアトラスのように悩むのだと述べたい。強迫神経症者は人間のすべての認識の制約性と、人間のあらゆる決断の疑問性に深く悩むのである。

シュトラウスは正常な人間が——強迫神経症者と反対に——部分的なもののみを見、かつ世界を各人の視野においてのみ見ていることを指摘した。ここにおいてもわれわれは次のように補充したい。たしかに価値は絶対的であり、客観的であるにせよ、倫理性自身はしかし具体的であり視野的であると。道徳的な規範原理は個人的具体的にだけ妥当するが、しかしまさにそのことによって拘束力のあるものになる。しかし、強迫神経症者の世界像においてはあらゆる具体性は盲点に陥っているのである。だがシュトラウスと反対に、われわれはこの精神的な暗点を解明しうるものとみなす。われわれは、いかなる程度まで特殊なロゴセラピーが強迫神経症的な「百パーセントの完全性の世界観」を世界観的な論議と内在批判の中に即事的精神的方法で修正することができるかということを検討してみよう。

シュトラウスはさらに、強迫神経症が正常の人間に常である「暫定性」の中に生きることができないということを指摘した。われわれはさらに強迫神経症者には特殊な不忍耐が特有であることを付け加えたい。彼にとって特有なのは、思考における非合理的残滓に対する非寛容のみならず、存在と当為、現実と理想との間にある緊張に対する非寛容である。これはA・アドラーの述べた「神に似ることへの努力」の基盤にあるものであり、被造的な不完全性を告白することと反対なものなのである。この不完全性を告白することは、いわば天国と地獄との間に漂っているものとしての人間そのものが置かれる存在と当為の間の緊張の認識が相応じているのであるが。

強迫神経症者は暫定性において生きることができないというシュトラウスの命題は、さらに、強迫神経症は大略の思考だけで満足することができないという命題によって補充する必要があるように思われる。彼が暫定的なことの代わりに決定的なことを欲するように、彼は大略なことの代わりに厳密なことを欲する。かくして百パーセントの完全性への要求が、単に実用的な点ばかりでなく認識的な点においても存することがみられるのである。

この実存分析的な観点においては、強迫神経症の本質は、結局、ファウスト的な努力の歪曲であることが明らかになる。絶対的なものへの意志をもちつつ、かつあらゆる領域における百パーセントの完全さへの努力をもちつつ、強迫神経症者は、その人間性において「悲劇的」であり、その異常性において「悲哀に充ちて」、妨げられたファウストのごとく存在しているのである。

不安神経症において、われわれは世界への不安が異常恐怖の症候の中に凝縮されているのを見た。強迫神経症においても類似なことが見出される。すなわち、絶対への要求をまったく充たすことが不可能であるゆえに、強迫神経症者はそれを生活の特殊な領域に集中させざるをえないのである。百パーセントの完全性はすべて実現化されえないから、それはそれが充たされそうな一定の領域に限定され、圧縮される。強迫神経症者が絶対的なものへのその意志を半ば貫くことのできる領域は、たとえば家庭の主婦にとっては家政であったり、精神労働者にとっては机の整頓であったり、いわゆる「メモ魔」にとっては予定や記録を細大洩らさず手帳に書くことであったり、官僚的なタイプにとっては絶対的な几帳面さであったりする。したがって、強迫神経症者は常に存在の一定の領域に自ら限定するのであり、この領域において彼はその絶対的な要求を充たそうとするのである。異常恐怖において全体としての世界に対する（より受動的なタイプの人間の）不安が或る具体的な内容を含み、個々の対象に向けられるのとちょうど同じように、強迫神経症の症候においても、世界を自らの似像に形成しようとする（より能動的なタイプの人間の）意志は個々の生活領域に向けられる。しかしこの領域においても、絶対的な要求が充足されるということも強迫神経症者にとってはまだ疑問であるし、あるいは虚構的でありまた彼の自然性、「被造性」の犠牲において行なわれているのである。その限りにおいて、すべての彼の努力は何らかの形で非人間的であるといえよう。彼は「生成現実性」（Werdewirklichkeit)（シュトラウス）から脱《のが》れるのであり、強迫神経症でない人間が実存的自由の跳躍台にする（ヴェルダー）現実を彼は軽蔑する。彼は生活の使命の解決を虚構的な形で先取するのである。この点においてはヨハンナ・デュルクおよびR・アラースのなした強迫神経症の解釈のための見解は適切である。デュルクは次のように書いている。「或る強迫神経症者はかつて私に、神は秩序であらねばならないと説明した。それは安息を与え、唯一性を有することの緊張から解放してくれる到達可能な衒学的展望が意味されていたのである。私には強迫神経症的な〝衒学性〟の了解はこの点からはじめて可能であるように思われる。」またアラースは次のように述べている。「衒学性とは周囲の世界の些細なことにまで自己の個人の法則を課する意志に他ならない。しかしこの意志も、秩序に対するあらゆる強迫神経症的な意志と同様に、何らかの形でなお人間的であるとよい意味で呼ばれうる。すなわちヴェルフェルが述べたように、永遠なる者の意味は秩序によって充たされ、そして秩序によってのみ人間は神の似像であることにふさわしくなるからである。」

強迫神経症は神経症一般の内部における自由と制約との葛藤の問題を示す点では典型的である。E・シュトラウスは、強迫神経症の心理に関する彼の著作の中で、強迫神経症的性格を多かれ少なかれ或る被造的なもの、不可避なものとした。しかしわれわれはそれに同意することはできない。われわれは明瞭な強迫神経症に至る性格発展を、避けがたく運命的なものとはみなさないのである。むしろわれわれは一種の心理的な整形が可能であると考える。いかにそれが必要であるかは——強迫神経症者に本質的に欠けているユーモアとか冷静さとかの性格特性を彼にもたせるようにする心理的教育の意味において——すでに言及された。シュトラウスは強迫神経症を実存的なものの中にまで追究した人々の一人として大きな功績をなした。しかし、彼は強迫神経症を精神的なものから処置するという可能性を見落としたのであった。強迫神経症はもとより決して精神病ではない。したがって、患者の強迫神経症に対する態度は何らかの意味で常になお自由なのである。心理的疾患に対する人格の精神的態度はロゴセラピーの手がかりなのである。すでにわれわれは強迫神経症の一般的なロゴセラピー（心理的疾患に対する人格の態度変更）と強迫神経症の特殊実存分析（ファウスト的人間のカリカチュアとしての解釈）とを示そうと試みた。次には強迫神経症の特殊なロゴセラピー、すなわち「強迫神経症的世界観」の修正ということが問題になる。

強迫神経症は精神病ではないし、ましてや「精神」の疾患ではないのであるから、強迫神経症自身に対する精神的な態度は影響を受けず、態度変更が自由なのである。また、それだけ一層治療的にはこの自由を利用することが緊要である。なぜならば、強迫神経症は一定の世界観的態度に、すなわち既述の「百パーセントの完全性の世界観」に誤導されるのである。それを適当なロゴセラピー的な方法で修正することは緊要であるのみならず、容易であり、且つ効果の多いものなのである。疑惑症への傾向をもつ強迫神経症者は世界観的な問題の即事的な取り扱いに対しては感受力をもっているのではないだろうか。そして、彼らの世界観の修正のロゴセラピー的な努力は、強迫神経症者が通常少なくとも指導的な、価値に富む人間であるゆえに一層推奨に価いする。

シュトラウスが強迫神経症的な世界観の中に、ただ心理的な症候のみを認めたのに対して、われわれは強迫神経症および強迫神経症的な世界観に対して用いられる治療的な道具に世界観を使う可能性を論じている。この可能性をわれわれは強迫神経症的な世界観が発生しつつあった或る一例によって論じてみよう。それは思春期後期の或る若い男であったが、成熟期の動揺によって強迫神経症的世界観の「生誕」が明らかであり、同時にしかしロゴセラピーによる対抗処置も可能であった例である。

この若い男はファウスト的な認識衝動にとり憑かれていた。「私は事実の根源まで遡ろうと思うのだ」と彼は言った。「私はすべてを証明しようと思う。直接に明証的なすべてのことを証明しようと思う。……たとえば私が生きているかどうかということを。」われわれは強迫神経症者の明証感情が不完全であることを知っている。しかしまた正常な明証感情もわれわれの見解によれば、ただ遂行されるという現実性を示しているだけなのである。かかるものとして、それは本質的に指向的な把握を逃れるものなのである。もしわれわれが認識的な意図において、われわれの明証感情にもっぱら沈潜しようとするならば、われわれは論理学的な無限遡及に陥るであろう。精神病理学的な側面では、強迫神経症者の反復癖ないしは詮索症はこの論理的な誤りに相応じているものなのである。われわれはこの詮索癖を内在批評によって克服することを恐れてはならない。この男の場合においても、認識論的な議論をすることによって患者の疑惑癖が徹底的に論破されねばならなかった。

極端な懐疑の究極の問いは「存在の意味」に向けられるものである。しかし存在の意味を問うことは「存在」が「意味」に先行する限りにおいては無意味である。なぜならば意味の存在は、存在の意味を問う場合にはすでに前提とされているからである。存在は、たとえわれわれがいかに求めても、決してそのいわば背後に逃れることができない壁のようなものである。しかしこの患者は直観的な直接的な所与を、すなわち存在を証明しようと欲したのであった。したがって、かかる所与を証明することが不可能であり、且つまた不必要であることを彼に説き聞かせなければならなかった。すなわち、直観的な所与としてそれは明証的なのである。それにもかかわらず、自分は疑うという彼の異論は真の意味において対象のないものなのである。なぜならば直観的に明証的な、直接に与えられた存在を疑うという論理的な不可能性に相応ずるものは、かかる懐疑は空虚な饒舌に過ぎないという意味での心理学的な非現実性であるからである。最も極端な懐疑論者といえども、現実においてはその行動並びに思考において現実の諸法則と思考諸法則とを承認する人々とまったく同じように行動している。

アルトゥール・クローンフェルトは心理療法に関する彼の著において——一般的な哲学的見解であるが——懐疑論は自己矛盾に陥ると言っている。しかしわれわれはそれを正しくないと思う。なぜならば「私はすべてを疑う」という命題は、「すべて」ということの意味を、この命題以外のすべてという意味にとっているからである。したがってその命題は決して自らに向けられたのではなく、矛盾してはいないのである。たとえばソクラテスが「私は自分が何も知らないということを知っている」という場合には、それは「私が何も知らないということ以外には自分は何も知らない、ということを知っている」という意味なのである。

あらゆる認識論的な懐疑と同様に強迫神経症的な懐疑もアルキメデスの点を見出そうと努める。すなわち、彼らが絶対的な真理への意欲と論理的な徹底性をもってその上に世界観を築きうるような絶対的に確実な基盤を見出そうと努めるのである。この場合、人間は極端な出発点を要求している。かかる第一哲学の理想は、認識論的に自分自身を是認する命題であろう。しかしもとより、概念的な思考を、そのすべての問題性の中に、且つ問題性にもかかわらず利用する不可避の必然性を自己の内容とする命題だけがこの要求に応えうるのである。

かかる合理主義の自ら行なう基礎づけに相応するものが、その自己否定、自己止揚なのである。この意味において強迫神経症の患者のロゴセラピー的な取り扱いでも――あらゆる彼の懐疑がそれに基づいている――、尖鋭化した合理主義を合理的な方法で自ら止揚させることが重要なのである。この場合の合理的な方法とは、われわれが懐疑者につくってやらねばならない「協調の余地を残すこと」である。かかる協調の余地として、たとえば次の命題が役立ちうるであろう。「最も優れて理性的であることとは、あまりに理性的であるのを欲しないことである。」この患者には彼のすべての哲学的な詮索と疑惑に対してゲーテの有名な命題が指摘されねばならなかった。「活動的な懐疑とは、絶えず自己自身を克服することに努める懐疑である。」彼の強迫神経症的な世界観の特殊なロゴセラピーは、ついに彼にこの懐疑の形式を承認させることに成功した。ロゴセラピーが彼の手に与えた精神的な武器によって、彼は典型的に強迫神経症的な世界観に絡みつかれることから自由になれたのであった。彼は合理的な方法によって、存在の非合理的な性格の承認に達した。かくして、ついに彼は最初の問題設定を変換するのに成功したのであった。思考における極端な出発点の問題が本来は理論的な公準に向けられていたのに対して、今やそれが変化して、その解決が、本質的にすべての科学的および哲学的思考以前に存するような領域、行動と感情がその根源をもっている領域、すなわち実存的領域に求められたのである。そしてこの場合にはオイケンが「公準的行為」と呼ぶものが問題なのである。

強迫神経症者に特有な合理主義を合理的な手段で克服し、除去することは実用的な効果をもひき起こさざるをえない。なぜならば、強迫神経症者はその百パーセントの完全性を求める世界観によって、認識において絶対的な確実性を求めるばかりでなく、決断においてもそれを求めるからである。彼の極端な良心性は、彼の極端な意識性と同様に行動においてハンディキャップとなるのである。この場合には、彼の理論的懐疑にあたるものが道徳的懐疑であり、思考の論理的妥当に対する疑惑にあたるものが行動の道徳的妥当になる。このことから結果するものが強迫神経症者に対する決断の不能性ということである。たとえば、或る強迫神経症の女性の患者は彼女が為すべきことに対する絶えざる疑惑に苦しめられていた。そしてこの疑惑は次第に増大して、ついには彼女は何事もできなくなってしまったのであった。彼女は或ることを決断することが少しもできなくなったのであり、最も平凡な場合においてすら何を自分が為すべきか判らなくなった。たとえば彼女は自分が音楽会に行くべきか、公園に行くべきか、また家に留まるべきか決めることができず、そのうちに何かすることのできた時間がすべて内的な討論の間に空しく過ぎ去ってしまうのであった。強迫神経症者の決断不能性の特色は重要な決断ばかりでなく、最も些細な決断においても不可能なことである。しかし強迫神経症の極度の良心性も、特殊なロゴセラピーによって、過度の合理主義と同様に治されうるのである。なぜならば「行動する者は良心をもたず、観照する者のみが良心をもつ」というゲーテの言葉はたしかに正しいであろうが、この場合もわれわれはこの命題を次のように補充して懐疑的な強迫神経症者に「協調の余地を与える」ことができるのである。「たしかに行動することは何らかの意味で良心がないかもしれないが、しかし最も良心のないことは何も行動しないことであろう。」何ごとも決断しない人間は、その無行動性によって疑いもなく最も良心のない決断をするのである。

(c)　鬱病の心理

内因性の精神病もロゴセラピー的な処置の対象になりうる。もとより、その場合には内因性の因子が取り扱われるのではなくて、それと一緒に作用している反応的、心因的因子が取り扱われる。われわれはすでに精神病的疾患の形式における心理的運命に対する人間の自由な精神的態度を論じた場合に、病因論的な契機に対して、運命的な疾患事象の何らかの自由な形成の結果として解せられる病像形成的な契機を指摘した。そのときにわれわれは薬物的な治療の他に、心因的な因子に対して心理療法的な処置が可能であったばかりでなく、またロゴセラピー的な処置も可能であった本来は内因性の抑鬱状態の一例を挙げた。それは運命としての疾患に対する患者の完全な態度変更をひき起こし、同時に使命としての生活に対する態度変更をもたらしたのであった。

人間の中の精神病的疾患事象に対する彼の精神的態度のロゴセラピー的な変化——それが可能であ

る限りは——の前に、なおすでに行なわれた「病像形成」の中にすでに或る態度が含まれていることは明らかである。その限りにおいて、精神病の患者の現在の行動は常に運命的、「被造的」罹患の単なる結果以上のものなのである。すなわち、それは同時に精神的態度の表現なのである。この態度は自由な態度であり、したがって訂正しうる。この意味においては精神病ですら結局人間に対する一つの試練の試みであり、精神病の患者の中における人間的なものに対する試練の試みである。精神病的なものが人間的なものから受ける病像形成は、この人間的なものに対するテストなのである。精神病においてすらも、それに対する患者の自由な態度の中に存在しうる一片の残された自由は、患者に常に態度価値の実現化を可能にする。彼が自由をもつ限り、彼は責任性を有している。ロゴセラピーは彼に残された自由を指摘し、その責任性そのものへと呼びかけるのである。精神病においてもなお、また精神病にもかかわらず、ロゴセラピーは患者に価値実現——たとえ態度価値であれ——の可能性を見させるのである。その他、重症の精神病の患者の人生ですら、治療法の研究に役立ち、臨床講義に役立ちうる限りにおいてはいわば受動的な価値をもっているのであるが、それは今は考慮の外に置かれる。

精神病の人間からも離れることのない道徳的義務づけに応じて、医師の側にも、たとえば鬱病者の人生の否定を訂正する道徳的権利が存する。なぜならば、この人生否定と人生放棄の意志は鬱病者が価値に対して盲目になっていることに基づいているからである。

次にわれわれは鬱病を実存分析的に了解し、実存の様相として把握することを試みてみようと思う。

鬱病の特殊実存分析はまず第一にその前面に出る症候である不安を取り扱う。この不安の生理学的な基盤は、おそらく位相的に経過する代謝障碍の中に求められるであろう。さもなければ、それは真性の鬱病ではなく、むしろ反応的あるいは心因性の抑鬱であろう。単なる自己統御がもはや役に立たないときにはじめて神経症が始まるように（フォン・ハッチンベルク）、鬱病も何の心因も存しないか、あるいは心因がせいぜい誘発的因子としてわき役を演じているに過ぎない場合にはじめて始まる。身体的にみれば鬱病は生命的な基盤を有しているが、しかしそれはそれ以上でもそれ以下でもない。なぜならば、鬱病者の有機体が存しているところの無刺激性の基盤は、すべての鬱病的な症候論を決して説明するものではないからである。それはいまだ決して鬱病的な不安を説明してはいない。この不安は主として死の不安であり、また良心の不安である。そして鬱病の不安感情と罪の体験は、われわれがそれを人間存在の様式として、人間の実存の様相として把握するときにはじめて理解されうる。しかし単なる生命的な基盤からは不安は説明されえないのであり——周知のように、この生命的な基盤自身がいまだ説明されていない。鬱病的な体験をはじめて可能にするものは、或る病的なものを超えたものである。すなわち、人間的なものがはじめて単なる病的なものから、つまり一次的な生命的な基盤から、人間存在の一つの様式である体験の鬱病的な様式を形成する。鬱病の単なる病的基盤が精神運動性の、あるいは分泌性の抑制のごとき症候に至るのに対して、鬱病的な体験は人間の中における人間的なものが彼の中の病的なものに対する関係の結果はじめて生じるのである。かくしてわれわれは、有機的な基盤に基づく何らかの意味での一種の抑鬱状態を（不安性興奮と共に）動物においても想像することができるのに対して、人間の本来の鬱病に特有な罪の感情や自己批難や自責感等は動物においては考えることができないであろう。鬱病者の良心の不安という「症候」は、決して身体的にひき起こされた疾患としての鬱病の産物ではなくて、すでに精神的人格としての人間の「業績」なのである。良心の不安は生理学的なものの彼岸からのみ理解されうるのであり、人間的なものからのみ了解されうる。それは人間そのものの不安としてのみ、すなわち実存的不安としてのみ理解されうるのである。

鬱病の生理学的基盤としての生命的な基盤がつくり出すものは機能不全感だけである。しかしこの機能不全感が或る人生の課題に対する不満足の感情として体験されることは疾患の内因的なものを本質的に超えている。不安は動物ももつことができる。しかし、良心の不安あるいは負い目の感情は人間そのものだけがもちうるのであり、その当為に対する存在の責任の中にあるもののみが有しうるのである。精神病は人間がそれを有するがごとき形では決して動物においては考えられない。したがって人間的なもの、実存的なものが精神病に本質的な関与をもたねばならない。すなわち、精神病の基盤に存する有機的に条件づけられた事象は、それが精神病的な体験になる前に、常に本来的に人間的なものの中へ移調されているのである。すなわち、それはまず人間的な主題になっていなければならない。

鬱病の場合には身体的心理的な機能不全感は人間に独自な様式で体験される。すなわち、自己の存在と自己の当為との間の緊張として体験される。鬱病者は彼の人格とその理想との間の距離を自然的に超次元的なものとして体験するのである。生命的な基盤によって人間存在そのものに固有な実存的緊張が高められる。存在と当為との間の距離は鬱病においては不全感の体験によって拡大されるのである。鬱病者にとっては存在と当為との間の距離は深淵にまでなる。しかし、このようにして生じた深淵の底に、われわれは責任性存在としてのあらゆる人間存在の根底に在るもの、すなわち良心を認めざるをえない。かくして鬱病の人間の良心の不安は、人間固有の体験としての充足の必然性と、充足の可能性との間の高められた緊張の体験から結果するものとして了解されうる。

人生の課題や使命に対して充分に対応できないという極端な機能不全感の鬱病的な体験は多様な特殊な形で現われる。病前は典型的なブルジョアであった人間の鬱病における妄想様の貧困不安においては、機能不全感が関係するものは、金もうけという人生の課題であるであろう。ショーペンハウアーが「或る人間の在ること」「或る人間の持つこと」「或る人間の見えること」を区別するならば、このような人間のタイプは、もし彼が鬱病にかかった場合の良心の不安や罪の感じは病前の生活の重心に従って「或る人間の持つこと」に向けられるであろう。また病前に生命不安に駆られていたものの死の不安においては、鬱病性の不全感は生命維持という人生の課題に関係しているし、病前に罪の意識をもっていたり気の小さかった人間の良心の不安においては、道徳的是認の課題に関係している。

鬱病の生命的な基礎障碍によって鬱病の人間の実存的緊張が非人間的な程度まで高められて体験されるならば、彼の人生の目標は彼には到達し難いものと思われざるをえない。かくして、彼は目的や終末、未来に対する感情を失うのである。「私は過去に向かって生きているのです」と、或る鬱病の患者は言った。「現在はなくなってしまいました。……私は過去の生活の中へ失われてしまったのです。」未来に対する感情の喪失と共に人生は終わりであり、時間はもう尽きたという感情が生じるのである。「私はちがった眼で見たのです」と或る患者は言った。「私はもはや今日逢った人とか昨日の人とかいった風には見えないのです。そしてどの人間も彼が死ぬ日のように見えるのです。老人であれ、子供であれ、それは同じことです。私はそれをとっくに予感し、私自身ももはや現在に生きていないのです。」鬱病のかかる場合における根本気分を、われわれは「最後の審判の日」のごとき気分、「怒りの日」の気分と名づけることができよう。クローンフェルトが統合失調症における実存的体験を「先取りされた死」の体験と呼んだのに対して、われわれは鬱病のそれについて「永続する怒りの日」の体験と呼ぶことができよう。

（鬱病者における悲哀の感情に対応するものは躁病者においては歓喜の感情である。また鬱病的な不安の体験に対応するものは躁病的な傲慢の体験である。鬱病的な人間が当為に対して充分な能力をもっていないと体験するのに対して、躁病的な人間は反対に能力が当為に優っていると考える。かくして、躁病的な権力感情は鬱病的な罪悪感に対応する。そして鬱病的な不安が特に未来に対する不安（未来の破局に対する不安）であるのに対して、躁病的な人間はまさに未来の中に生きているのである。すなわち、彼はプログラムを作り、計画を練り、常に未来を先取りし、その可能性を現実のものとみなすのであり、「未来に充ちて」いる。）

鬱病者は独特の機能不全感の体験から、自分自身に対しても価値的に盲目であらざるをえない。この価値盲目性は後になればまた環境にも及ぶ。鬱病者の価値に対する暗点が最初は彼の自我だけに関するものであるという意味ではいわば中心的であるのに対して、それは次第に遠心的に拡がり、自我以外の世界の価値も覆われてしまうことになる。自らの自我が価値をおとしめられる限り、この価値崩壊は世界に対しても体験されざるをえないのである。鬱病的な劣等感の中にこの体験はなされ、鬱病者は自ら自身を価値のないものとみなし、また彼自身の人生を無意味であると思い、それからしばしば自殺傾向が結果する。

鬱病者のニヒリスティックな妄想観念においては、さらに価値と共に価値の担い手である事物そのものもかげが薄くなり、価値性の主体も否定される。この場合においても、それはまず自我に向けられるのであり、離人症となるのである。「私はまったく人間ではないのです」と一人の患者は言った。「私は何ものでもないのです……私はこの世にはいないのです。」しかしその後になると、さらに世界がニヒリズムの中にひき入れられ、「非現実化」(Derealisation) が生じる。たとえば或る患者は医師に対したときに「医者などというものはいないのです……決してそんなものはなかったのです」と言った。

コタールは鬱病症候群を記述したが、その際に「永劫の罰を受ける観念」「非存在の観念」および「死の不能の観念」が見出された。鬱病的な「永劫の罰を受ける観念」は容易に説明されうるものであり、ニヒリスティックな離人症を「非存在の観念」の中にわれわれは理解することができる。そして「死の不能の観念」、死ねないという妄想は鬱病のある形において孤立して見出される。かかる疾患像は「アハスベルス（永遠のユダヤ人）的鬱病」と呼ばれうるであろう。しかし、この鬱病型は実存分析的にみればいかに解釈されうるのであろうか。

鬱病者の昂められた実存的緊張の体験によって深刻にされた罪の感情は、彼がこの罪をもはや消し難いものと体験せざるをえないほど、大きくなりうる。彼がその機能不全体験から、もはやそれに対する能力がないと感じている人生の課題ないし使命は、その場合にはたとえ無限に生きても充たすことができないように彼に思われる。このように考えてのみ、われわれは次のような患者の言葉を理解することができる。「私は永遠に生き続けなければならないでしょう。……私の罪を償い果たすために。それは私には煉獄のように思われるのです。」人生の使命性格はかかる鬱病者においては巨大なものにまで昂められるのである。「私は全世界を担わなければならないのです」と或る患者は述べた。「私の中には、ただもう良心だけが生きているのです。私に対してはすべてが非常に圧迫的です。私の周りのすべての世俗的なものは消え失せてしまって、私はただ彼岸だけをみるのです。私は全世界を創り出さなければならないのですが、それができないのです。私は今、海や山やすべてを移さなければならないのです。しかし私にはお金がないのです。私は山を削り取ることはできませんし、滅亡した民族を呼び醒ますことはできないのですが、しかしそうあらなければならないのです。今やすべては没落しなければなりません。」自分自身からばかりでなく全世界からも価値を奪うことは鬱病者においては広汎な嫌人症を呼び起こす。彼自身が彼にとって嫌悪すべきものであるのみならず、他者もまたそうなるのである。彼の眼にはもはやいかなる価値も存しえない。「なぜならば存在するすべてのものは没落に価いするからである。」このメフィスト的な命題は、鬱病者の世界感情としての破局不安という生命感情が激情的妄想的表現をとった場合の世界没落感を説明している。鬱病者は人生の課題ないし使命を——機能不全体験によって歪められて——超人間的な大きさに思わざるをえないのであるが、この超人間的な大きさこそ、その超次元性が次のような妄想的表現を取りうるような負い目の感情をわれわれに実存分析的に理解させるものなのである。「すべては消え失せねばならず、私はそれを再び生み出さねばならないのです。……だが私にはもとよりそんなことはできません。だがすべてを私はしなければならないのです。では私は今どこからお金をとってきたらよいのでしょう。永遠から永遠へ？　私は世の初めからあった子馬や牛や家畜をつくりだすことはできないのです。」

眩暈の体験に仮現運動が伴うように、不安においても——キルケゴールは不安を自由の高所眩暈として理解することを教えているが——一種の精神的仮現運動が生じるのであり、それは鬱病の場合には存在と当為との間の距離が深淵として体験されるときには、自我と世界、本質と価値の没落の感情とならざるをえないのである。

(d)　統合失調症の心理

われわれは統合失調症の実存分析的な了解を可能にするための、以下の統合失調症の一般的心理学的所見において、臨床的な観察から出発することにする。われわれはしばしば繰り返し一連の統合失調症の患者において、或る一つの特異な体験を観察する機会をもった。すなわち、それらの患者は、彼らが時おり映画に撮影されているかのような感情をもつことを常に報告するのである。ただ、かかる感情が生じる際に注目すべきことは、この感情が決して何らかの幻覚的な基盤をもっていないことである。たとえば、患者は撮影機のクランク音とか、あるいは映画に撮られるのではなくて写真を撮られるというような場合には、シャッターの落ちる音とかは聞こえないと述べる。また視覚的な点でもかかる体験においては撮影機は見えないし、カメラマンは隠されている。また患者の主張が、二次的に合理化する説明的妄想の意味において解釈されうるような妄想理念も証明されえない。もとより、たしかに実際に妄想的な基盤をもっている事例も多く存する。かかる患者は、たとえば彼ら自身がニュース映画の中に出てきたのを見たと主張したり、彼らの敵や迫害者がひそかに装置したカメラでそれを為したと述べたなどと主張する。しかし、妄想的基盤をもったかかる事例は今ここでは最初から除外しておこうと思う。なぜならば、それらにおいては撮影されたということは直接には体験されないで、後で過去にさかのぼって構成されているからである。

したがって、事例をより狭く限って選んでゆく場合には、われわれは純粋に現象学的かつ記述的に、「撮影妄想」とでも呼ぶべきものにぶつかるのである。この撮影妄想はヤスパースの意味における真の「知識の幻覚」を示している。またそれはグルーレの意味での「一次的妄想様感情」の中にも数えられるであろう。或る患者は、何らその証拠となるものが認められないのに、なぜ撮影されたということが判ったのかという問いに対して、次のような独特な答えをした。「それは確かなのです。なぜだか知りませんが。」

また上述の撮影妄想の病像から類似した像への移行型が示されるような場合も存する。かかる患者は、たとえば彼らが「録音される」ことを訴える。この場合には、撮影妄想が聴覚的な形をとったものと考えてよいであろう。またさらに自分が「立ち聞きされる」とか「聴き耳を立てて窺われている」とか主張する患者もいる。またその他に、自分が何らかの形で「求められている」という一定の感情を訴える場合や、自分のことが「考えられている」というほとんど証明できない確信をもつ事例もこれに属するように思われる。

ところで、すべてのこれらの体験に共通するものは何であろうか。それは人間が自らを対象ないし客体として体験しているということである。すなわち「撮影妄想」の場合は映写機のレンズの対象であり、あるいは写真機の対象であり、あるいは録音機の対象であり、さらにまた他の人間の「立ち聞き」の対象であり、また「さがすこと」や「考えること」の対象なのである。したがって、これらの体験類型を総括してみるならば、他の人間のきわめて多様な指向的行為の対象として体験されるのである。すべてここに集められた事例は他者の心理的活動の対象として体験される。最初の場合に体験される撮影機は、心理的活動の機械的拡大を示すことに他ならない。すなわち、見るとか聞くとかの指向的行為のいわば「技術的」延長を示すことに他ならないのである。（かくして、これらの機械が統合失調症者に対してなお一種の神話的指向性を有していることが理解されうる。）かくして、上述の統合失調症の事例の場合においては、「純粋な対象存在の体験」と呼ばれうるような一次的妄想様感情を問題とせねばならない。そしてこのような基盤からして、われわれは被害感情、注視妄想、あるいは迫害妄想などと呼ばれるすべてのものを純粋な対象存在という、より普遍的な体験の単なる特殊形式と解することができるのである。この特殊形式においては統合失調症者は自らを他人の注視ないし迫害指向の対象として体験するのであろう。

純粋な対象存在というこのような体験を、われわれはグルーレが統合失調症の「一次的症候」に数えた中心的な自我障碍の一小面とみなしたいと思う。われわれは地質学的な断層が深部の岩層の構造を推測させるように、一次性症候から（いわば症候論的表層から）統合失調症的な「基礎障碍」の本質が推測されうるであろうと考える。事実われわれは純粋な対象存在という体験の多様な現象形式を、統合失調症的体験様式における統一的な法則性に還元することができるのである。すなわち統合失調症者は自分自身をあたかも彼が――主体が――客体へと変化させられているかのように体験する。彼は心理的行為をあたかもそれがその受動形に変えられたかのように体験するのである。すなわち、正常な人間が自ら自身が思考し、注目し、観察し、立ち聞きし、さがし、自分自身が写真や映画を撮る等々を体験しているのに対して、統合失調症者はすべてのこれらの行為や指向、これらの心的機能を、あたかもそれらが受動形に変えられたかのごとく体験する。彼は注目「される」のであり、考え「られる」のである。一言にしていえば、統合失調症においては心的機能の体験的な受動化が生じる。このことをわれわれは統合失調症者の心理の共通の原則とみなす。

いかに体験された受動化がそれを体験する患者に正常ならば自動詞を用いるべき場合に、無理にそれに当たる他動詞を用いることを強いるかということを見ることは興味深い。たとえば、或る統合失調症の女性の患者は彼女が「目覚める」という感情をもたないで、「起こされる」という感情しかもたないと訴えたのであった。さらにまた統合失調症的体験の受動化傾向とそれによる言語的表現から、動詞をないがしろにして——しばしば無理に——名詞的構成を好む周知の典型的な語法も理解されうる。（"Elektrisiererei"「電気療法を受ける」のごとき。）すなわち動詞は「活動語」として本質的に能動性体験を前提とし、表現しているからではないだろうか。

心的能動性の体験的な受動化として統合失調症の体験様式を解釈することはベルツェの統合失調症理論に近い。周知のごとく、ベルツェは統合失調症者における心的能動性の機能不全について語っている。そしてその主要症候として彼は「意識の緊張低下」をあげている。われわれはこの意識の緊張低下ということを、われわれが体験的受動化と呼んだものと対照して、統合失調症の特殊実存分析の意味において次のように述べることができる。すなわち、統合失調症においては自我は意識性としても、また責任性としても罹患しているのであると。かくして統合失調症の人間はこの二つの実存性に関しては「被造的に」制限されているのである。自我存在は意識性としては「緊張低下し」、責任性としてはあたかもそれが同様に衰弱している「かのように体験される」のである。統合失調症の人間自身もしばしば自らが全人間存在として狭小化され、もはや本来「存在している」とは感じることができないほどであることを体験しているのである。この意味において、クローンフェルトが統合失調症を「先取りされた死」とした統合失調症体験の解釈も理解しうる。

ベルツェが統合失調症の過程《プロセス》症候と欠陥症候とを区別することを教えて以来、われわれは、統合失調症の体験様式のすべての現象学的、心理学的解釈、ならびにその実存分析的解釈がただ過程《プロセス》症候にのみ関係すべきものであることを知っている。われわれの見解によれば、統合失調症の過程《プロセス》症候と欠陥症候との間の区別に類似した区別が、正常な人間の二つの体験様式の間に、すなわち入眠時の体験と夢の体験との間に存するように思われるのである。したがって、クルト・シュナイダーが「入眠時思考をモデルにしての」彼の統合失調症の心理に関する研究においてこの入眠時思考をモデルに選び、夢の思考を――たとえば統合失調症者を「目覚めている者の中の夢みている者」として理解しようとしたC・G・ユングのごとく――選ばなかったのは正当であった。なぜ正常な入眠体験が統合失調症的体験様式にいわば似ているかということは、われわれが入眠時には意識の緊張低下が、あるいはジャネの言葉を用いるならば心理的低減（abaissement mentale）が生じることを考慮するならば了解しうることである。またすでにレヴィは「思考の半製品」を指摘し、マイヤー＝グロスは「空虚な思考殻」について語っている。すべてのこれらの現象は正常な入眠時思考においても、統合失調症的障碍を受けた思考においても見出される。そして思考心理学から出発したカール・ビューラーの学派は「思考回式」や思考の「白紙性格」について語っているが、この三人の学者の研究成果にはある一致が存することが明らかになるのである。

夢の思考は、入眠時思考とは異なって、夢の中に象徴的言語が支配する限り存する。すなわち、入眠時においては意識の水準は意識性のより低い段階に向かって移動するのであるが、夢が始まるということはそれが完了して低い意識水準が達せられたということなのである。すなわち、夢はすでにこの低い水準において演ぜられているのである。覚醒時から睡眠時への移行における機能変化にしたがって、夢みる人間は夢の原始的な象徴言語へと「退行」させられる。

しかしわれわれは、統合失調症における過程《プロセス》症候と欠陥症候との間の根本的な区別を一応意識的に考慮の外において、いかなる範囲まで上述の症候（自我障碍および思考障碍）以外の他の統合失調症症候が、心理過程の一般的な体験的受動化というわれわれの説明原理によって明らかにされうるかを調べてみよう。しかしここではわれわれは、いかなる範囲まで統合失調症者の運動系が受動化の枠内で行なわれるか——緊張病や蠟屈症《カタレプシー》の現象にはこの説明原理の適用に近いものがあるが——という問題は除外して、統合失調性の幻聴の心理学的問題に限定しようと思う。そしてまず思考化声の現象から出発してみるならば、受動化原則はその理解のための鍵であるかのように思われるのである。すなわち、正常者の場合にいわゆる「内的言語」の形式において思考に（多少とも意識的に）必然的に伴うあの聴覚的な要素が、統合失調症者においては受動的に体験されるのである。したがって、それは統合失調症者においてはあたかもそれが自分のではなく外からくるかのように体験されざるをえない。ゆえに、それは知覚の形で体験される。自己のもの、内的なものがあたかも他者のもの、外部から来るものとして体験され、ちょうどそれが知覚であるかのように体験されるということこそ、まさに幻覚を有することに他ならない。

統合失調症の心理に対する説明原理としての心的機能の体験的受動化の原則は、治療的な領域では、たしかに何らの実際的応用の可能性をもっていないが、しかしここでも経験的な確認をうけるのである。たとえば或るとき、著しい敏感関係妄想をもった或る一人の若い男に心理療法的な処置をすることに成功したことがあった。彼は注視されるということを注視せず、彼を観察していると思われる者を観察しないように訓練された。そして患者がその環境をもはや以前のように彼の側から——観察されるということに対して——観察しないことを学ぶと、実際にまもなく観察されるという感情は消失したのであった。すなわち、自ら観察することを止めると同時に、それに対応する受動的な体験、すなわち観察されるという体験もなくなったのであった。心理療法的な方法で達せられた能動的観察の中止と共に受動的な観察されることも消失したということは、われわれの見解によれば、基礎障碍が観察体験の受動形への変化に導かれたという仮定によってのみ説明されうるのである。

統合失調症の特殊実存分析は必ずしも典型的な事例にばかり為されうるのではなくて、統合失調症圏の周辺部にあるような——たとえば敏感関係妄想のごとき——病像の分析においてもその体験様式の解明に役立ちうるであろう。この目的のために、われわれは次に統合失調性精神病質人格の事例を取り扱ってみたいと思う。それは当時いわゆる精神衰弱の病像の下に総括されていたような精神病質人格の事例である。この患者の体験は周知のごとく「空虚感」(sentiment de vide) として記述されるものであった。その他に彼らには「現実感」(sentiment de réalité) が欠けていることが指摘されている。かかる患者の一人は彼が自らを「共鳴板のないヴァイオリン」と比較することによって彼の体験様式を表現しようと試みた。また彼は「あたかも彼が単に彼自身の影であるかのように」体験するのであった。彼が訴える環境への「共鳴」の欠如は彼の中に著しい離人症の体験をひき起こしたのであった。

すでにハウクは彼の研究において、離人症体験が過度の自己観察によってひき起こされうることを示した。われわれはそれについて若干述べてみたいと思う。知識というものは常に或ることを知っているということのみならず、またこのことを知っているということ自身に関する知識でもあり、さらにまたそれが自我から発しているという知識でもある。「私が或ることを知っている」ということは、「私が或ることを知っている」ということであり、また「私が或ることを知っている」ということであり、同時に「私が或ることを知っている」ということでもある。知識あるいは思考という心的行為はいわば二次的な反射的な行為を放つのであり、それは一次的な行為と、またその中に、一次的な行為の出発点としての自我を対象としてもつのであり、したがって主体を対象となすのである。

われわれはこのことを或る生物学的なモデルを使って示してみようと思う。われわれは一次的な心的行為を生物学的にたとえて、或るアメーバの偽足に当たるものだと考えよう。この偽足はアメーバの細胞の中核から何らかの対象に向かって伸ばされているのである。そして二次的な反射的な行為は第二のより小さな偽足であるとみなそう。それは最初の伸ばされた偽足に向かって「後転」させられる。またこの「反射的」な偽足は、もしそれが「伸ばされ過ぎる」ならばアメーバ細胞の原形質との合胞体的《シンシチウム》連関を失うということも、われわれはよく想像することができるであろう。ここにわれわれは過度に自らを観察するものの離人症体験に対する生物学的なモデルをみることができるであろう。なぜならば「指向弓」と呼ばれるものの——過度の自己観察による——「過度の緊張」によって、心的機能と自我との連関が障碍されたという体験が生ぜざるをえないのである。過度の自己観察という反射的な行為は一次的な行為と能動的な自我との体験的な連関を失うのである。そのことから必然的に能動性感情と人格感情の喪失が、すなわち離人症の形における自我障碍が結果する。

或る心理的行為の随伴的な反射によってその行為自身が主体と客体との橋として与えられているのであり、さらに主体自身があらゆる心的活動の担い手として与えられているのである。「或るものを持つ」ということにおいて、私は或るものの他に、持つこと自身と私「自身」とを持つのである。したがって「自身」は自ら自身を「持つ」ところの自我であり、彼自身に意識された自我なのである。

われわれは反射的な行為の「指向弓」が離人症の場合にはあまりに「延ばされ過ぎて」、その結果、それがいわば切断してしまうのであると述べ、このようにして無理な自己観察において自我感情の障碍が生じることを理解しようと試みた。そして今や統合失調症における意識の「緊張低下」が、統合失調性精神病質人格者における意識の緊張低下や、強迫神経症候を示す精神病質人格者の場合の過度の自己観察における意識の緊張低下と、自我障碍の同じような結果に至りうるし、至らざるをえないことが明らかになる。すなわち、統合失調症的な自我障碍と精神病質人格的な離人症との間の相違は、前者においては——意識の緊張低下に応じて——指向弓の緊張があまりに少ないのに対して、後者の場合には——意識の緊張過度に応じて——指向弓があまりに緊張されすぎて「切断して」しまっているということの中にのみ存するのである。

既述のごとく、人間が睡眠の中でそれへと退行するより低い意識の水準では、意識の生理的な、したがって病理的ではない緊張低下が行なわれている。われわれはこの緊張低下が反射への傾向の低下の中にも現われることを予期しうるのである。事実われわれは、夢においては思考行為の反射枝が、多少ともあれ、いわば消失していることを仮定しうる。これは「自由に生起する表象」の直観的要素が、いわば反射的修正をうけることなく幻覚的活動をなしうる効果をもっているのである。

最後に、特殊実存分析の結果を、強迫神経症的、鬱病的、および統合失調症的体験の様式の間の本質的相違に関して概観してみるならば、われわれは結局、次のように総括することができる。すなわち強迫神経症者は適応機能の不全と、持続的な過度の意識性とに悩む。また統合失調症者は「心的能動性の機能不全」による「意識の緊張低下」に悩む。一部は実際に、一部は体験的に、統合失調症においては、自我は意識性として制限されるばかりでなく、また責任性存在、責任ある主体性として制限されるのである（純粋な客観的存在の体験ないし受動化原則）。したがって統合失調症においては、全人間存在そのものは精神病的な過程《プロセス》によって異常化しているのである。このことが統合失調症者を本質的に鬱病者から区別する。なぜならば鬱病者においてはその異常体験は、実存分析的には、それが人間的なものからの疾患過程《プロセス》の形成として解せられることによってのみ、すなわちまったく人間存在の様式としてのみ理解されうるからである。それに対して統合失調症においては、実存分析の示すところによれば、この人間存在自身が罹患しているのであり、したがってそれ自身が疾患過程《プロセス》によって形成されている。したがって、通俗的な言葉が鬱病を心情の疾患とし、統合失調症を本来の精神病として区別しているのは正当である。真の「精神」の疾患として統合失調症それ自身は——強迫神経症に対して――「被造的」（シュトラウス）な事象であると呼ばれうるであろう。それに対してわれわれは、強迫神経症を、シュトラウスとは反対に、被造的とはみなしえないのである。しかしそれにもかかわらず、人間それ自身から、したがって病める人間からも、いかなる場合、いかなる瞬間にも最後まで残存している、運命と疾患に対する一片の自由は、統合失調症者にも存しつづけているのである。

第三章　心理的告白から医師による魂の癒しへ

第一章においてわれわれは従来の心理療法が——心理的な処置の領域へ精神的なものを引き入れるという意味で——根本的に補充されなければならないことを、またいかなる範囲まで補充の必要があるかを示そうと試みた。かかる補充の「可能性」について以下取り扱ってみよう。

パラケルススは「哲学なき医師が自らを医師と呼ぶことのおこがましさ」と言ったが、われわれは世界観的な意欲に「充ちた」医師が世界観を治療的処置の中へ引き入れる権利があるかどうか、またいかなる範囲まで正当であるか、などという問題を取り扱わなければならない。

われわれが第一章で得た基盤はロゴセラピーであった。ロゴセラピーがその視野の中心においた人間の責任性ということを転回点として、人間存在の分析としての実存分析は責任性存在へと目を向けさせられたのであった。そして実存分析は人間存在の使命性格そのものを指摘するのである。それは人間存在を最も深く責任性存在として体験させる。それによってロゴセラピーは或る内的な事象をひき起こすのであり、その治療的な高度の意義については、すでに述べられたごとくである。

ロゴセラピーから実存分析へと至る道についてはすでに述べた。或る一定の点においてロゴセラピーは実存分析へと変化したのであった。ところで、今や臨床心理学者がこの点を超えて進むべきか、あるいは進んでよいかという問題が生じる。

心理療法が、特に精神分析が求めていたものは、いわば心理的告白であった。そしてロゴセラピーが、特に実存分析が求めるものは医師による魂の癒しなのである。

この命題は誤解されてはならない。すなわち医師による魂の癒しは決して宗教の「代用品」でもなければ、また従来の意味での心理療法の代用でもなく、すでに述べられたように従来の心理療法の単なる補充であろうとするのである。かくれた形而上学的なものの中にかくまわれていることを知っている宗教的な人間に対してはわれわれは何も言うべきものをもたず、何の与えるべきものもない。問題それ自身は、宗教的ではない人間が彼を深く動かしている或る世界観的諸問題に対する答えを渇望しつつ医師に向かうときに生じることなのである。

したがって、医師による魂の癒しということが宗教の代用ではないかと疑われるならば、われわれははっきりとそれを否定することができる。ロゴセラピーあるいは実存分析においても、われわれはなお医師であり、医師であることを欲する。われわれは司祭と競争しようとは思っていない。ただわれわれは、医学的処置の圏内から踏み出して医学的行為の可能性をくみつくそうと欲するだけなのである。そこでかかる可能性が存すること、およびいかにそれが実現されうるかということが示されねばならない。

告白ということの心理療法上の意義については、さまざまな方面から繰り返し高く評価されている。臨床心理学的な処置の枠内のみならず、もっと広い何らかのカウンセリングの枠内においても、単に言葉で表現すること自身がすでに重要な治療的効果をもつことがしばしば示されている。前章において、不安神経症および強迫神経症の治療に関して、症候の客観化と患者の症候に対する距離化との効果について述べられたことは、言語による表現一般に妥当するのであり、心理的苦悩の告白一般にあてはまる。自らを表現することが気分を寛解させるものであることはよく知られている。「告げられた」苦悩は「分けられた」苦悩なのである。

精神分析は「告白衝動」について語り、それを何らかの意味で症候として解している。人間を一方的に「駆られた」ものと見る精神分析的な見地から見れば、それは告白衝動の中に症候を見るのみであり、「症候」に対するアンチテーゼであるオズヴァルト・シュヴァルツのいわゆる「業績」を見ないのは当然である。しかし告白への心迫もまた（道徳的）業績でありうるということ、したがって必ずしも神経症的疾患にいれられるわけではないことを、次の事例が示している。

或る女性の患者は梅毒恐怖のゆえに精神科医の所へ連れてこられた。そして判明したことは、彼女が一般的な心気性神経症に悩んでいるということであった。彼女が感じている神経痛様《よう》の苦痛を彼女は梅毒感染のしるしと誤解していた。われわれが神経症的な心気症に関してすでに述べたことの意味においては、この特殊な梅毒恐怖は性的領域における良心のやましさの特殊な表現として理解されうる。しかしこの場合には、患者は性的な意味で何らの良心のやましさをもっていなかった。たしかに彼女は強姦の犠牲になったのであるが、しかし彼女はこの点では――正当にも――何らの重大な罪の感じをもっていなかった。彼女の罪の感じはむしろ他の事実に関係していたのである。すなわち、彼女はそのことを彼女の夫にまだ少しも打ち明けていないということであった。そしてこれもまた正当であった。なぜならば、彼女はきわめて愛している夫のことを顧慮しなければならなかったからである。というのは、彼女は彼がきわめて邪推深い人間であることを知っていたから告白するのを延ばしていたのであった。彼女の告白衝動は、したがって、決して症候ではなかった。それゆえに、通常の解釈にしたがって普通の心理療法的処置をするよりも、即事的な徹底した話し合い、道徳的な論議といったロゴセラピー的な処置を必要とするのである。事実、この告白衝動は彼女がこれからも沈黙しつづけることを洞察した瞬間に消失したのであった。彼女は告白しうるときにのみ必要であることを洞察した。ところが、彼女は本来の罪というものをもっているとは感じていないのである。さらに彼女は、もし告白すれば、邪推深い夫をただ誤解させ、真実をまげられたであろう。かくして、患者は彼女の良心が安心させられることによってのみ安心できるようになった。そして彼女の良心を平静にするには、性的な事件に関してではなくて、告白への道徳的義務の問題に関することが重要であったのである。

この患者に対して、医師はまだ深く話し合う前に、彼女が司祭の所へ行き、告解をしたかどうかを訊ねた。彼女はこの問いを否定し、この方法をとることを拒絶した。したがってこの場合には、われわれの見解によれば純然たる道徳的な問題ないし論議が重要であったから、われわれはもしこの患者が宗教的であったならば、告解は医師による魂の癒しとは比較にならないほどよく彼女を平静にさせえたと仮定することが許されるであろう。

ロゴセラピーから実存分析を経て医師による魂の癒しに至る道において、われわれはすべての心理療法にすでに何らかの意味で付着している精神的問題性とますます多く取り組まなければならない。ロゴセラピーが「精神的なものからの心理療法」であろうとし、精神的なものに意識して接触しようとするならば、それは価値問題に接触し、医学の限界問題にふれるのである。

通常の心理療法は、すなわち狭義の心理療法は、人間を心理的および身体的抑制や苦悩「から自由」にし、自我圏を身体的なものに対して拡大することで満足する。それに対して、ロゴセラピーないし実存分析は、人間を他のより広汎な意味において自由にしようと欲する。それは自己発見「への自由」であり、ゲオルク・ジンメルが「個性的法則」と呼んだもの「への自由」である。実存分析は人間にその責任性を自らに引き受ける能力を与えようとするのである。実存分析はかかる要求をもちつつ、心理的なものの領域を身体的なそれから区別する線上にもはや在るのではなく、心理的なものの領域から精神的な領域に至る線上に動いている。そしてそのことから必然的に限界を逸脱する問題と危険とが生じるのである。

われわれが第一章においてこの問題を取り扱ったのは、われわれが——心理主義の危険に対して——精神的なものそのものの固有な法則性を守ろうと努めたかぎりであったから、今や具体的人格的に精神的なもの固有の権利を確保することが重要になってくる。したがって、問題はこの確保という点でわれわれが何をロゴセラピーあるいは実存分析、あるいは医師による魂の癒しから要求すべきかということである。この問題をわれわれはカントが形而上学に関して述べた歴史的な形式に模して、次のように別な形で表現することができる。すなわち、われわれは心理療法が価値づける心理療法として可能であるかどうか、またいかに可能であるかを問うのである。

しかしこれらすべてのことについて、われわれは常に権利問題（quaestio iuris）に注目すべきであって、事実問題（quaestio facti）に逸脱すべきではない。なぜならば、事実的には精神科医のみならず、あらゆる医師は価値づけているからである。まずあらゆる医学的行為には健康価値ないし回復価値が前提とされている。また既述のごとく、医学的行為の精神的問題性ないし価値問題は、安楽死の問題、自殺者の救助の問題、特に危険な手術の提議の問題などの人間存在全体が問題であるような場合にはじめて現われるものではあるが、しかしとにかく最初から没価値的な、あるいは倫理的な前提なき医学的臨床は存しないのである。

そして特に心理療法は、従来から実際にはロゴセラピーと医師による魂の癒しを行なってきたし、臨床心理学者はその統一的な行為において両者を組み合せて行なっている。ただわれわれは心理主義から脱《のが》れるために、第一章において方法的発見的な分離を必要としたのである。

しかし、われわれの前には価値づけの原則的な正しさの問題、世界観的なもの、精神的なもの、精神の世界への進出が「その名によってなされる法廷」（プリンツホルン）の問題が存している。この問題は世界観的な秩序正しさと方法的な明確さの問題である。認識批判的な見識をもった医師にとっては魂の癒しが重要であり、提出された問いに答えを与えねばならないことは明らかである。

ヒポクラテスは、医師が同時に哲学者であれば神々にも似ていると述べたが、しかしわれわれは世界観を――必要な場合には――医学的行為の中にとり入れるというわれわれの努力において決して司祭と等しくなろうとするわけではない。われわれはただ医師であることの究極の可能性をことごとくくみつくそうとするだけなのである。われわれはこのことに敢えて挑まなければならないのであり、プロメテウス的なことを始めることだと解せられる危険を犯しても、敢行しなければならない。なぜならば、医師はその臨床に際して常に患者の世界観的な決断に対決させられているからである。われわれはそれに目をそむけて治療することはできない。われわれは常に繰り返し態度をとることを強いられるのである。

そして医師そのものはかかる意味で態度をとる権能があり、またその使命があるのであろうか。また或る態度の決定を避けることは許されないのだろうか。それともそれは望ましいことなのだろうか。医師は患者の決断に干渉することは許されるであろうか。もしそれをすれば、医師は私的な精神圏に干渉することになるのではないだろうか。そのときに医師は不注意に、あるいは無思慮に彼の個人的な世界観を患者におしつけることにならないだろうか。ヒポクラテスは「人は哲学を医学の中にもちこみ、医学を哲学の中にもちこまなければならない」と言ったが、しかしわれわれは、医師が医学的行為に属さないものを医学的行為の中にもちこむのではないだろうか、と問わざるをえないのである。医師は世界観的問題を患者と論ずることによって世界観を押しつけることにならないだろうか。

世界観的問題を語る権能があるとされ、したがって人に世界観を付与することを恐れる必要のない司祭にとっては、問題は簡単である。また医師で且つ宗教的である人間が同じ意味で宗教的である患者と世界観的問題あるいは価値問題を語ることは容易である。また国家から国家的な関心事を守るように委託されているごとき、初めから或る価値に結びつけられている医師の場合も、問題は簡単である。しかし他の医師は、特に臨床心理学者は、この場合ジレンマの前に立つのである。すなわち一方では彼の前には心理療法の内部における価値づけの必然性が存しており、他方では臨床心理学者の側からする或る世界観を押しつけることを避けなければならない必然性が存している。

ところで、このジレンマには一つの解決が存するのである。しかしそれはただ一つの定まった解決である。われわれは人間存在が意識性存在と責任性存在であるという、われわれの出発点である人間存在の人間学的根本事実を振り返ってみよう。実存分析は人間をこの彼の責任性存在の意識に至らせようとのみするのである。実存分析は人間にこの存在における責任性を体験させようと欲する。人間がその存在を最も深く責任性存在として了解するこの点に至るまで人間を導く以上のことは可能でもなく、また必要でもない。

責任ということは倫理的には形式的な概念である。それはいまだ何らの内容的な規定を含んではいない。さらに責任ということは倫理的に中立的な概念である。そしてその限りにおいては倫理的な限界概念である。なぜならば、何に対する責任であるか、何にとっての責任であるかということについては、この概念について何も語られていないからである。この意味において実存分析も、人間が何に対して責任を感じているか、たとえば神に対してか、両親に対してか、社会に対してか、またいかなる価値の実現化に対してか、またいかなる個人的使命の充足に対してか、いかなる具体的な人生の意義に対してか、という問いに対しては中立性を守っている。それに対して、実存分析の任務は、人間が自主的に、意識された自己の責任性からして使命へと進み、今や明らかになった一回的にして唯一の人生の意義を見出すようにすることなのである。それが可能になるやいなや、人間は存在の意味に関する問いに対して具体的にして且つ創造的な答えを支えるであろう。なぜならば彼はそのとき、「責任に対する答えが呼びおこされる」（デュルク）ところに到達したからである。

したがって、実存分析はかかる問いに答えるにあたって、ある価値尺度や価値秩序に従ってするように、とは決して強制するわけではない。実存分析にとっては人間というものが価値づける行為をするという事実だけで充分なのである。価値の選択（エリアスベルクは「親和力ある価値」と言うであろうが）は本質的に患者の問題であり、それにとどまる。実存分析は患者自身が決断すべきことを決めてしまってはならないのであり、それはただ患者次第なのである。そしてその倫理的な中立性にもかかわらず、責任性意識は倫理的な拘束力をもっている。もしそれが人間の中に目覚まされるならば、それは自発的且つ自動的にその目的への道を求め、見出し、赴くのである。実存分析およびあらゆる医師による魂の癒しは、患者がその責任性を徹底的に体験するようになるまで導くことで満足し、且つ満足しなければならない。それを超えて、たとえば、具体的な決断の個人的な圏内まで処置を継続することは、いかなる場合にも不適当であるといわざるをえない。したがって、医師は決して患者から責任を取り去って自分の方へ転じさせてはならないのであり、また患者より先に勝手に決断して、それを相手に押しつけたりしてはならないのである。彼はただ患者の側からの決断を可能にしてやるべきなのであり、患者に決断の能力を与えるようにせねばならない。

しかし、価値は何らかの意味で比較しえないものであり、決断は常に「選択」（シェーラー）に基づいてのみ可能であるから、事情によっては或る人間をこの場合に助けることが必要になる。かかる援助の必要性と可能性は次の事例を見れば明らかになる。或る若い男が実際的な忠告を求めるために精神科医を訪れたことがあった。すなわち、彼の許婚者の女性は一人の女友だちをもっていたが、この女友だちが、彼を一度だけでよいから性的冒険をしようと誘ったのであった。そしてこの若い男は、いかに決断すべきか、何をなすべきかを訊ねたのであった。すなわち、彼がきわめて愛し且つ尊敬している許婚者をあざむいてよいだろうか、それともこの誘いを断って許婚者に対する誠実を守るべきかというのである。医師はもとよりこの決断に干渉することをきっぱりと拒絶した。しかし当然のことながら、患者に両方の場合に彼がどういうことを結局ひき起こすのかということを明らかにした。すなわち一方の場合には、その若い男は一回的な享楽に対する一回的な機会をもち、他方では道徳的に価値の高い行為、愛のための放棄への一回的な機会、彼自身の良心に対する「業績」への一回的な機会をもっているのである。この若い男は彼自身の表現に従えば「好機を逸したくない」のであって、その意味では性的享楽の機会へと媚態を作っていたのである。しかし彼は彼に提供されたこの機会を果たせるかどうかは疑問であった。なぜならば、彼は同時に陰萎のゆえに医師を訪れたからであった。したがって医師は、患者のやましい良心が陰萎の形で決着をつけようとしているのだと仮定することができたのである。もとより医師はそれを自分にだけ考えたのであって、彼に告げたわけではない。しかしそれと別に医師はちょうど同じ距離に、同じ量だけ餌のある二つの秣槽《まぐさおけ》の真ん中に立って——周知のスコラの理論に従って——どちらとも決められず飢死しなければならなかったよく知られたあの驢馬の話のような彼の状況を緩和するのに努めた。すなわち、医師は二つの決断を迫られた可能性のいわば共通の分母を求めようと努めたのであった。それは二つの可能性のもっている「一回だけの機会」ということであり、患者は両方とも決断すれば「或るものを逸する」のである。すなわち一方では疑問に思われる享楽（おそらく問題なく不能だと思われる享楽）を失い、他方では彼が許婚者に対してもっていた愛と感謝との深い気持ちを、おそらくこれほど適切に表現する機会はないのに、それを失うのである。つまりもし今沈黙の中に性の冒険を放棄すれば、それは愛と感謝の表現になりうるのであった。したがって、この若い男は両方の場合に「或るものを逸する」ことを学んだばかりでなく、一方の場合は比較的少なく、他方の場合には比較にならぬほど多くを失うことを学んだのである。彼に行くべき道を示してやることはしなかったが、患者は彼がいかなる道を行くべきかを学んだのであった。そして彼は決断をしたのであるが、それは医師の事態を解明する説得によってこそなしたのであった。

共通の分母を見せるようにするということは、価値の選択が問題ではなくて、「善」の比較が問題であるような場合にも一役を演じる。たとえば、脳塞栓の後に半身麻痺をもった或る比較的若い男が、少しも良くなる見込みのない身体の状態について医師にその絶望を訴えたことがあった。しかし医師は、患者がいわば損得の清算をするのを次のように助けた。すなわち、疾患という悪に対して人生に意味を与えうる善が充分に存しているのであった。それは彼の幸福な結婚と健康な子供とであった。右側の肢体が自由に使えないということは年金受領者としての彼にとっては特に重大でもなかったのである。彼は自分のもっている麻痺がせいぜい職業的ボクサーの生活には決定的であるかもしれないが、しかし自分のごとき人間の人生の意義をすべて妨げるわけではないことを認めざるをえなかった。そして患者はかかる哲学的な距離、ストア的な冷静さ、賢明な明朗さに、次のような方法で達したのであった。すなわち医師は脳塞栓によって生じた言語障碍に対して読む練習をするように指示した。患者が読書練習で最後まで読み通した本はセネカの『幸福なる生活について』であった。

しかし場合や状況によっては緊急な、生命にかかわるような心理療法が患者の決断へ干渉しなければ危険なこともあることは見過ごされてはならない。医師は甚だしい絶望の中にある人間を見殺しにはできず、上述の原則を放棄しなければならないこともある。ロゴセラピーおよび医師による魂の癒しの領域においても、たとえば自殺の危険のある場合にはそうしなければならないのである。しかしかかる例外の場合も、患者の価値問題に対する医師の通常の控え目な態度を証明するだけなのである。原則として、一般的に上述の限界は尊重されねばならない。

かくして、われわれは実存分析におけるロゴセラピーの精神的問題および価値問題に対して一つの解決を見出そうと試み、またそれと同時に医師による魂の癒しの基礎づけをなそうと試みた。今やわれわれは意識的に価値づける心理療法から何を求めるべきかを知ったのである。しかしわれわれはかかる心理療法を行なう医師から何を求めるべきであろうか？　医師による魂の癒しは、また心理療法一般は、学びうるものであろうか？　また教えうるものであろうか？

あらゆる心理療法は結局何らかの意味において芸術である。その限りにおいて心理療法には或る非合理的な要素が存する。心理療法においては医師の芸術家的な直観および彼の人格性が少なからざる役割を演ずる。医師の人格性というこの非合理的な契機に対応して、患者の側に第二の非合理的な契機が存するのである。すなわちそれは患者の個性である。すでにベアードは或る一人の医師が神経衰弱の二つの事例を同じ様式で処置したならば、彼はたしかに一つの事例は誤った処置をしているのだと述べた。したがって「一定の」正しい心理療法が存在するかどうかは疑問である。むしろ（或る医師の、或る患者に対する）「或る」正しい心理療法が存するのではないだろうか。しかしそれが求められる限り、それは――二つの非合理的な契機に相応じて――二つの未知数をもつ方程式にも似ている。

「心理療法の」効果がいかに奇妙な偶然に負うことがあるかはよく知られている。たとえば、或る一つの場合には心理療法的な処置を或る理由からきっぱりと拒否したところが、それが患者を症候から解放したのであった。また他の、或る精神病質人格者の場合には、彼はそれまでずっと不自然かつ無益に最高の精神的水準、内的な偉大さ、人格的な高さに向かって努力していたのであるが、驚くべきことには一つのことが彼を救ったのである。それは自分がシュレミール〔シャミッソーの小説に出てくる、自分の影を売った不幸な男――訳註〕であることを率直に認めたらどうだという医師の忠告であった。これらの例は心理療法が臨機応変であってよいばかりでなく、またそうするべきであることを示していることに他ならない。しかしこのためには心理療法は直感を必要とするのである。

われわれは何を医師による魂の癒し、およびそれを行なう医師から要求すべきかを問うた。ではわれわれは何を患者から治療目的のための寄与として求めるべきであろうか。それに対しては、われわれが患者からいくら多くを求めても求めすぎることはないと答えねばならないであろう。われわれは彼の道徳的な努力を励まし、彼を刺激して彼がますます彼自身から多くを求めるようにしなければならない。そしてあのゲーテの言葉、「われわれが人間を彼らがあるがままに受け取るならば、それはよい扱い方ではない。われわれが彼らをそうあるべきであったかのように取り扱うならば、われわれは彼らを行くべき方向へと導くのである」を想うべきなのである。この言葉をモットーとする心理療法は――精神的なものへ向けられた心理療法はそうしなければならないのであるが――、したがって決して現実離れのした観念論の上に基礎を置いているわけではない。それはむしろ即事的、具体的すぎるほどであり、その信ずるものをもたらす信仰の弁証法を計算しているのである。患者のエートスに対するその思弁は「高められた」意識的な思弁なのである。

われわれは医師による魂の癒しとしての実存分析から何を求めねばならないかを訊ねた。さて、われわれは何を実存分析から期待することができるであろうか。

たしかに決してそれは特殊療法ではない。またそれはロゴセラピーとしては神経症の原因に手を触れようとするわけではない。ましてや精神病の原因を扱おうとするのでもない。したがって、それは何らの因果的な処置を示しているわけではない。なぜならば、神経症あるいは精神病の単なる「精神因」(Logogenese)というものは存しないからである。われわれは常に繰り返し精神病のみならず神経症の生理学的基盤を指摘した。しかしすでに狭義の心理療法は、それが扱うすべてのものが心因性というわけではないという限りにおいては特殊療法とはいえない。疣《いぼ》ができるということは普通たしかに心因性のことではないが、しかしそれにもかかわらず、それは暗示によって除去されうるのである。反対に、素朴な人間における単純な不眠症で、間違いなく心因性(予期不安の意味)のものであるにもかかわらず、短期間の眠剤投与によってきわめて簡単にかつ早く治癒してしまうこともある。

何よりもまず精神分析が自らを特殊療法且つ原因療法であると信じている。しかし精神分析が病因とみなす「コンプレックス」や「心的外傷」はおそらく遍在的なものであり、したがって少しも病因である必要はない。それにもかかわらず、精神分析は多くの人間を救った。したがってそれは常に非特殊的な療法であったに違いない。

「心因的発生」ということと「心理療法への適応症」であるということとは一致するわけではない。したがって心理療法はそれが原因療法でなくても適応療法でありうるのである。換言すれば、心理療法はたとえそれが特殊療法でなくても適応療法でありうる。それはロゴセラピーにおいても事情は同様である。ロゴセラピーも、たとえそれが原因的且つ特殊的でなくても適応療法でありうるのである。

なぜならば、たとえ病因が心的な層や生理的な層に求められようとも、人間の層構造のいわばピラミッドの頂点である精神性に手をつけることが場合によっては推奨されるのである。たとえば不安神経症において、ロゴセラピーは患者に精神的根拠を与え、不安をいわば対象のないものにするという意味では神経症を「不必要」となしうるのである。また強迫神経症においては、ロゴセラピーは強迫神経症者に対して、彼に最も欠けている精神的平静さを与え、患者の健康な精神的抵抗力を動員させることによって神経症を「不可能」になしうる。そして或る場合には、ロゴセラピーは治療的目的に到達する最も経済的な方法でもありうる。そして最も経済的な方法は必ずしも原因療法による方法ばかりではないのである。

しかし、医師による魂の癒しにおいては初めからただ神経症の療法だけがもっぱら問題になっているわけではない。医師による魂の癒しは一義的にはすべての医師の関心事なのである。外科医も精神科医や臨床心理学者と同様にロゴセラピーを必要とする。ただロゴセラピーの目的は外科医のそれとは異なった、より遠大なものなのである。外科医が或る肢の切断手術を行なったとき、彼は済んでから手術用手袋を脱ぎすて、それで医師としての義務を果たしてしまったように思える。しかし患者が身体障碍者として生き続けようとは思わないといって自殺してしまったら、外科的治療の実際の効果はどれだけ残っているだろうか。医師が外科的な苦痛や手術による身体の欠損に対する患者の態度に関して或ることを為すということは、医学的行為の範囲内に属するのではないだろうか。医師は疾患に対する患者の（たとえ言葉で表現されなくても世界観的な）態度に或る処置をする義務あるいは権利をもっているのではないだろうか。外科医が外科医としては手を拱《こまぬ》いてしまうときにはじめて、医師による魂の癒しの仕事は始まる。たとえば外科医が彼の外科的な仕事をなしてしまったときに、あるいは手術不能な場合に面して外科的処置が行なえないときに、それは始まるのである。

それは単に肩を叩いたり、安直で粗野な格言をいったりすることによっては行なわれない。重要なのは正しい時に正しい言葉を用いることであって、この正しい言葉は決して大言壮語の中には存しないのであり、大げさな哲学的議論の中に「退化」する必要は少しもないのである。しかしそれは感銘を与え、相手の胸にふれるものでなくてはならない。

老人性脱疽のゆえに足を切断された或る著名な法律家は、彼が最初に一本足で歩いてみるためにはじめてベッドから離れたとき、思わず泣き出してしまった。そのとき医師は彼に、あなたは長距離選手になるつもりでしょうかと訊ねた。なぜならばそのときにのみ彼の絶望は了解しうるものであるからである。この質問は直ちに涙の中から魔法のように微笑をひき起こさせたのであった。患者は直ちに、人生の意義はできるだけ敏捷に歩くことの中に存するのではなく、また人生は足がなくなったからといって、価値可能性もなくなるほど貧しいものではないという平凡な事実を理解したのであった。

また他の一人の女性の患者は、骨の結核のために足の切断の手術を受ける前夜に、その女友だちに宛てた手紙の中で自殺の企図をにおわせた。この手紙は直ちに転送されて、彼女の入院している外科病棟の或る若い医師の手に入った。その内容を走り読みして数分後には、医師はすぐ彼女と話をしにいった。彼も患者に適宜な言葉によって、人間の存在は足を失うことによって意味や内容をすべて失うならばきわめて貧しいと言わねばならないことを明らかにした。たしかに、蟻の国で六本足で走り回って働く蟻にとっては、足をなくしたらその生は目的を失うであろう。しかし人間の場合には事情は異ならざるをえない。いわばソクラテス的なやり方で行なわれたこの若い医師との対話は効果をあげたのであった。次の日に手術を行なった外科医長は、成功した手術にもかかわらず、彼女がほとんど解剖台に横たわるところであったことを今日に至るまで知らないでいる。

われわれが実存分析的なロゴセラピーと医師による魂の癒しの適応領域の輪郭を描こうとするならば、次のような適応症を示すことができる。

第一にそれは、患者がその精神的な苦悩にいわば圧迫されている場合には常に適切である。特に神経症的な人間の独特な心理的苦悩は、時おりいわば精神的な圏内に移調される。ロゴセラピーは意識的にそれを取り扱う。主としてこの場合には知的な人間のタイプが問題となる。

第二に実存分析は、患者が世界観的な論議をする能力をもっている人間である場合、すなわち「精神的なものからの」心理療法を選ぶことができるとわれわれが期待できる人間である場合には、常に適している。実存分析的な方法は、かかる人間においてはしばしばおどろくべきすぐれた理解を見出すのである。

第三に医師による魂の癒しは、当該の患者の生活において運命的なものが問題であるような場合には適している。たとえば身体の一部の障碍とか不治の疾患とか、長期の病床生活などに面しているような場合である。さらにそれはその他に、場合によっては、真に変えることのできない状況、環境から原因する真に不可変の苦悩の中にある人間をも引き受けなければならないであろう。われわれはここで、すでに前章において述べられた社会的運命（失業の心理的苦悩など）に対する医師による魂の癒しの可能性と必然性を想定する。医学的な適応症という点から見ればこの第三の領域はＩ・Ｈ・シュルツが彼の「ニルヴァナ（涅槃）療法」に対して述べたところとおおよそ一致しているかのように見える。しかしわれわれの見解によれば、ニルヴァナ療法は、医師による魂の癒しのように患者をたすけて彼の苦悩を内的な業績にまで形成し、このようにして態度価値を実現化する代わりに、患者が状態的なものの中へ逸脱し、酩酊様なものへ沈むことを一層支持するのである。

われわれがロゴセラピーおよび実存分析によって踏み入った領域は、医学と哲学との間の境界領域である。医師による魂の癒しはまた医学と宗教の間の境界線上に動いているのである。二つの国の間の境界線を歩いているものは、両方の側から不信の目をもって見られることのあるのを顧慮しなければならない。したがって医師による魂の癒しも邪推深いまなざしで追われることを考慮し、それを甘受しなければならない。

魂の癒しは二つの国の中間に存する。したがってそれは境界領域である。境界領域として、それは無人地帯である。しかし——それは何という約束の地、望み多き土地であることだろうか。

訳者あとがき

著者V・E・フランクル教授はウィーンに生れ、フロイトおよびアドラーに師事して精神医学を学び、現在ウィーン大学医学部神経科、ウィーン市立病院神経科において活躍しているすぐれた精神医学者である。彼の名はすでに本邦においては感動的な彼の著『夜と霧』（原名「強制収容所における一心理学者の体験」）によって知られている。本書は彼の代表的な主著 *Ärztliche Seelsorge*, 6. Aufl. 1952 の邦訳である。彼にはその他に *Die Psychotherapie in der Praxis*, 1947, *...trotzdem Ja zum Leben sagen*, 1947, *Zeit und Verantwortung*, 1947, *Der unbedingte Mensche*, 1949, *Der unbewusste Gott*, 1949, *Homo Patiens*, 1950, *Logos und Existenz*, 1951, *Die Psychotherapie im Alltag*, 1952, *Pathologie des Zeitgeistes*, 1955 などがある。

今日、実存分析と呼ばれるものは現象学的精神病理学の一つの到達点であり、また転回点であるとも考えられるが、しかしそれは決して単一なものではなく、多くの異なった学派を内含しているものなのである。たとえば、L・ビンスワンガーの実存分析と、フランクルのそれとは根本的に異なっているといってよいであろう。実存分析は通常は精神病理学の新しい一つの観察様式であり、探究方法であって、患者の了解を深めることに役立とうとする理論的構想なのであるが、フランクルの場合はこれがロゴセラピーという臨床的、治療的なものと結びつけられているところに特徴があるといえよう。本書に述べられている彼の主張にはさまざまな異論もあるであろうが、しかし従来の心理療法の盲点をつき、それを補充するものとして多くの反省をわれわれに与えてくれるものであると信ずる。また実際に心理療法の臨床家を悩ましている患者との世界観的対決の問題にこれほど深い洞察の目を向けているものも少ないであろう。そして心理療法の臨床家、また広く教育の仕事にたずさわるもののみならず、哲学の領域であれ、社会科学の領域であれ、人間ということを問題にするすべての場において、本書は示唆に富むものであるといえよう。ここに描かれている人間像は少しも観念的なものではなくて、真の意味で現実的、存在論的なものであり、さらにその背後には伝統的なヨーロッパのヒューマニスティックな人間像が横たわっている。それが東洋の世界にそのまま移調できるかについては具体的には問題があるにせよ、彼が従来の心理療法の彼岸にあったものを臨床心理学の領域にひき入れ、それを豊かにしようとしていることは高く評価されてよいであろう。

一九五七年二月

霜山徳爾

解説

河原理子

新刊！

あらゆる医師のための、そして、生きることと苦悩の意味を求めてもがくあらゆる人のための本

『死と愛』の原著（*Ärztliche Seelsorge: Grundlagen der Logotherapie und Existenzanalyse*）が一九四六年にウィーンのドイティケ社から出版されたとき、初版本には、こんな宣伝文句を書いた帯がついていた。

初版は数日で売り切れた、といわれている。部数もそう多くはなかったらしいが、戦争が終わってなおさまよう心に、この宣伝文句はしみたかもしれない。大きくて厚みのある本だが、この年だけで第三版まで出ている。翌年には第四版が出た。

対照的に、同じ一九四六年に出た双子のような本『夜と霧』が当時はさほど売れなかった、と聞くと不思議な気がする。のちに世界的ロングセラーになったのに。一九四七年に第二版が出たものの大部分が処分されたという。『夜と霧』の原題は、『一心理学者の強制収容所体験』。ようやく戦争が終わったのに、

ナチスドイツの強制収容所の体験記に向き合うのはしんどい気分だったのだろうか。
『死と愛』は、大学で教える資格を得るための論文のもとになった学術書で、そのなかの「強制収容所の心理」の部分を拡大して一気に口述筆記したのが、『夜と霧』である。ヴィクトール・フランクル（一九〇五—一九九七）の第二次大戦後の出発点となった重要な著書である。最初の本と二冊目の本というだけでなく、これを書いたとき、フランクル自身が「生きることと苦悩の意味を求めてもがく人」だった、という点で重要である。評伝のなかで、フランクルはこんな風に語っている。

オーストラリアにいる妹をのぞいて家族全員を失った私にとって、死の前にやっておきたい仕事はこれだけだった。それをのぞけば、私には生き続ける理由はなにもなかった。でも、自殺だけはするまいと決心した——少なくとも最初の本『死と愛』を完成させるまではね。私はこれに加筆し、それが大学講師となるための資格取得論文となった。

（『人生があなたを待っている〈夜と霧〉を越えて』1　ハドン・クリングバーグ・ジュニア著　赤坂桃子訳　みすず書房）

ユダヤ人の精神科医だったフランクルは、三十七歳から四十歳まで、ナチスドイツの四つの強制収容所で過ごした。プラハ北方のテレージエンシュタット、アウシュヴィッツ第二収容所ビルケナウ、ドイツ南部にあるダッハウ強制収容所の支所のカウフェリング第三、同じく支所のテュルクハイム。
一九四二年九月にフランクルは故郷ウィーンを追われて、新婚のティリーと両親とともに、テレージエンシュタット収容所に送られた。ここではまだ医師として活動する余地があり、高齢の父をみとることができた。ここに母を残して、一九四四年十月、フランクルは妻とアウシュヴィッツに移送され、アウシュヴィッツの停車場で男女別々にされて、以後、妻に会うことはなかった。ドイツ南部に戦闘機工場を急いで作るために、フランクルはわずか数日でアウシュヴィッツからカウフェリング第三へ移送されて、凍てつく冬の工事現場で働かされた。そしてテュルクハイムで病んで春を迎えて、一九四五年四月にようやく解放された。

しかし、解放されたら幸せな生活が戻るわけではなかった。

母はアウシュヴィッツに送られてガス室でいのちを奪われていた。フランクルは八月にようやくウィーンに帰りついて、妻ティリーがドイツ北部のベルゲン゠ベルゼン収容所で解放後ほどなく――おそらくは衰弱して――死亡していたことを、知る。

どのような思いだったろう。『夜と霧』の終わりの方の、解放後のことを書いたところに、フランクル自身のことだと思われる記述がある。

彼が収容所で唯一の心の拠り所にしていたもの……愛する人……がもはや存在しない人は哀れである。〔略〕彼は市電に乗り、それから彼が数年来心の中で、しかも心の中でのみ見たあの家の所で降り……彼が多くの夢の中で憧れたのと全く同じように……呼び鈴を押し……だが、ドアを開けるべき人間はドアを開けないのである……その人はもはや決して彼のためにドアを開けてくれないであろう……。

〔略〕解放された囚人のうち少なからざる人々が新しい自由において運命から受け取った失望は、人間としてそれをこえるのが極めて困難な体験であり、臨床心理学的にみてもそう容易に克服できないものなのである。しかしそうだからと言って、それは心理学者の勇気をはばむことには一向ならないのである。〔略〕なぜならばそれは使命的性格をもっているからである。

（『夜と霧　ドイツ強制収容所の体験記録』フランクル著　霜山徳爾訳　みすず書房）

苦悩のなかで、自分が生きてこの世にのこされたことの意味を探している。のちの回想録ではこう語っている。

ウィーンにかえって間もないある日、私は友人のパウル・ポラックを訪ね、私の両親、兄、そしてティリーの死を報告した。今でも覚えている、私は突然泣き出して、彼に言った。「パウル、こんなにたくさんのことがいっぺんに起こって、これほどの試練を受けるのには、何か意味があるはずだよね。僕には感じられるんだ。あたかも何かが僕を待っている、何かが僕に期待している、何かが僕から求めている、僕は何かのために運命づけられているとしか言いようがないんだ。」

（『フランクル回想録　20世紀を生きて』フランクル著　山田邦男訳　春秋社）

フランクルが自死するのではないかと心配した友人たちが、仕事を世話し、論文を書き上げるように勧めた。フランクルは論文に没頭する。

私は毎日心情を吐露するように口述したのである。部屋には暖房もなく、ほとんど家具もなかった。窓にはガラスの代わりにボール紙がはってあっただけだった。まるでほとばしり出るように私の口から言葉が飛び出した。口述中、私は部屋を行きつ戻りつしながら、時折、自分自身のことを思い出しては、疲れきって安楽いすに崩れ落ちた。涙がとめどもなく溢れ出た。(『フランクル回想録』)

このようにして仕上げた『死と愛』は、フランクル自身が、困難な状況のなかで、なんとか意味にまなざしを向けて生きた、実践のあかしなのだ。

この原稿を書くことは、強制収容所のなかでも、フランクルの生を支えてきた。強制収容所に送られる前から、フランクルは独自の「ロゴセラピー」を考え、論文を書き始めていた。しかし、アウシュヴィッツで、コートの裏地に縫い込んだ論文は、衣服もろとも取りあげられた。四カ所目のテュルクハイム収容所で発疹チフスにかかって高熱にうなされたとき、このまま譫妄《せんもう》状態が続くと死んでしまうと察知したフランクルは、失われた論文を完成させようと考えることで意識を保ち、小さな紙にキーワードを書きつけて、生き延びたのだ。

このことは、本書『死と愛』のなかにも、さりげなく記されている。

またわれわれの知っている戦争中の例では、或る強制収容所において一つのバラックに数十人の発疹チフスの患者が横たわっていた。全員は譫妄状態であったが、ただひとりだけは故意に夜中に目を覚ましていて、夜の譫妄を避けようと努めていた。そして彼は十六日間の夜の熱の興奮と精神的な興奮とを、彼が収容所に持ち込んだ未刊の学術書の草稿の再構成に利用したのであって、暗黒の中で小さな紙に速記の符号でそれを書きしるしたのである。（本書九九頁）

日本では、一九五二年の原著第六版を元にして、一九五七年四月、霜山徳爾訳でみすず書房から『死と愛　実存分析入門』として出版された。

言うまでもないことだが、霜山は、翻訳者というより、フランクルに会いフランクルを日本に紹介した人である。臨床心理の研究者で実践者でもある霜山が、西ドイツのボン大学に一九五五年春まで留学したときに、本屋で『夜と霧』の原著を見つけて感銘を受けて、ウィーンにフランクルを訪ねたところから、日本でのフランクル本出版の物語は始まっている。ロゴセラピーの「ロゴス」はギリシャ語で「意味」を指すという。フランクルが考案したこのロゴセラピーを日本で最初に伝えたのが、いつ、誰なのかを確定することは私にはできていないが、霜山が留学から帰って一九五五年秋に上智大学の雑誌『ソフィア』に書いた論文で説明しており、私がみつけた限りではこれが一番古い。

霜山や、みすず書房の小尾俊人から、フランクルや出版社にあてた手紙がウィーンのフランクル研究所に残されており、霜山が帰国後にフランクルの著書を翻訳出版したいと望んでみすず書房と話したこと、著書のなかから『夜と霧』『死と愛』の二冊をまず出す準備をして、『夜と霧』を一九五六年に先に出した経過がわかる。一九五七年三月十九日付の手紙で霜山はフランクルに、日本語版のタイトルが『死と愛実存分析入門』になることを知らせている。

なぜ『死と愛』というタイトルになったのかは、わからない。死と愛はロゴセラピーでも重要なテーマではあるけれど、『夜と霧』と並行して準備が進められたから対になる言葉が選ばれたのだろうし、そもそも原題を日本語に移すのが難しいという事情があったからではなかろうか。

原題の *Ärztliche Seelsorge* を日本語でどう表すか、幾通りかあるけれども、現在よく使われるのは「医師による魂の癒し」。魂の癒し（Seelsorge）は、通常は、宗教者の行為を指すという。つまり、宗教者が行うような人の魂への働きかけ――私の解釈をまじえて言えば、そっと触れて聴きとったり、うながしたり、道筋を一緒にみつけたり、その結果として癒しがもたらされるような働きかけ――を医師がすることについて、書かれた本なのだ。

こうした考えは、メンタルケアの大切さが知られたいまのほうが理解されやすいだろう。当初の霜山訳では、本文にある Seelsorge は「医学的指導」と訳されていて、苦心のほどがしのばれる。今回の新版では「医師による魂の癒し」に変わったが、このことばを題名に含む本書の最後の章で、医師と宗教者の役割について、フランクルは縷々《るる》述べている。「医師による魂の癒し」は、宗教の代用ではなく、また、従来の医学的処置の概念からははみだす、つまり境界領域にあるのだと。

　　われわれは司祭と競争しようとは思っていない。ただわれわれは、医学的処置の圏内から踏み出して医学的行為の可能性をくみつくそうと欲するだけなのである。（本書二四六頁）

医師の世界観の押しつけになってはいけない、と戒めてもいる。宗教者は人に世界観を与えることをおそれる必要はないが、医師にその権限はない。それではいったいどうすればよいのか――。このジレンマの答えも示されている。患者が自らの責任性に気づくところまで導けばよいのだ、それ以上のことは可能でもなければ必要でもない、と。

このようにフランクルが、「魂」に触れることについて、意欲とおそれを持って、境界線をどこに引くか考えをめぐらしていたことは、とても興味深い。「医師による魂の癒し」という原題に込めたフランクルの思いに私は触れた気がした。本書を書き上げたときフランクルは、結びにあるように、ロゴセラピーという新しい〈望み多き土地〉に踏み出すことに希望を託したのであろう。

さて、ロゴセラピーとは何だろう。短くいえば、クライアントが意味に気づくのを助ける療法だ。過去や因果や心身の状態などを見つめすぎてそこにとらわれるのではなく、外や未来に目を向けて意味に気づいて生きていくことができるように、手助けする。療法である以前に、人間観であり哲学でもある。だから多くの人を惹きつけるのだと私は思う。この本だけで誰でもすぐわかるとはいえないのだが、本書には、ロゴセラピー思想の鍵となる概念がちりばめられている。

本書は、四つの部分から構成されている。

第一章は、ロゴセラピーと、精神分析、個人心理学について。

フランクルは若かりし日に、フロイト、次いでアドラーを師として、そこから分かれることになった。

快楽や権力への志向で語れるのは人間の一面であり、フロイトの精神分析、アドラーの個人心理学は人間の全体像をとらえきれていないとフランクルは考え、これらを代表とする従来の心理療法（従来の、というのは、その当時の、ということになるが）の限界線をまず探る。たとえば、臨床の場ではしばしば患者の生きる意味への問いがあらわになるが、これに応えられるのか。身体的な症候の背後に心理的な原因を見るところまでは進んだが、さらに〈人間をその精神的な困難において観察し、且つそこから助けることが重要になってきた〉とフランクルは考え、〈精神的なものからの心理療法〉としてのロゴセラピーの可能性を唱える。ただし、ロゴセラピーを、従来の心理療法に代わるものではなく、それを補うものとして位置づけている。

本書に明瞭には書かれていないのだが、フランクルは、人間を「精神」「心理」「身体」の三次元から成るものとして考えていた。ここでいう「心理」は、痛い、寒い、おなかがすいたといった知覚のようなものを指す。「精神」を、人間にしかない働きをするものとして、フランクルは重要視した。たとえば、強制収容所で空腹で疲れ切っていても、ほかのひとに自分のパンをあげる人がいた。また、人間は苦悩にも意味を見出すことができる。こうしたフランクルの「精神」のとらえ方を知っていると、少しは理解しやすくなるかもしれない。

第二章第一節は、人間が普遍的にもつ問いかけ――人生の意味、苦悩の意味、労働の意味、愛の意味――について。これらをどのようにとらえ、患者がこの本質的な問いを投げかけてきたときに医師としてどう対応するかが書かれている。

第二章第二節は、特別な場合の適用について、つまり、神経症のとらえ方と対応。ロゴセラピーの対応が有効である場合を示している。

　そして第三章が、「魂の癒し」について。


　生きる意味などについて説いた第二章第一節は、本書の真髄であり、やはり魅力的だ。

　フランクルは、意味への道筋として、「創造価値」「体験価値」「態度価値」という三つを示した。「創造価値」は、仕事や研究、芸術など、つくりだすこと。「体験価値」は自然や芸術に心ふるわせたり、愛されたり、主に受けとるもの。「態度価値」は、変えられない運命の下にあるときに自分がいかなる態度をとるかを決めることで、それによって〈たとえ創造的に実り豊かでもなく、また体験において豊かでなくても、根本的にはまだなお有意味でありうる〉。

　この「態度価値」、〈たとえば苦悩の中における勇気、没落や失敗においてもなお示す品位〉のごときものを、フランクルは重んじた。

　成功－失敗と、意味に満たされているか虚《むな》しいかは、別の尺度なのだ。「労働の意味」について、労働能力があっても意味を感じられない人もいるし、労働能力がなくても意味に満たされた人もいる、と説いていることにも通じる。ささやかな生活であろうとも、いかに意味からの問いかけに応えているかが重要なのだ、と。

「愛の意味」はごく一部に今の価値観で読むといささか抵抗感のある記述もあるけれど、若いころは放縦な生活も送ったらしいフランクルが、精神次元での深い愛にたどりつき、しかもその相手であった最初の妻ティリーも、両親も失った時点で書いたことを思うと、なおさら胸にしみる。〈愛する人間の身体的存在は死によって無に帰しても、その本質は死によってなくなるものではない〉という一文など、過酷な体験を経て裏打ちされ深められた部分を、本書のあちこちにみつけることができる。そういう意味では、やはり、これは死と愛から生まれた本なのかもしれない。

いまの読者は幸いだ。『夜と霧』『死と愛』が出たばかりの一九五〇年代の日本とは違い、フランクルのさまざまな著作の翻訳が出版されている。『死と愛』の原著はこのあと大幅に改訂されており、最終形といえる第十一版をもとにした翻訳が『人間とは何か　実存的精神療法』という題名で二〇一一年に出ている（山田邦男監訳、春秋社）。第十一版は、本書のもとになった第六版の一・七倍の頁数がある。読み比べてみると、かなり書き換えられていることがわかるし、フランクルの戦後の原点に近い本書をこうして読み継ぐことができる貴重さもわかる。この本をのこしてくれた先人に、感謝するばかりである。

二〇一九年三月

（朝日新聞記者、日本ロゴセラピスト協会会員）

著者略歴

(Viktor Emil Frankl, 1905-1997)

1905年,ウィーンに生れる.ウィーン大学卒業.在学中よりアドラー,フロイトに師事し,精神医学を学ぶ.第二次世界大戦中,ナチスにより強制収容所に送られた体験を,戦後まもなく『夜と霧』に記す.1955年からウィーン大学教授.人間が存在することの意味への意志を重視し,心理療法に活かすという,実存分析やロゴセラピーと称される独自の理論を展開する.1997年9月歿.著書は他に『時代精神の病理学』『精神医学的人間像』『識られざる神』『神経症』(以上,邦訳,みすず書房)『それでも人生にイエスと言う』『宿命を超えて,自己を超えて』『フランクル回想録』『〈生きる意味〉を求めて』『制約されざる人間』『意味への意志』(以上,邦訳,春秋社).原著第11版に基づいた本書の邦訳が,『人間とは何か——実存的精神療法』(山田邦男監訳,春秋社,2011)として刊行されている.

訳者略歴

霜山徳爾〈しもやま・とくじ〉 1919-2009.東京に生れる.1942年,東京大学文学部心理学科卒業.宗教哲学・心理学専攻.上智大学名誉教授.著書『人間の限界』(岩波新書,1975)『人間へのまなざし』(中公叢書,1977)『霜山徳爾著作集』(全7巻,学樹書院,1999-2001)『素足の心理療法』(みすず書房,1989,《始まりの本》,2012).訳書 フランクル『夜と霧』(1956)『神経症』II(共訳,1961),メダルト・ボス『東洋の英知と西欧の心理療法』(共訳,1972,以上みすず書房).

ヴィクトール・E・フランクル
死 と 愛 新版
ロゴセラピー入門
霜山徳爾訳

2019 年 4 月 16 日 第 1 刷発行
2024 年 12 月 4 日 第 5 刷発行

発行所 株式会社 みすず書房
〒113-0033 東京都文京区本郷 2 丁目 20-7
電話 03-3814-0131（営業） 03-3815-9181（編集）
www.msz.co.jp

本文組版 キャップス
本文印刷所 三陽社
扉・表紙・カバー印刷所 リヒトプランニング
製本所 松岳社
装丁 安藤剛史

ISBN 978-4-622-08794-6
［しとあい］